兵法藏书

〔日〕宫本武藏

〔春秋〕孙武

〔德〕克劳塞维茨 著

王冬 等 译

THE ART
OF
WAR

北京联合出版公司

Beijing United Publishing Co.,Ltd.

图书在版编目（CIP）数据

兵法藏书/（春秋）孙武，（日）宫本武藏，（德）克劳塞维茨著；王冬等译. —北京：北京联合出版公司，2015.4（2020.8重印）

ISBN 978-7-5502-4647-8

Ⅰ. ①兵… Ⅱ. ①孙… ②宫… ③克… ④王… Ⅲ. ①兵法－研究－世界 Ⅳ. ①E89

中国版本图书馆CIP数据核字(2015)第018408号

兵法藏书

出版统筹：新华先锋
责任编辑：张　萌
特约编辑：徐　玥
封面设计：王　鑫
版式设计：杨祎妹

北京联合出版公司出版
（北京市西城区德外大街83号楼9层　100088）
大厂回族自治县德诚印务有限公司印刷　新华书店经销
字数200千字　787毫米×1092毫米　1/16　22印张
2015年4月第1版　2020年8月第3次印刷
ISBN 978-7-5502-4647-8
定价：39.80元

目 录

下　篇　战争论

兵法是武士安身立命之道。尤其那些作为主将的武士，更需要熟悉兵法、按兵法行事，而作为一般士兵的武士，也要对兵法有所了解。

上篇 五轮书

自 序

　　"二天一流"兵法是我数年研究之成果，现将其整理于此书之中。我登上了九州岛肥辰的岩户山，向苍天顶礼膜拜，长跪于佛祖、观音跟前祈祷，从而写下了这本书。我的名字叫宫本武藏，今年六十岁，我是熊本藩细川越中守忠利大人的一名武士。

　　我从小就痴迷于剑技，以剑道为毕生追求。在我十三岁时第一次参加决斗，对手是"新当流"的兵法家有马喜兵卫，我胜了。在我十六岁时，一位从但马国来的名叫秋山的兵法家败于我的剑下。在我二十一岁时，我到京都去和来自全国各地的兵法家决斗，但求一败而不可得。

　　从此以后，我游历各地，向我所能找到的每一个流派挑战。自十三岁第一次参加决斗到二十九岁最后一次参加决斗，前后六十余战，未尝一败。

　　我时常思索我不败的原因，到了三十岁以后终小有收获，我开始明白我不败的原因并不是因为我的剑技已经达到最高境界，那到底是因为我对剑技的执着追求，并在实战中学习剑技，始终没有偏离剑技的法理呢？还是其他的流派的兵法存在不足呢？于是乎我夜以继日地努力探求兵法的真谛，到了五十岁时，终于大彻大悟。

　　从那以后，我再也不把时间花费在对修行之道的探求上，而是采用演绎的方法举一反三，把从兵法中悟到的心得运用到对各种技艺的学习上。一通百通，就凭着这一点，我对其他技艺的学习一日千里，无师自通了。

今天，在大家所看到的这本书中，没有什么佛学、儒学的警句，也没有引用一些什么古代的战例、兵法书。而是以纯以天道和观世音为镜，把本流派的经验和心得记述下来。

宽永二十年十月十日深夜记

地之卷

兵法是武士安身立命之道。尤其那些作为主将的武士，更需要熟悉兵法、按兵法行事，而作为一般士兵的武士，也要对兵法有所了解。在现在这个时代里，已经很少有武士懂得真正的兵法之道了。

首先，我要阐述一下生存之道的含义。佛教讲究的是救赎之道，儒学讲究的是文化改革之道，而对于从事医生这个职业的人来说，治病救人就是他的生活之道；而对于诗人来说，教人诗艺就是他的道。其他一些人则从事占卜、弓箭等各种各样的技艺。人们都能根据自己的爱好和特长，自由地选择属于自己的生存之道。但是，通常很多人都不会喜欢把"武士"作为自己的生存之道。

首先，作为武士必须要精通文武二道。就算你没有这方面的天赋，但只要你愿意努力学习，不断增加自己的文化修养和兵法修养，你就能最终成长为一名合格的武士。

人们以为，没有视死如归之勇气的人是不能被称为武士的。其实不然，视死如归并不是武士的专利。就算是贱如乞丐也会明白自己的责任，也同样能够做到视死如归。以此观之，他们和武士并没有太大的区别。

做任何事情，都必须要胜人一筹，这是武士为人处世之道的起点。兵法的价值在于，在决斗中获胜，打赢一场战争，为主公赢得荣誉，为自己赢得利益，声名远扬等等。

当然，有些人会认为，就算是精通兵法，也很难保证它能在现实中发挥什么作用。其实，真正的兵法要理在任何时候任何地方都适合于任何人，只有这样的兵法才是真正的兵法。

兵法之道

在中国、日本乃至整个东亚，以武为生存之道的人叫兵法家，亦可以称为武士。兵法是武士的基本之学。

近年以来，有许多人自称或被别人称为兵法家，但他们之中的大多数人都只不过是剑道高手而已。最近一段时间，常陆国Kashima和Kantori寺院的僧侣们建立了一些道场，他们自称道场所传授的知识均来自于神，是神的教诲，并四处宣扬他们的教义，但这也是最近才出现的新现象。

从古至今，文武诸般技艺都被人们称为"艺能"，视为一种技能。因而，在我们讨论"艺能"之时，就不能把讨论只局限在剑术的范围之内。就算是剑法本身，假如仅把它理解为一种剑技，那就很难真正理解剑法的真义了，更别说什么理解兵法的真谛了。

随着剑术的流行，兵法也开始变得盛行。可是，所教、所学之人喜好的只是一些花哨的技巧，或者追求片面的利益，这犯了兵法之大忌，后果的严重性难以预料，有人曾经说过"不成熟的兵法是致祸之源"，这是一句很有道理的话。

世上的谋生之道大致可以分为四种，即传统的所谓：农、商、士、工。

第一种谋生之道就是农夫的生存之道。农夫使用各种农具辛勤耕耘，注意天气变化，春种秋收。这就是农夫的谋生之道。

第二种谋生之道就是商人的生存之道。面包商把面粉做成面包，出卖面包以获取收益维持生活。无论是做何种生意，商人都需要盈利的，利润就是商人的衣食之源。这就是商人的谋生之道。

第三种谋生之道就是武士的生存之道。武士要生活就必须熟知各种兵器的特性，并能够熟练地制作和运用它们。这是武士最基本的生存技能，如果做不到这些，还妄谈什么武士之道，那就好像对一个农民大谈什么剑技，这不是对牛弹琴吗？他怎么会明白呢。

第四种谋生之道就是工匠的生存之道。比方说，铁匠娴熟地使用各种工具，打造出顾客需要的各种铁器。这就是铁匠的谋生之道。

在这些农、商、士、工四种不同的谋生方式中，我将以木匠的谋生之道作为具体的例子，来说明兵法。

品评一个木匠手艺的好坏一般是和房子联系在一起的。我们通常会这样说：这是贵族的房子，那是武士的房子，这是士民的房子，这是快要崩塌的房子，那是异常坚固的房子。我们还会说这是什么风格或什么样式的房子，或者只说两个字"房子"。就像我可以通过品评房子来评价木匠的手艺一样，我们也同样可以通过对木匠的生活之道的谈论来说明兵法。

一提到"木匠"这个词，人们就会想到"高超的技巧"和"精妙的构思"。而兵法也和木匠一样，与"高超的技巧"和"精妙的构思"紧密相关，也正因为这样，我才以木匠的谋生之道来说明兵法。

假如你是一个有志于学习兵法的人，那请你认真地好好思考一下书中的道理吧。老师只是一个领路人，当老师领进了门，学习就要靠你自己的勤学苦练了。

木匠与兵法之道

木匠领班作为所有木匠的领导者，对于自然规律、国家法律和木匠的行规都要有所了解。

木匠领班一定要熟知或是精通各种建筑物的设计和结构，明白雇佣什么样的工人来建造房屋。从这一点来看，木匠领班的作用和武士首领的作用有些相似。

在建筑房屋时，对于木料的选择需要特别注意，力图使各种木料各尽

6

其才。比较直的外表又没有疤痕并且看起来很美观结实的木料，就可以用来作为前厅的柱子；虽然很直也很结实但外表有一些疤痕的木料，就可以用来作为内室的柱子。至于那些看起来不太结实，但外表又没有什么疤痕的木料，则可以用来做门、门槛、门楣或屏风。那些又弯曲又有疤痕，但却很结实的木料，就需要自己思考它们的用处了，找一些能发挥它们坚固的特点又能掩盖它们弯曲有疤痕的缺点的地方使用。只有让各种木料都各能尽其才，这样盖成的房子才能经历风雨，而且还能节约材料。

就算是那些既弯弯曲曲、疤痕密布，又不是很结实的木料，也是有用处的。它们可以被用来搭脚手架，用完之后还能拆掉当柴烧。

作为领导者的木匠领班，还必须要熟知自己手下每一个人的才能，然后根据各人能力的高低强弱，分派工作。能铺地板的让他铺地板，能做门的让他做门，能做门槛的就让做门槛等等。如果他技术不够好，那就可以让他去安装托梁，要是技术比这还差的，还可以让他去做楔子。假如木匠领班能够安排得当的话，工作想不轻松顺利地进行都很难。

知道怎样才能使工程顺利进行，知道怎样才能熟知手下所有人的才能，知道怎样才能激发手下人的士气，能够分辨什么要求是合理的，什么要求又是不合理的——只有明白了这些才能做一个合格的木匠领班。兵法的道理与此类同。

如何学习兵法

木匠跟士兵一样都需要注意保养自己的工具，时常地打磨，使它们无论在何时都能处于锋利好用的状态。在领班的指挥下，有的人在制作柱子和横梁，有的人在制作地板和书架，还有的人在专心致志地雕刻。按照图纸上的尺寸有条不紊地工作，制作出合乎尺寸的物品，这就是对木匠的最低要求。如果一个木匠能够娴熟地运用各种技艺制作各种器具，那么，他就可以胜任木匠领班的工作了，升职则指日可待。

保养工具，不断地磨快和擦亮它是木匠日常工作的必修课，这占据了他们日常工作的很大一部分。技艺高超的木匠能够娴熟地运用各种工具，无论是用它来制作书架、书桌、锅盖还是制作水车，他们都能举重若轻、手到擒来。战士也同样应该做到一点。这很值得我们思考。

木匠技艺的实质就在于，如何发挥木料的长处，回避它的短处，避开弯曲或是有疤痕的地方，把最合得来的接头连接起来，精打细算地把耗费减小到最少。这些都是木匠必不可少的技能。

假如你是诚心诚意地想学习兵法，那你就必须把我所说的铭记于心，认真体会。

《五轮书》的结构

为了更好地诠释我的兵法原则，也是为了人们能够更容易接受、理解，我把本书分为五大部分，也就是五卷。其卷名按顺序依次是地之卷、水之卷、火之卷、风之卷和空之卷。

地之卷是本书的第一卷。它是对兵法全貌的一个概述，对"二天一流"也有初步涉及。我一再地说过，兵法不等于剑术，假如有人非要把它们划等号的话，那他只会离兵法的真谛越来越远。如果不能以小见大，又怎能由浅入深，这第一卷就仿佛是茫茫大地上的一条小径，因而我称其为地之卷。

水之卷是本书的第二卷。水是天下至柔之物，也是最灵活之物，因形就势就是它的特点，这也是兵法的一个基本原则。水能因形就势，容器是什么形状它就是什么形状，能大能小，能圆能方；一滴小水珠是它，苍茫大海也是它。在幽幽深潭之中，它是澄碧的；在茫茫大海之中它是湛蓝的。水之清、之纯、之洁使我称此卷为水之卷。

如果你是一个领悟了剑法奥秘的人，那么，当你能够随意击败任何敌人时，那就意味着你无敌了。胜一个人和胜上万人没什么区别，道理都一样。

军队的统帅们完全可以也能够从个人的决斗中学到能够用于大兵团作战的兵法，这道理就跟微小的模型可以描绘出雄伟的山川河流一样，单纯用文字是很难说个明白的，如果一定要说明白的话，触类旁通和举一反三这两个成语应该是恰当的，这也就是兵法的原则之一。在本卷中，我将通过对"二天一流"剑法奥秘的讲述，使大家能够触类旁通、举一反三，在兵法上有所得。

火之卷就是本书的第三卷。这一卷的主要内容是讲述具体的作战之事。火无论大小其本质总是猛烈的，因而我选用了它来形容作战。无论是发生在两人之间的决斗，还是发生在两军之间的交锋，其战法都可通用。你务必要细心观察，既不能抓大放小，也不能抓小放大，要大小通吃，细节和全局的一点一滴都不要放过。

就一般的情况而言，人们总是容易盯着大的方面，而对小的方面就不管不顾了。具体地说就是，假如你要进行大规模的人马调动，那么你就很难做到隐秘，可能弄得路人皆知；而你仅仅调动一个人，那就算是拥有最先进的情报系统也难以发现。这一点需要大家好好体会。

记述于火之卷中的事很多都是发生在一瞬间的，如果不在日常加强训练，视意外为平常，那你就很难在意外发生时保持镇定，镇定是正确决策的关键。因而，在火之卷中主要讲述的是具体作战的策略和战术。

风之卷是本书的第四卷。在本卷中，"二天一流"兵法仍然是讲述的重点，但还要涉及一些别的流派的兵法。在这里，"风"的含义是风格、传统，就好像在谈论艺术时所说的现代风格、古典风格什么的。因而，我在本卷之中将要穷尽世间兵法，这就是"风"的含义。不了解别人，也就不能真正地了解自己。

无论干什么事，人都有偏离正道的可能。就算是你日日苦修于自己选择的路上，只要你没有顺着事物的本性去做，即使你自认为自己所用的方法是如何如何的正确，但如果要以真率之心去评判，就会发现这已经偏离了正道。假如你所追求的目标不是能够达到最高境界的真正之道，其结果就必然会差之厘毫，谬以千里了。

世人在兵法与剑术之间划等号是很平常的事，没什么大惊小怪的。但是在我的兵法中，无论是理论还是实践都与此有着根本的不同。我之所以要在风之卷中详述各个流派的兵法，就是为了让世人能在比较中领悟真正的兵法。

空之卷是本书的第五卷也是最后一卷。"空"的本义是没有，它是无始无终、无内无外、无所不在的，因而本卷被称为"空"。青出于蓝而胜于蓝，当你能有所悟时，却又不被这个悟所束缚，这就是"空"。只有能够达到这个境界的人才能把兵法的作用发挥出来，才能洞悉一切，在最恰当的时间出招，一招制敌。这就是"空"的境界。在空之卷中，我会告诉大家如何能从自然之道走向真道。

"二刀流"的来历

作为武士，上至将军下至普通士兵，都佩带两把刀。在以前它们分别被叫做tachi和katana——太刀和刀；如今则被称为katana和wakizashi——太刀和胁差。武士为什么要佩戴双刀，在这里没有讨论的必要。在整个日本，不管武士是否明白为什么要佩带双刀，都会这样佩带。正是由于这个原因，我就把自己兵法的流派称为"二刀流"。

至于枪这类的武器，我们通常把它们归入大兵器，这些也是武士使用的兵器。

要学习"二天一流"首先既要学习掌控双刀的技巧：一只手紧握长刀，另一只手紧握短刀。等你命悬一线时，你就会明白充分运用身上一切武器的必要性了。任何一个武士都不会放弃自己的兵刃而坐以待毙。但是，当你紧握双刀时，如不能运用自如是一件致命的事。因而，我会在一开始教你如何紧握双刀，这样做的目的是为了让你习惯于单手挥刀劈砍。

对于枪这样的大型武器而言，它不会让你有任何的选择余地，你必须用两只手来握它。而刀和太刀，却可以只用一只手就能轻松而灵活地使用。

假如你是骑在马上，或是在快速奔跑中，或是在泥泞的湿地中，或在崎岖不平的山路上，或在拥挤不堪的人群里时，用双手使用长刀会是一件令人烦扰的事，没有任何好处。

当你右手持弓、长枪或者其他什么武器时，你就只有一只手空下来握刀了。因而，用两只手握刀并不是最佳的选择，不到万不得已是不推荐采用的。

可是，如果要单手握刀，那它的力量就很难保证砍倒敌人，到这时，你就会自然而然地双手握刀了。就是因为这样，我才不建议大家做太多的双手握刀练习。"二刀"的实质就是练习如何单手握刀，让人们能够熟练地单手运刀。

在练习单手运刀之初，大多数人都会觉得刀太重了，又不是很好掌握。但是做任何事不都是先易后难的吗？万事开头难嘛，在初学之时，弓箭不好射，长枪不好使。但是，等你入门以后，你就会发现一切都变得容易了，学习单手运刀也是这样的。等你掌握了用刀的技巧，你很快就会发现，原来一切都是那样简单。

过分地强调大力劈砍并不是正确的用刀方法，我将会在水之卷中详细加以阐述。用刀要求因地制宜，在地形开阔的地方，选用长刀是适宜的；在地形狭窄局促的地方，就需要选用短刀。这在学刀之前就要充分了解。

在我的"二刀流"中，无论用太刀取胜还是用短刀取胜都是一样的。因而，我认为太刀可长可短。总而言之，"二天一流"的核心就是必胜的精神，无论用什么武器、使用什么手段能获胜的就是最合适的，获胜是最重要的。

当你单刀赴会，面对一群敌人时，双刀是最好的选择，这比单刀更有效。假如你下定决心要活捉对方时，双刀也是一个不错的选择。

文字永远也无法比实践更能说明这些。但是，等你明白了兵法的真谛以后，对于这一切就会不言而明了。要做到这一点，就必须刻苦修炼和学习。

兵法常识

在现代社会里，人们常把使用刀剑的宗师称为兵法家。而对使用其他兵器的高手的称谓却又与之不同，弓箭高手被称为射箭师，火枪高手被称为火枪师，长枪高手被称为长枪师，都是直接以兵器命名。

如果按照同样的道理，剑道高手就应该被称为太刀师或击剑师。因为弓箭、火枪、长枪等等都能被武士所用，那么论述它们的理论也就应该属于兵法。但是，人们常说的兵法特指的都是刀法。因为整个社会的一切都处于刀的统治之下，正因为如此刀法才被称为兵法。

如果你明白了刀的真谛，以一当十不在话下；而一个武士如果能够在以一对十中获胜，那他也就能以百胜千、以千胜万，这中间所蕴含的道理都是一样的。因而，对于我的兵法来说，用于一个人跟用于一万人其效果都是一样的。关于武士的一切学问都属于兵法，没有任何例外。

对于其他诸道，比方说什么儒道、禅道、茶道、歌道等等都是与武士之道并列的。虽然它们是并列的互不统属，但是它们都有相通之处，没有广博的知识是很难对自己的道有所领悟的。因此对于兵法家来说，遍涉诸艺，以修养心性，使兵法与世事共进步，是非常重要的。

如何选择武器

武士所用的兵器各种各样，各有长处和短处，所以要因地制宜地选择适合自己的兵器。

如果地方狭窄或是近身格斗，则使用佩剑或短刀是最合适的。就一般情况而言，太刀在任何情况下都是适用的。在战场上，筓刀所起的作用要弱于长枪。一般而言，先锋兵装备长枪，后卫兵装备筓刀。如果训练一样的话，长枪兵还是有一定优势的。

长枪和筊刀能发挥出什么样的作用也是要视战场环境而定的；如果是在一个拥挤不堪的地方，长枪和筊刀都不会产生太大的作用。至于抓俘虏，它们都不适合。长枪和筊刀都属于野战必不可少的武器。假如你一直都是在室内学习如何使用它们，你总会发现自己在一些微不足道的细节问题上夹杂不清，这就很难掌握正确的方法，也就更加难以证明长枪和筊刀都是有用的了。

在战场上，弓箭也是一样十分有效的武器，因为无论是在发起猛攻或撤退时，它都可以给予长枪队有效的掩护；又特别是当战斗发生在开阔地带时，弓箭就显得特别有效了。但是，弓箭的射程是有限的，当与敌人之间的距离超过四十丈时，或是攻城时从城下往城楼上射时，弓箭的威力就大大削弱了。

到了今天，不仅仅是弓道，很多技艺都是这样，只开花却很少结果。到了参加实战之时，这些技艺都变成没有用的废物了。

在巷战时，火绳枪的威力是其他任何武器都无法比拟的。就算战斗发生在开阔地带，火绳枪也能充分发挥自己的威力。但是，一旦战事发展到肉搏战时，它的威力也就比不上太刀了。

与火绳枪相比弓箭有一个明显的优点，那就是箭被射出以后可以看见它的运行轨迹，而火绳枪却不然，你根本无法看清子弹的轨迹，这是火绳枪的一个缺点。

选择战马，最重要的标准就是耐力好，脾气好。

选择武器也一样。战马要动若奔雷闪电的，太刀和刀要锋利无比的，长枪和筊刀要刺杀有力，弓箭和火枪要百发百中的。

因而，不能偏好任何武器。也不要为了模仿别人而选择武器，要根据自己的情况选择适合自己的。上至统帅下至普通士卒，都不能偏爱某种武器，选择武器的唯一依据就是合适、实用。

兵法的节拍

世上的一切事物都有自己固有的节拍，兵法也有自己的节拍。假如不进行艰苦的修炼，普通人是很难掌握兵法的特殊节拍的。

有些事的节拍是外露的、显而易见的，不需要花多大工夫就能掌握，比方说舞蹈、音乐等等就是这样的。

兵法有节拍，它的各个组成部分，比如说箭道、柔道、马术等等也都有自己的节拍。节拍无处不在，学习诸"艺"也不能忽视它们节拍的存在。

就算是空，也拥有自己独特的节拍。

在武士的生活中，不论是迈步前行时还是拔刀相向时，不论是信心十足时还是垂头丧气时，也都是有自己的节拍的。

在商界，有时的盈利，有时的亏本也是一种节拍。

不管什么行业，都存在着和谐的以及不和谐的节拍。能够辨别事物兴衰成败时的节拍，是一个所拥有的特别重要的能力。

兵法中所蕴含的节拍种类繁多。要弄清楚兵法的节拍，首先就要搞清楚什么样的节拍才是正确的，什么样的节拍是错误的，要有能够从各种大小、快慢不同的节拍中分辨出正确的节拍的能力。不但要对"空拍"有所了解，对"反拍"一样要有所了解。

这些节拍都是兵法所特有的。假如对于"反拍"不能理解透彻的话，对于兵法真谛的领悟也就不要存在什么奢望了。

根据兵法的道理，如果我们能够掌握敌人的节拍，而后对敌人使出令他们打破脑袋也想不到的节拍，从"空拍"中拍出"智慧之拍"，这样就能克敌制胜。

只要有恒心，按照我上面所提到过的"二天一流"大纲勤修苦练，心胸自然而然地就会变得很开阔了。我的兵法不但包含个人之间的剑法，也包含战阵之学，我把它们全都记述在"地"、"水"、"火"、"风"、"空"五卷之中。

要学习我的兵法，就必须遵守一些原则，现录于下：

1. 心术要正；

2. 学习要刻苦，要充分发挥学习的主动性；

3. 学习要遍及各个学科，戒除任何修炼的障碍；

4. 要能认识到不同行业的要旨；

5. 要能够分辨出世间的得与失；

6. 要具有良好的眼力和鉴别力；

7. 要能洞悉一切；

8. 不放过任何细小之事；

9. 对于任何没有意义或不会产生效果的事坚决不做。

一般而言，这是学习兵法所必须遵循的原则。对于兵法这样一门很有特色的学问来说，假如你只从小的视野去认识事物，那你很难成为一个真正的兵法大师。明白了这一点，就算是单挑二三十个敌人，也会获胜。

如果你能通过刻苦修行将兵法原则牢记于心，那你不但可以用双手击败敌人，就算是用眼神也能击败敌人。当你的修行更进一步，你的技艺与你的身体完美地融合，那么你用身体的任何部分都能战胜敌人。同时，随着你兵法学习的加深，你的心智也得到了很好的锻炼，你甚至可以不动手仅用意志就能战胜敌人。一旦你的修行达到了这样的境界，你就无敌于天下了。

运用于战争的兵法也同样如此。它是让老百姓安居乐业的制胜之道；是运用大量人力的制胜之道；是维护国家领土完整的制胜之道，是维护正义的制胜之道……也就是我的兵法之道。无论在何种的竞争中，明白怎样才能不败给别人，怎样才能自立自强，怎样才能提高自己的实力，这些都属于兵法。

水之卷

"二天一流"的精神核心是水的精神，就是要以水为师，使水的精神渗透到兵法实践中去。因而，我称本卷为水之卷，它的主要内容是讲述如何运用太刀取胜。

尽管对于有些兵法，我根本无法把它们用语言表达出来，但却可以通过实践直观地表现出来。假如你只是将本书当作一般的兵书，泛泛而读，那就会谬误丛生。因而，对于我所写的每一个字，都必须仔细研读，用心思考。

虽然然本卷所写的仅是两人之间对决时所用的剑法，但是，如果将其放大到两军对垒之中时，这剑法也就变成兵法了。

对于兵法这样的不可不察的国之大事，一旦产生误解，就会误入歧途。

当然，想仅仅通过读这本书就获得兵法的真谛，是痴心妄想，还需要大量的实践。因而，不要一味地读死书、死读书；而是要活学活用，融会贯通，在实践中提高自己，这才是掌握兵法真义的正确道路。

心 态

任何时候，人都必须保持平常之心。就算是在决斗时也要这样，心里不能发生任何起伏。心境始终要开阔率直，处于紧张与懈怠之间的平衡点，不偏不倚，心态要保持平和、舒缓。这样，就能以不变应万变。

安静的时候心不能静下来，心急的时候心却不能急；既不能让精神被身体拖累，也不能让身体受到精神的影响。一定要努力把自己的注意力集中于心，而不是把它集中于身。既不能使心感觉到有所不足，也不能使心感觉到有所多余。要示之以弱，尽管自己的心很要强，不能让任何人看破自己的心态。个子矮小的人，要努力去了解个子高大的人的心态；反之，个子高大的人，也要努力去了解个子矮小的人的心态；不论个子高矮，都必须使自己的心态远离主观偏见，不能被主观偏见所误导。

要想时刻使自己的内心世界处于清纯开朗的状态，站在一个很高的角度去考虑问题，就需要我们时时擦拭我们的心智。当我们的心智修炼到了能够明辨是非善恶的时候，当我们学习诸艺时，就能掀开罩在一切事务上的面纱，认识事务的本质，到了这时我们才能明白兵法的真谛，成为一名顶尖剑士。

兵法作为一门学问，自然有它的特殊之处，必须要把兵法之理牢记在心，就算是在激烈的战斗中也不能够忘记。

姿　势

兵法有自己的姿势，它要求学习之人必须做到：抬头挺胸，头要不偏不倚；目不斜视，目光要坚毅；额不能蹙，眉不能皱；眼珠不能四处转动；微闭着眼睛；神情平和；下颚要略微向前伸一点；脖子要挺直，不能弯曲。双手自然下垂；脊椎要挺直，提臀收腹；把重心集中在两脚之间。

佩带的短刀要紧贴着腹部，以使腰带不至于松垮，在日语里这叫做"别入"。

一般而言，平时训练的剑法姿势就是决斗中的剑法姿势。这点需要特别注意。

17

眼　法

视野一要开阔一些，视线一定要大一些广一些。"观"和"看"属于两种完全不同的眼法。"观"是认真仔细地看，而"看"是很随便地看。兵法的特点就是要能够随心所欲地看，想远就远，想近就近。

兵法的一个要点就是，不用看对方手的武器就能感觉到敌人武器的存在。要做到这一点，没有大量的练习是不行的。

不管是剑法还是兵法，它们的眼法都是一样的。

一定要做到即使眼球不移动分毫也能看见两边的情况。

在紧急情况之下，人们往往是很难做到这一点的。因而要谨记联系眼法的诀窍，时刻练习，从而使自己无论在什么情况下，都能做到这一点。

太刀的正确握法

手握太刀之时，刀柄要紧贴手掌，其间不能有一丝空隙。无名指和小指向内紧扣刀柄，拇指和食指轻扣在刀柄上，而中指要即不紧也不松地搭在刀柄上。

当你准备出刀时，心里除了如何击倒敌人不应该有任何想法。当你出刀砍向对手时，不要使自己握刀的方法变形，要保持住，手不能有任何抖动，更不要有任何迟疑和犹豫。当你出刀进攻或者格挡敌人的刀时，拇指和食指的握法可以稍稍有所变动；但是，在任何情况下，之所以握刀是为了打倒敌人这一点是不能有任何改变的。

无论是在试刀时还在真正格斗时，刀的握法都要保持一致。无论何时，都要以击败对手的心态来握刀。

一般而言，太刀和手是不能一成不变的。不变就是死路一条，也可以说灵动才是活手。这一点一定要认真理解。在脚法中，要把重心放在后脚跟，使脚趾可以灵活变化。根据不同的情况，进攻的步幅可以灵活运用，大小快慢合适即可。这一点可有可无，最重要的一点是其节拍要和平时走路一致。

脚 法

在脚法中需要掌握的是：脚后跟用力，给脚趾留出活动的空间。情况不同，进攻的步幅有大有小，有快有慢，这都是没有规定的。其中最重要的是，保持脚步的平稳，就像平常行走一样，用力要均匀。切记避免浮步、跨步和踏步。

其中最重要的一种步法是：阴阳步。这是必须要掌握的。"阴阳步"的含义是：不要只移动一只脚。不管是在搏斗、收招或者躲避的时候，都应该运用"阴阳步"，忽左忽右，忽前忽后。右脚前进，左脚则随即跟进；右脚退，左脚则随即收回。步法中的大忌，正是只移动一只脚。切记这一点，确保其不在搏斗中出现。

五 段

五段是指：上段、中段、下段、左手位置与右手位置。除此之外，没有任何其他架势。虽然架势可以分为五种，但是目的只有一个：杀死敌人。

持上述任何一种架势，都必须心无杂念，只报有一个念头：击倒敌人。

采用哪一种架势，则需要视情况而定。关键在于，能够在决斗中取得最大的利益。

上段、中段和下段是固定的位置，而左、右则可以灵活变动。左右位多适用于上方无足够空间的环境中，而选用左位或是右位，则取决于当时的实际情况。

五段的重点，是认识中段位的重要性。在五段当中，中段位是最有魅力的。掌握了中段位，等于掌握了一切架势。如果用大战作比较，中段位相当于主将位置，而另外四种架势相当于追随主将的士兵，必须服从主将的旨意，听从主将的调遣。这一点，必须重视。

太刀刀法

了解太刀之道，表示我们能够随心所欲控制手中之刀。即使只用两指轻握太刀，也能够挥舞自如，挥舞太刀过于迅猛，必定造成挥刀的难度，这是错误的太刀刀法。只有以冷静、平缓之势将其挥出，才能灵活自如地控制手中之刀。

快挥适用于摇折扇或是舞小刀，而不适用于太刀用法。如果将其运用在太刀上，不但偏离了太刀刀法，而且不利于挥刀。快挥也可称之为"碎刀法"，此种方法不适于用太刀斩杀敌人。

持刀下劈时，应运用最便捷的方法将其上举。持刀侧挥时，首先将其侧移，然后顺势收回。正确的太刀使用法，在于挥劈时，尽力伸展手肘，然后狠狠一击。

刀法五技

刀法技巧一

持中段之位，用刀尖指向对方面部。慢慢靠近对手，在其出手之时，迅速将对手之刀压下，至右侧，使守为攻。当对手再度进攻时，将其刀尖挡回。此时，你的刀下垂不动，待对手第三次进攻时，将刀由下扬起，攻击对方双手。

仅靠讲述，很难正确理解这五种刀法，必须反复琢磨，持刀练习。一旦熟练掌握这五种刀法，你将会明白我这五种刀术思想，并将敌人的所有招式了然于心。这五种刀术，是"二天一流"的精髓，除此之外再无其他刀术，所以必须好好练习。

刀法技巧二

持刀取上段位，在对手进行攻击的同时出手攻击对方。一击不中时，让刀停留在原位，等待对手再次进攻时，将刀顺势上削，进行攻击。此招数，可反复使用。

刀法技巧二看似简单，其实在心态和节奏上有很多变化。如果能够领悟到这一刀法的精髓，几乎进入了"二天一流"的境界，从而更容易掌握其他刀法，最终在任何搏斗中取得胜利。但是，这一境界必须不断磨炼才能达到。

刀法技巧三

持刀于下段位，要用心感受手中之刀。待对手进攻时，自下直刺其手部。此种情况下，对手势必反击。当对手试图击落你手中的刀时，顺势挡开他的刀，同时迅速从侧面横斩其腕。这一刀法的要点在于对手进攻的时候，乘虚而入，从下段击倒对方。此刀法，经常出现于搏斗当中，所以必须反复练习。

刀法技巧四

将刀水平持于左侧，等待对方出击。当对方出击时，从下进攻其手。此时，对手会自上而下击打你手中之刀，只需顺势格挡，进攻敌人手部；当对手之刀掠于你的肩前，斜斩对方手腕即可。此种方式，目的在于通过阻挡对手进攻，而不攻自破。此法应细加体会。

刀法技巧五

将刀水平持于右侧。将刀斜向上挥，然后直劈而下，同时注意对方的出手位置。这一刀法同样需要多加练习。而掌握了此种刀法之后，即使再笨重的太刀，也能够运用自如。

此五种刀法，我无法再作更详尽的描述，只有依靠实践，在和对手的交战中，洞悉对方的招式，仔细揣摩对方的心思，想方设法获得胜利，从而真正领会本派太刀用法，使自己的刀法更加完善。切记，必须刻苦练习，才能灵活运用，取得胜利。

无位之位

所谓无位之位是指，在进攻时，不要将太刀拘泥于某一个固定位置，而要灵活应变。但是，既然有五种持刀之法，那么站立的位置也应与之相对应。在实践当中，应采取哪种持刀方式，取决于你与对手的位置——地形，或者你与对手的关系，同时要顺应情势而变换。无论是哪种持刀方式，目的只有一个：战胜敌人。其架势要视对象、场合而定，并顺应环境；最重要的一点：易于击敌。因此，在作战过程中，为了更利于战斗，各个段位可以随时变换。例如：将上段略微降低，变为中段；将中段稍微抬起，变为上段；也可将下段略微升起，变为中段。同时，根据你与对手之间的位置，左手与右手也可互相变换，例如移向中间位置，或者向上段或者下段移动。

取势的原则是：化无构为有构。首先，无论面对什么情况，只要将刀握在手里，唯一的念头就是：战胜敌人。进攻或者退后，都有机会击倒敌人。因此，把握搏斗中的机会是最为关键的，假如过多考虑刺、斩、劈、闪、挡，只会拘泥于招式，而错失胜利的时机。所以，搏斗过程中最重要的是掌握战机。这一点，必须特别重视。

合战兵法中的"构"，指的是军队的部署，它的每一次变换可能都藏有胜机,是制胜的关键所在。墨守成规、一成不变注定只能失败。

一招制胜

在进攻中,有一招叫做"一招制胜"。它的秘诀在于:找到一个进攻的最佳位置,无需过多移动身体或是固定一点,趁对方犹豫不决之时,迅速劈砍,一招制胜。

这一招式的重点是:在对方犹豫的一刹那,先行进攻。因此,学会这一招式之后,在进攻中,就要寻找对方犹豫的间隙,攻其不备,先发制人。

第二次跃出

第二次跃出是指:当你进攻敌人,而敌人迅速躲避、退守时,先虚晃一招,趁对方稍有松懈,便立刻进攻。这一招便叫做"第二次跃出"。

只看书,是很难学会这一招式的,必须刻苦练习,才能达到炉火纯青的地步。

无念斩

当你与对方交战时,双方的身体都处于进攻状态,精神也处于进攻状态。这时,你的双手会本能地加速,不假思索一劈而下。这一招叫做"无念斩",是非常重要的一招,而且在战斗中常常会用到。请务必牢牢掌握,并在练习中不断完善,加深体会。

流水斩

"流水斩"主要运用于进攻之时。当你步步紧逼敌人,而敌人想尽一切办法后退、闪避时，你尽力舒展身心，轻松地从后挥刀，看是犹豫不定，待对方放松警惕，迅速大幅度地用力劈杀。

这一招式易于在搏斗中取胜，使进攻变得极为容易；而掌握这一招式的关键在于，找准最佳的劈杀位置。

应机斩

这一招式也运用于进攻中。当你发动进攻，而对方试图招架或是躲避时，可趁机攻其头部、手部或是双足。这种突发的袭击，可用在任何可能的情况下，名为"应机斩"。这是一招非常实用的招术；但是，在使用当中，一定要选择适当的时机和位置。

雷火斩

"雷火斩"是指敌我双方搏斗时，两刀交缠，没有机会移动刀位。此时，切记不要将刀抬起，而要尽可能采取有力地进攻。这一招要求竭尽全身之力迅速出刀。

这一招式难度相当大，需要反复实践，否则很难灵活运用。一旦将这一招式练得尽善尽美，在实践中将会具有很大的杀伤力。

一叶斩

"一叶斩"是指在搏斗中，击落并夺过敌人手中之刀。当敌人在你面前不断挥舞太刀，意图采用劈、斩或截时，你必须采用"无念斩"或者"雷火斩"之进攻方式，猛击对方之刀；而后继续跟进，刀尖向下，狠狠劈向对方，敌人之刀势必落地。

这一招专门用于击落敌人手中之刀，务必多加练习。

以身代刀

在搏斗中，完全可以将身体与刀融为一体，这种状态称为"以身代刀"。一般情况下，进攻时，身体与刀是分离的，并没有同时进攻。通常先是采取身体进攻，将身体摆出进攻的姿势，而后出刀。

有的时候，出刀时，身体并不需要跟进；但是，有些情况下，总是身体先行跃出，刀随之而落。这种身体与刀同时进攻的刀法，必须仔细体会，多加练习。

"攻"与"击"

在我看来，"攻"与"击"的含义并不相同。"攻"是指在采用任何招式时，你所出的每一招都必须审慎、可靠；"击"则偏重于冲击、击杀，与"攻"相比更为猛烈，能够立毙敌人于当地，但是缺乏深思熟虑；"攻"则是深思之后，有意识地进攻敌人的某个部位。两者需要明确区分。

"击"只是"试探"，是剑术的一种。猛击敌人双手或者双腿，目的是为"攻"做准备，而后再猛"攻"。真正熟练掌握这一点，你的剑术将会非同凡响，但是必须刻苦地磨炼。

短臂猴身

"短臂猴身"是指不要将手伸出太远。当你与敌人搏斗时，在敌人出手之前，迅速跃到离敌人一臂之远，而无须向前伸手。这一点要求其动作像猴子一样敏捷。

由于惯性，当你向前伸手时，你的身体总会被拉向前方，此动作幅度较大，容易将身体暴露于对方。所以，一臂之远恰到好处，更易于进攻。这一点需要仔细揣摩。

贴身术

"贴身术"是指攻入敌人的防守，牢牢贴在敌人的身边。当你进入敌人的防线后，你的头、身体与腿都必须紧贴对方，使他动弹不得。一般而言，移动头与腿较为容易，而身体往往会滞留其后。所以，务必紧贴敌人，以至于你与敌人的身体之间没有任何空隙。这一点必须在实践中好好体会。

身高术

"身高术"是指当你接近敌人时，尽量伸展全身，将你的腿、腰、颈尽可能地拉长，有力地逼近对方，将你的脸与对方的脸处于同一水平线，仿佛你们正在比身高一样，但必须证明自己是最高的那一个。使用这一招术，重点在于尽量舒展自己的身体，在气势上压倒对方，证明自己是两人中的佼佼者。这一招式，不但要勤加练习，还要培养自己的气势。

粘刀术

在搏斗中，如果你与敌人同时出刀，而敌人的刀架住了你的刀，此时，贴紧敌刀并紧紧压住。这正是"粘刀术"的含义：使双方之刀难以分离。这一招，看似不费吹灰之力，实际上双方的刀像是用胶水粘住了一样，无论对方想抽回自己的刀，还是拨开你的刀，都难以实现。

"粘"与"倚"并不相同。"粘"的力量更大一些，必须与对方的刀紧紧贴合。这两者需要加以区分练习。

撞击术

"撞击术"是指以身体猛击对方。当你接近对手时，以身体作为武器撞击对手。这种战术需要将脸微向侧转，用一边肩膀迅速撞击敌人的胸部。

使用这一招式，必须高度集中精神，最大限度地使出全身之力，才能充分发挥其中的威力。

一旦与敌人距离足够近时，则可以使用这一招式。此招可将对手撞出数米之远，力道非常强大时，能够将敌人致死。

这一招常用于激烈的交战中，需要多加磨炼与实践。

躲避术

双方都在进攻时，躲避之术则显得尤为重要，而躲避术分为三种。

躲避术之一：在进攻时，佯装刺杀对方的眼部，向对方正面挺刀而出，顺势回转，将敌刀挡落于右侧。

躲避术之二：佯装刺杀敌人的右眼，实则砍其颈部，回手一刀，以此避开敌人的攻击。

躲避术之三：当你使用小刀与敌人搏斗时，不应过多考虑如何避开敌人，而要尽可能地接近对方；与此同时，握紧左拳，让对方以为你要击打他的脸部，以此躲开敌人的攻击。

以上三种方法可以巧妙地躲避敌人的进攻。而这三种方法，最需要加强练习的是左手握拳，假想猛击敌人脸部。

刺杀面部

在搏斗中，当你与敌人刀锋相对时，务必要寻找时机用刀尖刺杀敌人的面部，这一点非常重要。当对方察觉你有刺其脸部的想法时，他会急于躲闪，这样一来，你在气势上就胜他一筹。一旦敌人有所退缩，你便掌握了有利形势，从而获得取胜的机会。请务必好好练习这一招式。

在搏斗中，只要敌人企图逃跑，你便已经胜利在望了。所以，"刺杀面部"是非常重要的战术。想要熟练掌握这一战术，不但要记住其中之要诀，还要在实践中好好练习。

刺杀心脏

当对方防守严密，上方和脸部，以及两侧均无机会进攻时，可以直刺敌人的心脏。整个过程要防备森严，避免被敌刀斩中。其中之要点：将刀脊翻转，直刺敌人，同时保持刀尖平衡，迅速刺向敌人的胸膛。

这一招式主要用于因长时间搏斗而疲惫时，或者由于其他原因不能用刀劈砍时。这一动作要点必须仔细体会。

呼喝

在交战过程中，无论攻或是守，都应该伴有威严的呵斥声。呵斥之声要从丹田发出，力道饱满，以增强搏斗的威力与气势。

不管何种性质的搏斗，在你进攻时都应该伴有连续、快速的呵斥声。向上挥刀时，大喊一声"呀！"；向下劈刀时，大叫一声"嘿！"。

此招术用于任何搏斗中，但必须注意叫喊的节奏。以刺杀之心抬手、劈杀或是上挥，都要伴有相应的或轻或重的呵斥声。这一点需要反复练习。

击躲术

在搏斗中，趁敌人进攻之时，用你手中之刀击落敌人之刀，这便称之为"击躲术"。"击躲"不同于格挡，也不同于招架，它是一种独特的技法。其动作要领在于：趁敌人进攻时，顺着敌人的刀势击打敌人的太刀，无需特别用力，随即迅速攻向敌人。其中有"击"也有"躲"，这正是"击躲术"的含义。

第一击非常重要。只要掌握正确的出招节奏与方式，即使敌人力量再强，你手中的刀也不会落地。这一招式务必好好练习与领会。

以一战多

以一战多也就叫"多敌刀法"。左手握佩剑，右手握太刀，双刀平行。以一战多的原则是：即使敌人四面围来，你也要将他们击开，万万不能被对方包围。

首先注意敌人进攻的顺序。当应付第一个冲过来的敌人时，同时还要留意整个局势。一边左右挥舞双刀，一边警惕其他方位的敌人发起进攻，切忌消极防御。左右双刀都要处于备战状态，奋力砍倒第一个冲上来的敌人之后，随即转向下一个冲上来的敌人。

在这种以一制多的搏斗中，最好做到使敌人能够一个一个进攻。如果他们蜂拥而至，一定要奋力挥刀，万万不能给敌人留下丝毫间隙。

但是，单纯地将敌人赶出你的防线之外，并不能取得任何进展。同样，也不能被动防守，企图让敌人排队进攻。制胜的关键在于：掌握敌人的节奏，抓住空隙攻击敌人。无论面对一个、十个或者二十个敌人，其道理都是相同的。以宁静之心平常待之。

有利时机

了解太刀的方法，熟悉其中的原则，在决斗中的有利时机予以进攻，并取得胜利。如何掌握时机是很难用文字描述的，必须在实战中慢慢领会。有一句口传秘诀要时时牢记："以太刀的用法来展现兵法的真义"。

一击必杀

"一击必杀"是指通过准确、有力的"一击"获得胜利。这一招式必须具备一定的兵法修行，否则很难真正理解其中的含义，这就要在长期的练习中掌握要领。一旦能够熟练地使用"一击必杀"，你就可以随心所欲地将所有兵法合理地运用在搏斗中，战胜对手。请仔细学习，慢慢领会。

人刀合一

"人刀合一"是"二刀流"的关键。练好"人刀合一"是非常重要的。口传之秘诀："人刀合一，身与心平"。

结　语

在本卷中，我详细记述了本流派的剑术大纲。

首先要从兵法之"五段"、"五技"中学会以太刀制敌；然后进一步探究灵活使用太刀的方法，最终达到出奇制胜、超越束缚的自由之境。同时还要磨炼心智、增加人生历练，创立超凡脱俗的自我剑法。一旦你能够随心所欲地将整个身心融入于战斗中，无论是一人或是多人，你都可以战无不胜。

　　请细心体会本卷中每一句话，每一个词；然后多加苦练，并在实践中不断获得经验，你才会渐入佳境，领悟兵法之精髓。这是一个循序渐进的过程，只有时刻将其铭记在心，并不断在战斗中实践，才能够取得真正的成功。

　　从容思索兵法之道，并且不断完善自我，要清楚地意识到，每天都有新的知识需要学习，以今日之我战胜昨日之我。本书提供了兵法之道，但万万不可拘泥于本书，而要因人而异，寻找最适合自己的修炼方式。

　　无论曾经你击败了多少对手，只要你所采用的方法违背了兵法的原则，那你就不会得到真正的兵法之道。只有通晓兵法原则，你才能够以寡敌众；而做到这一点，你也就领悟带了兵法的奥妙所在。

　　请务必细细体会这些道理，并加强练习，以千日去练习，以万日去完善，终有一天，你会有所成就。

火之卷

在"二天一流"中，我曾把战斗比喻成"火"。在本卷中，我主要讲述了战斗之胜负的策略，所以将其称之为"火之卷"。

人们总是喜欢从细小的方面去思索如何取得胜利。有的人知道加重指尖的力量，使其伸长的手臂更长，以此获得取胜的优势；有的人知道如何使用折扇，通过提高手臂的速度赢得胜利；有的人还刻意锻炼手脚的灵活性，从而提高进攻的速度，以增强进攻的力量。

我的兵法则重视生死之道——如何杀死敌人——而并不关心这些小技巧。我在勤奋、刻苦练习剑法中，逐渐明白刀刃和刀脊的种种用法，并且研究了交战中敌人的心理和进攻招式。在一次次的交战中，我领悟到：要想取得胜利，就必须抱有强烈的杀敌动机。

试想，如果敌人身穿盔甲，所有的小技巧将一无是处。我的兵法原则是：即使单枪匹马对付五个或者十个敌人，也必须确保取得胜利。一旦掌握以一当十的方法，也就明白了以千当万的道理。这一点，必须细心体会才能明白。

当然，我所指的将兵法用于实践，并不是让你每天集合数千万人挥舞刀剑，而是让你揣摩兵法的策略，猜测敌人的心理，从而掌握兵法之道。这样一来，即使你独自一人，也能够在心中与敌人搏斗，从而成为兵法大师。

然而，"知音世所稀"究竟谁能参透我的兵法真义？我曾经为了追求兵法之道的最高境界，而夜以继日地刻苦修行，最后逐渐进入佳境，到达了兵法中自由的境地。我所领悟的，不仅是兵法之道，更是宇宙之道。

位　置

兵法家在比试之前所要做的第一件事，就是确定太阳的方位。根据太阳的位置，背对太阳而立，让阳光从身后照射过来。即使当时无法选择这样的环境，也要尽量让阳光从你的右侧照射过来。

这一原则同样适用于屋内。在屋内，也要尽量让光线从身后或者右侧照射过来。确定自己身后没有任何阻碍，给左侧留下足够的空间，这种站姿可以阻断你右边的空间，抵御敌人的进攻，不让敌人靠近。

夜晚也是如此。背对光线而立，让灯光从右侧照射过来。

另外，可以站在高地，"俯视"敌人，哪怕只有一点点高度，在气势上也胜人一筹。如果是在屋内，靠近神龛的位置就是较高的位置。

总之，在作战中，首要条件是将敌人赶到自己的左边，并且确定敌人身后有障碍物或者死角，这一点非常重要。

当敌人被你赶到障碍物或者死角之后，应该迅速进行攻击，不给敌人留有丝毫观察形势的机会。在屋内道理也是一样的。当敌人被你赶到门槛、梁柱、屏风、阳台或者其他障碍物前，同样要迅速进行攻击，绝不给敌人任何观察形势的机会。

任何情况下，都要想方设法将敌人逼入死角。尽一切可能，利用现场的有利条件，使他动弹不得，求得获胜的战机。想要做到这一点，必须仔细观察，多加实践。

三种抢占先机术

抢占先机术是至关重要的。下面我就列举三种行之有效的抢占先机术。

第一种主动攻击敌人，获得先机。将在敌人出招之前，先发制人，将主动权掌握在自己手中。

第二种敌人发起攻击时，利用一切机会抢占先机。这是防守状态下的抢占先机。

第三种当你与敌人同时进攻时，抢占先机。这是对抗状态下的抢占先机。

上以三种就是抢占先机的方法。想要获得交战中的主动权，除非掌握这三种抢占先机，否则绝无他法。只要抢得先机，就能够迅速赢得战斗。兵法中最重要的原则就是抢占先机。

抢占先机很难用文字完美地表达出来。因为，想要获得先机，必须掌握恰当的时机，了解敌人的意图，还要精通兵法策略，才能在战斗中把握先机。

第一种方式是先发制人以获得抢占先机。当你采取进攻时，一定要保持镇定，随后出其不意，迅速发起攻势。这一方式，在实践中有不同是的实例。例如，你可以按兵不动，然后迅猛攻击；也可以斗志顽强，蓦然跃起，连续出击，以气势压倒敌人；当然也可以以静制动，心神放松自如，自始至终考虑一件事：下定决心击败敌人，以心之力量获取胜利。以上实例，都运用于悬而未发时出击。

第二种方式是防守状态下获得抢占先机。当敌人对你进行攻击时，不要反抗，装作唯唯诺诺的样子，当敌人再次逼近，趁敌人松懈之时，猛地一跃而起，毫不犹豫地进行攻击。当然，敌人对你进行攻击时，你也可以积极迎战，但是必须认清敌人进攻的节奏，随时改变攻击形式，争取在瞬间赢得胜利。这是在防守状态下抢占先机的基本原则。

第三种方式是对抗状态下获得抢占先机。假如敌人的进攻非常迅猛，那么你的进攻就必须镇定有力；当敌人逼近时，你的身体和神经一定要高度集中，一旦发现敌人有些松懈，便立刻猛烈攻击，以便出奇制胜。另外，如果敌人镇定从容，那么你就要让自己的进攻轻快灵活，当敌人靠近时，猛烈一击，反攻制胜。这是在相互对抗下抢占先机的基本原则。

我实在无法将身体上的变换描述得格外详细，所以只好记录上述原则的大概要点。请在实践中反复演练，并且认清其中内含，才能逐渐掌握抢占先机的三种方式。而这三种方式，要因时因地灵活运用。在运用当中一定要注意："先"是抢占术中的重要因素。消极防守只能失去先机，而积极迎战才能获得先机，虽然这三种"抢占先机"的战术上不同，但是心理意愿都是主动强攻；所以，任何情况下，都要争取主动权，致敌人与防守状态。

切记，任何状况，"先"是一个基本思想。所以，务必使自己在任何情况下都能够获得主动权。

压

"压"就是"压制"，意思是不让敌人有任何喘息的机会。兵法理论中，受制于人是非常不利的。能够随心所欲调动敌人，是获得胜利的一个法则。

同样，敌人也会想方设法将你压制。这种情况下，必须仔细观察敌人的心理和行动，了解敌人想要做什么，才能对他严加防守。

兵法的策略中，包括阻止敌人的进攻，格挡敌人的刺杀，逃离敌人的控制，使战斗局势利于自己。想要压制敌人，就要在敌人行动之前，通过观察判断他的动作，从而在他行动之前采取进攻。这就是"压"的意义。

例如，在敌人刚有进攻的念头时，就先发制人，首先采取进攻；当敌人刚有跃起的念头时，他必然有一个下蹲的姿势，而我们随即将他按倒在地；当敌人刚有杀的念头时，我们必须断绝他所有的行动可能。

当敌人企图进攻时，常会使出一些迷惑的招数，你大可不必理会；一旦发现他们采取了有效措施，就必须坚决阻止。这一原则在兵法理论中非常重要。

假如你有意识地去阻止敌人已经发起的进攻时，实际上你已经失去先机了。所以，必须仔细观察敌人的一举一动，从而采取有效措施，挫败敌人的意图。想要精通此种牵制敌人的方法，就必须有丰富的经验，同时还要刻苦练习。一旦做到这一点，你可谓是兵法大师了。

穿越激流

当你穿越大海时，常常会遭遇波涛汹涌的境况。尤其是遇到只有十几米宽的海时，将面临很多凶猛的急流。人的一生中，同样也会遭遇很多"穿越激流"的时刻。

在狭窄渡口中航行，必须了解其地形；同时也要熟知船的状态，天气的变化等等。这样一来，即使独自一人航行，也不会遭遇暗礁或者迷路。此时，要善于根据风向的转换，调整船只的航行，即使逆风，凭借知识与经验，也可以穿越津渡，达到目的地。

一旦具有了"穿越激流"的态度，即使在人世的海洋中航行，遭遇不测，你也能够从容不迫，顺利地过关。

当然，在兵法理论中，"穿越激流"也是非常重要的。穿越激流也就是指：知彼知己，百战不殆。在战斗中有效运用兵法策略，就像在狭窄的航道中航行一样。

"穿越激流"的过程中，我们必须保持心灵的宁静。

"穿越激流"是将敌人置于弱势，而后猛烈攻击，迅速获胜。"穿越激流"在合战兵法或者个人决斗兵法中，都是非常重要的原则。请务必铭记。

认清形势

在合战兵法中，"认清形势"是至关重要的。首先周密地观察敌情，而后了解敌军的意图，根据敌人的情况部署我军，同时灵活运用兵法策略来作战。

在决斗兵法中同样如此。首先观察敌人的个性，判断敌人的行事风格，确认敌人的强项和弱项，然后尽可能地牵制敌人，寻求合适的战机，先发制人。

只要拥有敏锐的洞察力，就能够明察一切事物的形势；只要精通兵法，而又不拘泥于兵法，你就能够找准敌人的心思，而获得取胜的谋略和战术。请将此项原则牢记于心。

踩踏

"踩踏"只运用于兵法中。

在合战兵法中，不管敌人用弓箭或是火枪进行攻击，一旦敌人结束第一次射击，并且重新安排火力时，你才开始拉弓或是装子弹，就很难取胜了。因此，先发制人就是指：在敌人做准备的间歇，迅速进攻。

疾速进攻是制胜的关键。只要进攻凶猛、快捷，敌人很难将你打败。总之，无论敌人使用何种武器，你都要立刻认清敌人的进攻模式，而后立刻进行攻击。

在个人决斗兵法中，也同样如此。如果你只是一味地紧跟敌人的进攻而进攻，也无法取得胜利。当敌人劈向你时，你一定要在他攻击之时，狠狠一脚踏住他的剑，将敌人的气势彻底压倒，不给他任何进攻的机会。

"踩踏"只是形象的比喻，并不是真的靠脚来进行。你可以用身体去

"踩踏"，用心去"踩踏"，当然也可以用刀去"踩踏"。总之，目的只有一个，不再让敌人有进攻的机会。

"踩踏"意在先发制人，不给敌人任何机会。当然，"踩踏"并不意味着一味地想要尽早结束战斗，而随意出手。它是指针对敌人有力、果断的反击。这一点请务必慎重思考。

乘胜追击

无论是房子、身体还是敌人，只要发生错乱，任何事物都有崩溃的可能。

在合战兵法中，当敌人的阵地开始散乱时，趁势猛追，是十分重要的。一旦错过这一时机，敌人将获得反击的机会。

在决斗兵法中，也会发生这样的状况。当敌人的节奏开始散漫时，千万不要给他一丝一毫的休息时间，而要乘胜追击；否则，敌人就会重新进行攻击。乘胜追击，坚决不给敌人复苏的机会，是胜战的关键。

"乘胜追击"需要强大的力量和果断的行为。当然，这一行动必须精准，不可随便一击。请在实践中仔细领会。

换位思考

"换位思考"是指：将自己摆在敌人的角度考虑问题。

例如，有夜盗闯入我的家门，那么他对我而言无疑是一个威胁。但是，站在他的角度来看，他已经孤立无援，整个世界都在和他作对。俗话说，躲进洞里的鸡，终会被老鹰捉住。这就是站在敌人的角度思考问题，这一点，需要仔细体会。

在合战兵法中，一定要了解敌人的意图，而不要轻视敌人。当你拥有精良的军队，又精通兵法，也应该根据敌人的情况制定取胜方法。

在个人决斗中，同样要将自己摆在敌人的位置上思考。如果敌人预先知道他的对手是一个精通兵法、擅长使用兵法大师，那么他一定会有畏惧之感，认为自己必输无疑。这时，你大可以他的胆怯去战胜他。

转换策略

当你和敌人僵持不下，又很难在短时间内取得进展时，这就意味着要转换策略了。这时，你要立刻采用其他进攻方式，抢得先机，赢得胜利。

在合战兵法中，局势陷入僵局，就会有人员损伤。这时，必须立刻放弃原来的策略，采用敌人意想不到的方式，争得先机。

在个人决斗中，同样如此。当你发现自己陷入僵局时，探知敌人的意图，立刻改变战术，以此赢得胜利。

试　探

当你无法察觉敌人的意图时，试探是非常重要的。

在合战兵法中，当你不能明了敌人的意图时，可以采用佯装强攻来试探敌人。这样一来，敌人一定会有所防御，一旦了解敌人的策略，便立刻改变战术，获胜也就轻而易举了。

在个人决斗中，同样如此。首先移动步伐，将敌人的位置移换到后方或是侧面，这时，敌人会采取进攻，同时他的意图也会暴露无遗。一旦察知敌人的想法，就立即做出准确的判断，采用恰当的方式战胜他。这一点，必须具备敏锐的观察力，一旦疏忽，就会错失良机。

唬敌术

这是当敌人的进攻意图非常明显时，所采取的一种战术。

在合战兵法中，敌人刚开始进攻时，就果断地阻止他。一旦向敌人表明你已经占据了斗争的优势，他们的心态就会发生变化，在你的气势下而退缩。此时，你只需再次追击，主动进攻，赢得胜利。

在个人决斗中，道理也是相同的。在敌人进攻时，采取有效的手段遏止敌人的进攻意识，在其犹豫不决之际，主动追击。请认真领悟这一点。

感染术

所有事物都会被外界影响。甚至连打哈欠也会互相传染。

在合战兵法中，如果敌人气势高昂，急于进攻，你一定要表现出慵懒之态，让对方放松警惕。这样一来，敌人的情绪就会被你感染，进攻意识也变得薄弱起来。

当你牵制住敌人的情绪时，以迅雷不及掩耳之势，果断发起攻势，从而赢得胜利。

在个人兵法中，也是如此。首先放松身心，密切观察敌人松懈的瞬间，然后主动进攻。这一点是相当重要的。

在战斗中，"走神"是一种极其危险的情绪，这时人会变得浮躁不安、怯懦。以上所述请务必好好领悟。

扰乱术

任何事情都会有突发情况"扰乱"心智。这些情况主要包括：巨大压力之下，过度的疲劳和紧张或者出乎意料的惊吓等等。

在合战兵法中，扰乱敌人的心智非常必要。趁敌人的心神不宁时，出其不意，攻其不备，夺取主动权，取得胜利。

在个人兵法中，同样如此。最初，以镇定扰乱敌人的心智，而后当敌人放松警惕时，突然猛烈攻击。总之要随机应变。根据敌人的行动调整自己的行动，明察胜机，做出准确的判断，从而赢得胜利。这一点必须仔细研究。

威　吓

任何一个人，突然遭遇意料不到的事情，都会惊慌失措、不明所以。

因此，在合战兵法中，可以利用一声巨响吓唬敌人，也可以出其不意让敌人不明所以。总之，用一切方法来恐吓敌人。一旦抓住敌人惊惶的瞬间，就获得了取胜的有利条件。

在个人兵法中，也可以运用这种战术。你可以摆出不同的姿势吓唬他，可以用手中的刀吓唬他，也可以用声音来震慑他。最重要的一点，必须出其不意，攻其不备；而后抓住敌人惊慌的瞬间，主动出击，赢得胜利。这一点，必须刻苦锻炼才能做到。

纠　缠

当你与敌人近距离交锋时，双方都想竭尽全力战胜对方，而你发现形势对你有所不利，此时，你可以采用纠缠术，紧紧缠住敌人。纠缠术的关键在于：即使在纠缠之中，也不要忘记抓住胜利的时机。

无论是合战还是决斗，这一原则同样适用。当你与敌人正在激战，胜负不明，此时一定要紧紧缠住对方，这样一来，敌人再也无力摆脱你的掌控；随后，乘胜追击，夺取胜利。这是兵法的精髓所在，请好好刻苦练习。

攻其死角

当你企图推动一件很重的东西时，很难达到目的的。这时，你要寻找其薄弱环节，一步步将其瓦解。这就是"攻其死角"的含义。

在合战兵法中，首先要观察敌军的精锐部队，而后从薄弱部队下手，尽量争取有利条件，正所谓攻其不备。

一旦薄弱的环节被攻破，整个队伍也就崩溃了；此时，万万不可掉以轻心，必须继续密切关注敌军其他"角落"的动向，从而一举歼灭。

在决斗兵法中也是如此。敌人每次进攻，都争取在对方身上造成一定的伤害，他的身体就会逐渐变弱，直到完全崩溃。此时，便可以轻而易举地将其击倒了。这一招式，最重要的就是部署力量，判断胜机。

惑　敌

"惑敌"是指扰乱敌人的心神，让他们惶恐不安。

在合战兵法中，揣摩敌人的心思，调动敌人的注意力，使其迷惑不解，这样敌人的进攻节奏就会被完全打乱，你便可以从中准确判断胜机。

在决斗兵法中，同样如此。你可以依情况而采取多种牵制敌人的方法，将其迷惑，让他无法弄清你的真正意图。当敌人被你惑乱、疲惫不堪之时，也就是你取得胜利的时刻了。这一基本原则，请务必认真学习。

吼　术

想要震慑敌人，可以运用吼术。吼术主要分为：最初一吼、中间一吼，最后一吼。"吼"不但要依情形而定，而且要力道充沛，就像呼啸的狂风，或者熊熊燃烧的烈火一样。只有这样，才能威慑敌人。

在合战兵法中，战斗之初的一吼必须响亮、震撼；激战之中的一吼则需要低沉如狮啸一般；而胜利之后的一吼则要响彻天际。正所谓"三吼"。

在决斗兵法中，吼声主要是为了扰乱敌人的心神。发出怒吼之后，随即向敌人进攻；将敌人劈倒之后，也需要大吼一声，以示胜利。这被称为

"前之一吼与后之一吼"。

需要注意的是，在挥刀的同时，千万不可发出吼声，这样一来只会减弱出刀的力度。在战斗中发出怒吼，目的是配合进攻节奏，所以声音一定要沉稳有力。

混合战术

当两军交锋时，如果敌人的力量十分强大，就应该集中精力攻击敌军一侧，这时两军贴合很紧，就好像我军混入敌军之中一样；当敌军一侧溃败，就转而攻击敌人的另一侧。这种混合战术，就像是以"之"字型围绕进攻。

当你单枪匹马面对众敌时，这一原则非常重要。首先追赶并打败一个敌人，然后再次攻击最强的那个敌人，如此反复。判断敌人的节奏，时左时右以"之"字型进攻。

当你摸清了敌人的布局之后，做好进攻准备，此时万万不可犹豫，必须迅速、猛烈的进行攻击，以夺取胜利。与强敌对峙时，这一招式也同样适用。

所谓"混合战术"，就是毫不犹豫地打入敌人的内部。这一点，一定要铭记于心。

一鼓作气

在作战过程中，要想击溃敌人，必须有必胜之心。一旦发现敌人的弱势所在，便加强自己的气势，先从气势上压垮敌人。

在合战兵法中，如果敌军寥寥无几，或是人数众多而又士气低迷，军心涣散；此时，先从气势上进行藐视，而后集中力量，一鼓作气，在最短的时间内将其歼灭。

这时，你的进攻稍有软弱，就会前功尽弃。所以，当你企图击溃敌人时，必须控制自己的心态，不给敌人留有任何反击的机会。

在个人兵法中，当敌人技不如你，或者陷入混乱之中，再或者开始后撤时，制胜的关键在于，不给其任何喘息之机。这一点，务必细加体会。

出其不意

在战斗中，不要重复同样的方式。在不得已的情况下，一种方式最多出现两次，绝不能再有第三次。

当你试图用某种手段对付敌人，第一次没有成功，再做一次同样的也不会成功。此时，必须放弃这种招式，彻底改变策略。如果同样没有效果，再试其他战术。

兵法中有一项重要原则：不断变换自己的想法。当敌人以为是山时，其实是海；当敌人以为是海时，实则为山。这就叫做出其不意。

击垮意志

在交战中，当你即将赢得胜利时，敌人会负隅顽抗。虽然败象已现，但是他不愿承认失败。这种情况下，就必须彻底击垮敌人的意志，让他心服口服。

此时，你可以突然改变自己的姿势，表现出强大的气势，以此压倒敌人，使敌人觉得自己已经被彻底被击败了。

当然，你也可以用武器、用身体，或者用意志击倒敌人。

当敌人彻底丧失信心后，就不用再在意他了；反之，就必须提高警惕。只要敌人还存有一丝野心，他就没有被真正打败，而你也绝不能松懈。

即使在个人决斗中，这一原则也同样适用。

另辟蹊径

交战时，如果你和敌人僵持不下，此时你必须另辟蹊径，以全新的战略进行攻击。一旦掌握了这一原则，也就掌握了制胜的方法。

任何时候，这一原则都是行之有效的。当局面变得紧张时，迅速改变你的想法，开始另外一场斗争，你也就抓住了先机，必定取得胜利。

这一原则，在合战中，或者在个人决斗中，都非常重要，必须认真思考。

顾全大局

在战斗中，难免陷入细枝末节的问题中，此时，务必牢记这一原则：一旦陷入细节上的纠缠，必须立刻从中跳出来，转移到大局上来。

兵法的策略之一是由小到大的转换。即使在日常生活中，也要顾全大局。这一精神，在合战中或者个人对决中，都是必不可少的。这一点，一定要多加注意。

操纵敌人

战斗的任何阶段，高明的主将都应将敌人玩弄于股掌之间。这是一项非常重要的兵法原则。

能将兵法技巧运用得灵活自如，那么你将随心所欲地操纵敌人，并将他们视为你的士兵。这一点很难做到，必须刻苦修炼。

无刀之战

这一战术有多层含义。它既有有刀无法获胜，也有无刀也能获胜之意。对于这一原则，文字是不能将其完美表述的，只能在平常的训练中慢慢体会。

磐石之身

"磐石之身"是指高明的兵法大师所具有的坚如磐石一样，不可动摇的必胜之心。任何力量也不能改变他的意志，更不可能将他击垮。做到这一点，也就达到了修炼的最高境界。在兵法界有一句口耳相传的秘诀："你必须具备无法动摇的伟大心魄"。

结　语

本卷记述了本流派在兵法实践中的一些心得。这是我第一次尝试写下兵法原则，所以在顺序上有些凌乱。当然，我也无力将每一项原则描述的一清二楚。但是，对于有志学习兵法的人来说，它仍有很大的功效。

我自幼研究兵法，刻苦磨炼，历尽千辛万苦，终于明白兵法大师所要经历的一切状态。很多所谓的兵法家，拥有的不过是一些花哨的招式，甚至有一些只是自命不凡的空谈家。因此，即使他们滔滔不绝地谈论兵法，也没有真正领会兵法的奥妙所在。

练习兵法，目的是为了锻炼自己的"身"与"心"；但是，有些人偏执地追求兵法技能，于是"病"于此道，"迷"于此道，这正是当今世上那么多人偏离兵法正道的原因。

使剑法成为一门学问，在战斗中取得胜利，必须牢记本卷所讲述的兵法原则，任何情况下，都不可改变。只要理解了我的兵法之道，并在实践中灵活运用，就必定获得胜利。

风之卷

每个流派都有自己的兵法。只有了解其他流派的兵法，才能真正理解本流派的兵法之道。因此，在风之卷中，我会着重讨论其他流派的兵法之道。

在研究不同流派的兵法时，我发现有的流派偏重于培养蛮力，主张用太刀；有的流派喜欢用短刀，将其称为"小太刀"；还有的流派迷恋于技巧，发明了很多招数，将其称之为"某某剑术"，在本门内广为传授。

其实这些都偏离了剑道的正理。就这一点，我将在本卷中详细说明，让大家认清其中的缺陷，了解对错、有用与无用。这些兵法中充斥了太多花哨的场面，有的成为身着盛装、卖弄技艺的小丑；还有一些兵法完全成为牟利的工具。

"二天一流"的兵法原则与他们完全不同。

按照传统的观念，兵法仅仅是指剑术。但很难想象，单凭一身蛮力，或者勤快的腿脚是很难赢得胜利的，更不能成为兵法正理。

在本卷中，我将通过分析其他流派的不足之处，通过对比，帮助大家理解"二天一流"的精髓。

大太刀之流派

有些流派热衷于大太刀，在我看来，这都是虚弱的表现。因为他们不知如何进行布局，并且缺乏策略，所以只能用刀的长度作为取胜的途径。他们以为刀越长，越能打倒敌人。

过去有人常说，在决斗时，制胜的关键在于刀的长度。其实这是完全不懂兵法的人的谬论。因此，依靠刀长的优势，远距离战胜敌人，是内心虚弱、不懂兵法的人才做的事。这种兵法自然是不入流的。

有时，当你与敌人近距离交手时，刀越长，反而会妨碍进攻。此时，你与敌人的距离很短，挥动大太刀的空间很小，于是大太刀成为一个累赘；如果你所面对的敌人，用的是短而锋利的佩剑，那么你的形势将会非常不利。

当然，喜欢大太刀的人，往往有自己的理由，但是这只能成为他们自己的逻辑；就兵法正理而言，这是绝对不合逻辑的。难道用佩剑的人就一定会输给用大太刀的人吗？

设想一下，如果你所处的作战环境是一个非常狭小的空间，那么你还会使用大太刀吗？如果只能选择用佩剑作战，难道你要放弃战斗吗？如果你一定要坚持，则是不相信兵法的表现。

当然，有些人天生力弱，也就无法使用大太刀了。

自古以来，"大"与"小"只是一个概念，它们各有所长，也各有其短。使用长刀本身并没有错，但是过分固执，将长刀视为取胜的唯一工具，自然是愚蠢至极的了。

历史上，处处都有以小取胜的例子。因此，在我的兵法流派中，决不允许出现狭隘的偏颇之心。

强击之流派

有的流派着重强调"强有力的打击"。事实上,当你挥刀时,如果你有"强有力"的想法,那么你的行动就会野蛮粗鲁。在战斗中,仅凭蛮力是很难取胜的。

此外,在决斗中,如果你想要砍倒敌人,而使出所谓的"强有力的打击",这只能让你的行动变得笨拙,虽然花了不少力气,却不会成功。

即使在练习的时候,也不能刻意用尽全力去砍倒某一个东西。

在战斗中,与敌人进行生死搏斗时,是很难考虑打出的一击是强还是弱,你唯一的念头就是如何杀死他。此时,出击是强是弱已经不在你的考虑范围内了。

如果过分用力击打对方的刀,也会使自己手中的刀震动。这时,你想要再抓住刀,势必让动作变得迟缓。

所以,在决斗中,一味地追求"强有力的打击"是绝对不可取的。如果你想依靠强大的军队,进行猛烈的攻击,敌人也会采取相同的方式来抵御。只有采用正确的策略,才能取得战斗的胜利。

本流派的兵法思想,是以策略和手段为基本原则,而不考虑任何不切实际的事情,只有这样,才能赢得最后的胜利。请务必慎重思考。

小太刀之流派

有些流派,主张使用小太刀获得胜利,其实这种想法是不符合兵法原则的。自古以来,大、小太刀只在兵法术语中有所区别。

对于力气大的人而言,使用大太刀,反而更能操纵自如。使用小太刀的人以为,短小的太刀可以趁敌人挥刀的间隙,刺穿或是掷入敌人的胸膛，其实这种想法非常片面。如果过分将注意力集中在寻找敌人的空隙上，势必忽视其他东西，而陷入困境；另外，如果你被敌人包围，想要使用小太刀突破防线并战胜他们，是完全不可能的。因此，过分偏激地喜欢小太刀是不正确的。

在短兵器中的确可以学到很多知识，例如：奋力砍杀，穿越人群、自由跳跃、急速转身等等；但是，这些情况都会让你身陷防御状态中，导致心神不宁。这种心态往往只会受制于他人。

在兵法中，有效、直接地追击敌人，让敌人陷入混乱状态，这是唯一能够取得胜利的途径。向敌人发起突然袭击，随即迅速解决他们，这是兵法的重点所在。请务必认真思考。

剑术之流派

有些流派强调各种各样、花样繁多的奇特招式。让初学者以为，一招一式就是兵法的正道，其实这是一个误区。

以为只要学会各种招式就能战胜敌人，这本身就是一个错误。对于杀敌而言，世上的方法并没有不同。无论学识渊博的人，妇女，还是孩子，在杀敌时都没有差异。假如一定要说有招式，无非就是"刺"和"劈"罢了。

首先，我们的目的是杀敌，致敌人于死地是我们的目的，繁琐的招式反而是一种累赘。虽然如此，因为情况和地势的不同，出现的状况也不相同，所以本派兵法才会有五种段位和五种刀法。

除此之外，如果硬要加上其他一些技巧，例如手的弯曲、身体的快速旋转或是向远处跳跃，都不可能增加威力、杀死敌人。这些只是无用的空架子。

在我的兵法中，讲究简单、直接的心态和进攻方式。我们要让敌人紧张不安，不能保持较好的状态，引诱敌人使用那些华而不实的动作。这才是获得胜利的正确方法，需要认真体会。

架势之流派

单纯地强调持刀的架势是兵法的另外一个误区。一旦面对强敌，任何所谓的架势都会失去作用。

这是因为，无论是根据过去的标准还是今天的准则，所制定出来的方法，在实际战斗中根本派不上用场。只有千方百计致敌人于不利形势，才是获胜的关键。

不管采用何种架势，坚定不移的气魄是相当重要的。无论面临什么情况，都应像城堡一样屹立不倒。即使受到攻击，也要沉稳、坚定。

兵法的精髓在于，集中精神，抓住先机，获得主动进攻的优势。防守的姿态也是为了进攻的需要，这时必须等待时机，从而赢得主动权。

在战斗中，要灵活运用兵法策略，破坏敌人的防守。可以采用敌人意想不到的状况，例如用假象迷惑敌人，故意激怒敌人，故意恐吓敌人，然后趁敌人军心涣散之际将他们击败。这才是兵法制胜的奥妙所在。因此，防守之时，一味地考虑架势，是绝对不可取的。所以，在我的兵法中，我曾提到"无位之位"，意思就是没有架势的架势。

在合战兵法中，也是如此。我们首先要关注：敌人的兵力，战场的地形，自己军队的状态，如何调整到最佳状态等等。正所谓，知己知彼，百战百胜。

先发制人与受制于人是完全不同的两件事。面对这些情况，心态也是不一样的。在被动防御时，要尽力施展刀技闪躲，就好像你的刀剑变成了防御的栅栏；主动进攻时，要斗志高昂，即使武器是一根柱子，也要将其当作刀剑来使用。这些都必须好好体会。

其他流派之眼法

不同的流派强调不同的眼法。有的要求注视敌人的刀；有的要求凝视敌人的脸或是脚。实际上，如果将眼神固定在某一个点上，会导致心神不宁，这是兵法的弊病所在。

踢足球的时候，人们的眼睛虽然没有盯在球上，但是一样能够获得成功。这是因为，当一个人将一项运动做得非常娴熟之后，他根本不需时刻注视一个点。在杂耍中，同样如此。对于一个技艺高超的杂耍师而言，即使不去刻意观察，也能将一扇门放在鼻子上，并且让它在上面保持平衡。因为他们在做这件事的时候，已经积累了丰富的经验，能够时刻感觉到即将发生的状况，这已经成为一种本能的感官反应。

在兵法中，同样如此。战斗经验逐渐丰富，你也就掌握了敌人的招式，以及心理动向。总之，兵法中的眼法就是细腻的观察力与敏锐的感官。

在合战兵法中，同样需要明察敌军的状态。

观察的方法有两种：一是"观"，一是"看"。观和看都需要极强的眼力，要能够洞悉敌人的心神，明辨战争的形势，认清敌我双方的强弱，同时视野一定要开阔；然后通过精确的判断，制定有效的策略，赢取胜利。

在合战或是个人决斗中，一定要视野开阔。目光短浅，只局限于某一点，势必会受到细节的干扰，扰乱心智，从而失去获胜的机会。只有顾全大局，才能胜利。这一原则，需要仔细揣摩，并不断在实践中练习。

其他流派之步法

有些流派注重快速移动步法，例如浮步、跳步、跃步、踏步等等。其实，在我看来，这些步法都有着严重的缺陷。

正确的步伐应当坚定沉稳，一旦采用浮步，脚步就会漂浮，不够稳定。我不喜欢浮步正是因为这个原因。

我不喜欢跳步，因为跳步表现得过于激动、盲目而偏激。在不需要一再跳跃的情况下，应尽量减少跳步。

而跃步则向敌人展示了自己的不安与骚动，踏步则是一种防守的消极之态，都是不可取的。

除此之外，还有其他不同的步法，我就不一一列举了。

作战场所不同，所采用的步伐也不相同。也许你会在湿地或者沼泽中与敌人交战，也会在山川或者河流中与敌人交战，也可能在石原上与敌人作战，当然也会在窄道上作战；而这些地形，是绝对不能采用跳步、跃步或其他快步的。

在我的兵法中，并不存在步法的不同。我认为像平时走路一样是最佳的选择。重点在于：跟随敌人的节奏，调整自己的姿势，或快或慢，或退或进，步调要井然有序，沉稳而矫健。

在合战兵法中，也要注意步伐的节奏。但是不要盲目的进攻，在了解敌人的意图之后，选择有效的步调。

其他流派之速度

有些流派非常注意速度，事实上，速度与物体移动的快慢相合拍才是最重要的。

当你真正掌握了兵法之后，你就绝对不会盲目求快。例如，一个训练有素的邮差，一天可以走五六十里路，并且经常休息；而缺乏训练的邮差，整天一路狂奔，却只能走上少许的路。

在舞蹈表演中，技艺高超的歌手能够一边跳舞一边唱歌；假如笨拙的新手也想这么做，那他只会手忙脚乱，无法适从。同样的道理，一个高明的鼓手，可以轻松地演奏一首曲子；如果是一个没有经验的鼓手，那他绝对无法正确掌握乐曲的旋律。

有一句古语"欲速则不达"，强调的就是这个道理。所以，任何事情都是有自己的节奏的。

内行的人做事的时候，总是从容不迫。因此，我们也能洞察兵法的原则。

在兵法中，片面强调速度是绝对不可取的。速度必须依情况而定。例如，在沼泽里作战，就不能像在平地上一样移动太快；用太刀作战，速度也不同于用短刀那样敏捷，假如砍得过快，根本不能伤及要害。这一点，一定要注意。

在交战中，绝对不能急于求成。必须以压制之术来控制敌人。

另外，敌人过于急躁，你所要做的正好相反。此时你一定要保持镇定，不急不躁，千万不能被敌人所影响。要想达到这一境界，只能刻苦修炼，才能从容地掌握局势。

其他流派之绝门功夫

每个流派都有自己的绝门功夫，并不教授于人；但是，既然已经作为战斗的准则，也就无所谓"秘招"了。

我所教授的兵法，首先是让初学者学习和掌握最基本的技巧，把容易理解的道理传授给他们。至于那些难以理解的深刻道理，我会因人而异，根据每个人的领悟程度，由浅至深逐步教给他们。既然我所教的都是适合他们的知识，也就无所谓秘不授人的绝门功夫了。

当你经历了种种山峰之后，还会想去更远的地方。所谓兵法，并没有秘不授人的绝门功夫；但是，想要掌握这些兵法道理，就必须刻苦修炼。

所以，我在传授兵法理论时，不喜欢照本宣科，而是根据各人的具体情况，教给他们适合自己的修行方式，从而摒弃所谓"五道"、"六道"的刻板方式。释放心智，挖掘潜能，自然也就参悟了武士的真义——这正是我教兵法之道。总之，勤勉和实践是修行必不可少的。

结　语

本卷将各个流派的兵法归纳为九条大纲记述在风之卷中，虽然我不得不论述这些流派的弊端，但是我特意没有提到它们的名字，以及他们所涉及的绝技。

同一流派中，由于各人的思想不同，也就存在些微的差异。所以，我没有指明我所论述的流派的名字。

我将这些流派倾向分为九类。以直心观之，可以知道他们有些偏爱长刀或是短刀，有些偏爱力量或是利益，有些过分考虑剑术巧妙与否，这些都是偏道。所以，尽管我没有注明他们是哪个流派，但是相信大家也应该知道这其实是不对的。

在我的兵法中，并没有"基本技巧"和"高级技巧"之说。我所唯一强调的是，在你的心中细细体会兵法之精髓。

空之卷

"空之卷"中，是我对"二天一流"的兵法总结。练习"二天一流"的最高境界，是"万里一空"之境界。在空无的世界里，什么都不可知，什么都不存在。

当然，"空"并不存在。知无也知有，这就是"空"。

世人常常会错误地认识到，自己所不知的东西就是空，其实这并不是真正的空，而是一团迷雾一样的混乱。

兵法之中，也有相同的道理。不懂兵法的准则，并不能说兵法是"空"；因为困惑不解，人们会将此称之为空，其实这不是真正的空。

武士应当准确无误地领悟兵法的真谛，然后勤加练习。在练习此道时，心中一定要清澄明澈，扫除一切困惑之心，以心意和心智去修炼，你会变得目光如炬，心中不再黑暗、困惑，从而进入真正的空的境界。

无论是修炼佛法，还是经历世事之理，在没有达到终点之前，每个人都觉得自己的体验与认知才是最正确的、最好的；但是，一旦以平常之心去观察，以天地之理去审视，他们实质已经因为自己的执迷之心而偏离了真正的道。

真正的道，要以率直之心认清一切。以空为真道，才能看清天地万物。

在真正的空明中，善德已经将所有万恶驱除。心中有智慧，有真理，有道，却仍然空无一物。

藏书
兵法

要想取得胜利就要遵从这五个方面：认清可与敌人交战的情况以及不可与敌人交战的情况；懂得采取适应兵力的战法；上下齐心协力的；以良好的战前准备对待没有准备的；君主充分信任将帅指挥而不加干涉的。

中 篇　孙子兵法

序

　　操闻上古弧矢之利，《论语》："足兵。"《尚书》："八政曰师。"
《易》曰："师贞，丈人吉。"《诗》曰："王赫斯怒，爰征其旅。"黄帝汤武
咸用干戚以济世也。《司马法》曰："人故杀人，杀之可也。"恃武者灭，恃
文者亡。夫差、偃王是也。圣人之用兵，戢而时动，不得已而用之。吾观
兵书战策多矣，孙武所着深已。审计重举，明画深图，不可相诬，而但世
人未之深亮训说，况文烦富行于世者，失其旨要，故撰为略解焉。

始计篇

〔曹操曰：计者，选将、量敌、度地、料卒，计于庙堂也。〕

孙子曰：

兵者，国之大事也；死生之地，存亡之道，不可不察也。

故经之以五，校之以计，以索其情。

〔曹操曰：谓下五事七计，求彼我之情也。〕

一曰道，

〔曹操曰：谓导之以教令。〕

二曰天，三曰地，四曰将，五曰法。道者：令民与上同意者也；故可与之死，可与之生，民弗诡也。

〔曹操曰：危者，危疑也。〕

天者：阴阳、寒暑，时制也；顺逆，兵胜也。

〔曹操曰：顺天行诛，因阴阳四时之制。故《司马法》曰："冬夏不兴师，所以兼爱吾民也。"〕

地者：高下、广狭、远近、险易、死生也。

〔曹操曰：言以九地形势不同，因时制利也。论在《九地》篇中。〕

将者：智、信、仁、勇、严也。

〔曹操曰：将宜五德备也。〕

法者：曲制、官道、主用也。

〔曹操曰：曲制者，部曲、旗帜、金鼓之制也。官者，五官之分也。道者，粮路也。主用者，主军费用也。〕

凡此五者，将莫不闻；知之者胜，不知者不胜。

故校之以计，以索其情。

〔曹操曰：同闻五者，将知其变极，则胜也。索其情者，胜负之情。〕

曰：主孰贤？将孰能？

〔曹操曰：道德、智能。〕

天地孰得？

〔曹操曰：天时、地利。〕

法令孰行？

〔曹操曰：设而不犯，犯而必诛。〕

兵众孰强？士卒孰练？赏罚孰明？吾以此知胜负矣。

〔曹操曰：以七事计之，知胜负矣。〕

将听吾计，用之必胜，留之；将不听吾计，用之必败，去之。

〔曹操曰：不能定计，则退去之。〕

计利以听，乃为之势，以佐其外；

〔曹操曰：常法之外也。〕

势者，因利而制权也。

〔曹操曰：制由权也，权因事制也。〕

兵者，诡道也。

〔曹操曰：兵无常形，以诡诈为道。〕

故能而示之不能，用而示之不用；

近而示之远，远而示之近。

〔曹操曰：欲进而治去道，若韩信之袭安邑，陈舟临晋而渡于夏阳也。〕

故利而诱之，乱而取之，实而备之，

〔曹操曰：敌治实，须备之也。〕

强而避之，

〔曹操曰：避其所长也。〕

怒而挠之；

〔曹操曰：待其衰懈也。〕

（卑而骄之）

（佚而劳之）

〔曹操曰：以利劳之。〕

（亲而离之）

〔曹操曰：以间离之。〕

攻其无备，出其不意。

〔曹操曰：击其懈怠，出其空虚。〕

此兵家之胜，不可预传也。

〔曹操曰：传，犹泄也。兵无常势，水无常形，临敌变化，不可先传也。故料敌在心，察机在目也。〕

夫未战而庙算胜者，得算多也；未战而庙算不胜者，得算少也。多算胜，少算败，况无算乎！吾以此观之，胜负见矣。

〔曹操曰：以吾道观之矣。〕

[译文]

孙子说：战争关系到士兵的生命，国家的存亡，所以说战争是国家的大事，是必须谨慎对待和认真研究的。

所以，我详细地从五个方面对其加以研究和分析，在七个方面比较敌我双方条件，追寻战争胜负的原因。一是道，二是天，三是地，四是将，五是法。

"道"，就是顺从，让老百姓与君主有一个同样的目标和想法，那么在战争中，老百姓就不惜冒着生命危险与国君共同出生入死。"天"，就是天时，是宇宙运行的规律，是大自然变换万千的气象，所以我们必须顺应天时。"地"，就是地势，是战争中所遇到的道路距离的远近，战场上的地理条件是坎坷或是平坦，是宽广还是狭窄，地势能不能帮助我们在战争中有效地防御或者是进攻。"将"，就是军事统帅，统帅要具有赏罚分明有信，爱惜士兵，勇敢果断和时刻让军队纪律严明的才智和能力。"法"，就是制度，军队的编制等级清楚，将军和士兵都要有明确的责任划分、军用物资的分配也要遵循严格的制度规定。

作为军队的统帅都应该清楚地了解以上的五个方面；只有真正地了解了其中的内涵，才有打胜仗的把握，反之，则必然要失败。

因此，有七个方面是用来提醒统帅们是否注意到了临战前的战争态势，即，国君的贤明，将帅的才能，天时地利的条件，法令贯彻的程度，军队实力的强盛，士兵所具有的训练素质，军队奖惩制度的执行情况。如果能够依据这七个方面进行审核，战争胜利的天平倾向于哪一方很容易看出来。如果按照这些计谋去领导军队，作战一定会取得胜利，这样我就留下；如果没有按照我的计谋去行事，战争一定会失败，那时我就离去。

采取了有利于战争的计策，还要想方设法以辅助作战的方式造"势"。"势"，就是在战争中的随机应变。战争用兵是一种迷惑人的行为。所以，如果能将对方攻打下来，则偏要装作不能攻打下来，想要起用一个人则要装作不想起用他，想要在近处活动则要装作在远处活动，想要在远处行动的则要装作要在近处活动，用小利引诱贪利的敌人，乘机攻取处于混乱一团的敌人，加倍提防力量强大的敌人，暂时躲开强大的敌人，用挑逗的办法激怒容易暴躁的敌人，要使鄙视我方的敌人更加骄傲，设法使休息充分的敌人疲劳。设法离间内部和睦的敌人。乘机攻击处于无准备状态下的敌人，突然袭击没有任何预想的敌人。这些取得军事胜利的奥妙是不能预先规定的。

在战争前，有足够把握能够预料到能战胜敌人的，肯定在战前按照上述规则进行了周密的研究，获得了绝大部分的把握，得到很多有利于胜利的条件；在战前，预料自己不能战胜敌人的，是因为考虑不够周全，只获得了不到一半的把握，得到的有利于战争胜的利条件也很少。考虑周全，有利于胜利的条件多，才能战胜敌人，反之，后果则不堪想象！用我们以上所说的所有条件来考察敌我的战前情况，对战争的把握程度和战争结果就能显现出来。

作战篇

〔曹操曰：欲战必先算其费，务因粮于敌也。〕

孙子曰：

凡用兵之法：驰车千驷，革车千乘，带甲十万。

〔曹操曰：驰车，轻车也，驾驷马；革车，重车也，言万骑之重。车驾四马，率三万军，养二人主炊家子，一人主保固守衣装，厩二人主养马，凡五人。步兵十人，重以大车驾牛。养二人主炊家子，一人主守衣装，凡三人也。带甲十万，士卒数也。〕

千里而馈粮，

〔曹操曰：越境千里。〕

则外内之费，宾客之用，胶漆之财，车甲之奉：费日千金，然后十万之师举矣。

〔曹操曰：谓购赏犹在外之也。〕

其用战：胜久则钝兵挫锐，攻城则屈力，久暴师则国用不足。

〔曹操曰：钝，弊也；屈，尽也。〕

夫钝兵挫锐、屈力、殚货，则诸侯乘其弊而起，虽智者，不能善其后矣。

故兵闻拙速，未睹巧久。

66

〔曹操曰：虽拙，有以速胜。未睹者，言无也。〕

夫兵久而国利者，未之有也。

故不尽知用兵之害，则不能得用兵之利矣。

故善用兵者，役不再籍，粮不再载；

〔曹操曰：籍，犹赋也。言初赋民，便取胜，不复归国发兵也。始用粮，后遂因食于敌，还兵入国，不复以粮迎之也。〕

取用于国，因粮于敌：故军食可足也。

〔曹操曰：兵甲战具，取用于国中，粮食则因敌也。〕

国之贫于师者：远者远输，远输则百姓贫；

近师者贵卖，贵卖则百姓财竭，

〔曹操曰：军行已出界，近于师者贪财，皆贵卖，则百姓虚竭也。〕

财竭则急于丘役。屈力中原，内虚于家，百姓之费，十去其六。

〔曹操曰：丘，十六井也。百姓财殚尽而兵不解，则运粮尽力于原野也。十去其七者，所破费也。〕

公家之用：破车疲马，甲胄矢弩，戟楯矛橹，丘牛大车，十去其七。

〔曹操曰：丘牛，谓丘邑之牛；大车，乃长毂车也。〕

故智将务食于敌，食敌一锺，当吾二十锺；茞一石，当吾二十石。

〔曹操曰：茞，豆稭也；秆，禾槀也。石，百二十斤也。转输之法，费二十石乃得一石。〕

故杀敌者，怒也；

〔曹操曰：威怒以致敌。〕

取敌者，货也。

〔曹操曰：军无财，士不来；军无赏，士不往。〕

车战：得车十乘以上，赏其先得者，

〔曹操曰：以车战能得敌车十乘已上，赏赐之。不言车战得车十乘已上者赏之，而言赏得者何？言欲开示赏其所得车之卒也。陈车之法：五车为队，仆射一人；十军为官，卒长一人；车满十乘，将吏二人。因而用之，故别言赐之，欲使将恩下及也。或曰：言使自有车十乘已上与敌战，但取其有功者赏之，其十乘已下，虽一乘独得，余九乘皆赏之，所以率进励士也。〕

而更其旌旗；

〔曹操曰：与吾同也。〕

车杂而乘之，

〔曹操曰：不独任也。〕

卒共而养之，是谓胜敌而益强。

〔曹操曰：益己之强。〕

故兵贵速，不贵久。

〔曹操曰：久则不利。兵犹火也，不戢将自焚也。〕

故知兵之将，民之司命，而国安危之主也。

〔曹操曰：将贤则国安也。〕

[译文]

孙子说：一旦发起战争，就要出动无数的战车、辎重车辆和大批的军队，还要从很远的地方运送粮食。每天要耗费近千金军饷，其中包括了前方后方的费用，外交使节往来的开支，军需物资的供给，武器装备的保养，只有这样十万大军才能出动。

如果动用如此庞大的军队作战，必须速战速决。如果拖延战时，士兵们就会劳累不堪，打仗的信心也受到挫败，攻城也会消耗很大的力量。军队长期在外作战，国家的财政开始也会加重。如果出现了这样的状况，很容易别的诸侯趁机攻打，这样，即使再有能力的人，也无法挽回战局。这样看来，无论用什么方法也要速战速决，决不能为了投机取巧而拖延战争。从来没有听说过，军队长期拖在外面打仗，而国家获得好处的。所以，对用兵屈力殚货的好处没有深刻认识的人，是不可能懂得速战速决的优势的。明智的统帅知道，不能不停地征兵和源源不断地运送粮食；武器装备从国内取给，粮食的供给要在敌国就地解决，给予充足供应。从遥远的地方补给粮食是国家因为在外用兵而导致贫困的重要原因；长途运输就会增加百姓的负担，至使百姓贫困。接近军队的地方会物价飞涨，物价飞涨就会使百姓财物枯竭；这样就导致了加征赋役。民不聊生，财力枯竭，国库亏空。百姓的财物，也耗费得所剩无几。由于战车耗损，战马疲惫，兵器磨损，辎重车辆的损坏，国家的财产也耗去了十分之六。所以，会用兵打仗的统帅知道，要在战争所在地解决粮食问题。就地获得粮食一钟，相当于从本国运输二十钟的粮食；就地征集一石饲草，相当于从本国运输二十石。如果想要士兵英勇善战，就要让他们对敌人产生无比的仇恨；如果要夺取敌人的财产，就要以大量的物质奖赏士兵；如果缴获了很多战车，那么凡缴获十辆以上战车的，就奖赏最先夺得战车的士兵，然后插上我们的旗帜，编入己方的车队中，要优待和抚养俘虏，这就使我们在战争中越来越强大。

所以，速战速决是用兵打仗的最好选择，绝不能拖延战时。百姓命运的掌握者，国家安危的主宰者就是这些懂得用兵之道的将帅。

谋攻篇

〔曹操曰：欲攻敌，必先谋。〕

孙子曰：

凡用兵之法：全国为上，破国次之。

〔曹操曰：兴师深入长驱，拒其都邑，绝其内外，敌举国来服，为上；以兵击破得之，为次也。〕

全军为上，破军次之。

〔曹操曰：《司马法》曰："万二千五百人为军。"〕

全旅为上，破旅次之。

〔曹操曰：五百人为旅。〕

全卒为上，破卒次之。

〔曹操曰：自校以上至百人也。〕

全伍为上，破伍次之。

〔曹操曰：百人以下至五人。〕

是故，百战百胜，非善之善者也；

不战而胜，善之善者也。

〔曹操曰：未战而敌自屈服。〕

故上兵伐谋，

〔曹操曰：敌始有谋，伐之易也。〕

其次伐交，

〔曹操曰：交，将合也。〕

其次伐兵，

〔曹操曰：兵形成也。〕

其下攻城。

〔曹操曰：敌国已收其外粮城守，攻之为下也。〕

攻城之法：修橹、轒辒，其器械，三月而止也；距、闉，又三月然后已。

〔曹操曰：修，治也。橹，大楯也。轒辒者，轒床也；轒床其下四轮，从中推之至城下也。具，备也。器械者，机关攻守之总名，飞楼云梯之属。距闉者，踊土积高而前，以附其城也。〕

将不胜心之忿，而蚁附之；杀士卒三分之一，而城不拔者，此攻之灾也。

〔曹操曰：将忿不待攻器成，而使士卒缘城而上，如蚁之缘墙，必杀伤士卒也。〕

故善用兵者，屈人之兵而非战也，

拔人之城而非攻也，

破人之国而非久也，

〔曹操曰：毁灭人国，不久露师也。〕

必以全争于天下。故兵不钝而利可全，此谋攻之法也。

〔曹操曰：不与敌战，而必完全得之，立胜于天下，则不顿兵挫锐也。〕

用兵之法：十则围之，

〔曹操曰：以十敌一，则围之，是谓将智勇等而兵利钝均也。若主弱客强，操所以倍兵围下邳，生擒吕布也。〕

五则攻之，

〔曹操曰：以五敌一，则三术为正，二术为奇。〕

倍则分之，

〔曹操曰：以二敌一，则一术为正，一术为奇。〕

敌则能战之，

〔曹操曰：己与敌人众等，善者犹当设奇伏以胜之。〕

少则能守之，

〔曹操曰：高壁坚垒，勿与战也。〕

不若则能避之。

〔曹操曰：引兵避之也。〕

故小敌之坚，大敌之擒也。

〔曹操曰：小不能当大也。〕

夫将者，国之辅也。辅周则国强，

〔曹操曰：将周密，谋不泄也。〕

辅隙则国弱。

〔曹操曰：形见于外也。〕

故君之所以患军者三：不知军之不可以进，而谓之进；不知军之不可以退，而谓之退，是谓縻军。

〔曹操曰：縻，御也。〕

不知军中之事，而同军中之政，则军士惑矣。

〔曹操曰：军容不入国，国容不入军，礼不可以治兵也。〕

不知三军之任，而同三军之权，则军士疑矣。

〔曹操曰：不得其人也。〕

军士既惑既疑，则诸侯之难至矣！是谓乱军引胜。

〔曹操曰：引，夺也。〕

故知胜有五：

知可以战与不可以战，胜。

知众寡之用，胜。

上下同欲，胜。

〔曹操曰：君臣同欲。〕

以虞待不虞，胜。

将能而君不御，胜。

〔曹操曰：《司马法》曰："进退惟时，无曰寡人"。〕

此五者，胜之道也。

〔曹操曰：此上五事也〕

故兵知彼知己，百战不殆；

不知彼而知己，一胜一负；

不知彼不知己，每战必殆。

［译文］

孙子说：不杀人或是少杀人才是一般用兵打仗之道，不战而使敌国屈服是上策，经过交战杀敌甚至是击破一个国家就不如前者；如果不杀人就能让敌人全部投降才是上策，用武力打败敌人的就不如前者了；因此，即使百战百胜，但是造成了大量的人员伤亡，绝不是名将所为，不打仗而使敌人投降，才是为将之道。所以破坏敌人的计谋是用兵的上策，其次是瓦解敌人的同盟，再次是对敌人采取武力进攻，最后的办法就是攻打敌人的城池。攻城是不得已而为之。

三个月才能完成修造兵盾，四轮车等准备器械的工作；而且又要花费三个月的时间才能完成攻城用的工事。将帅如果很久都不能将城池攻取下来，就会变得烦躁不安，他会把士兵当作蚂蚁一般，命令他们爬梯攻城。攻城的灾难就是士兵伤亡了三分之一，还没有将城池攻占下来。所以，谋攻的法则就是，懂得如何指挥战争的人，不用进行交战就能使敌军屈服，不强攻敌人的城邑就能夺取下来，不需很长时间的战争就能灭亡敌人的国家，努力用全胜的谋略争取于天下。这样，军队就不会过度疲惫，取得完满的胜利。

所以，如果兵力是敌人的十倍，就有绝对优势，采取四面包围的战术就能逼迫敌人投降；如果兵力是敌人的五倍，就要进攻敌人；如果兵力是敌人的一倍于，就要采取分散敌人的策略；如果兵力相当，要想方法设法战胜敌人；如果比敌人兵力少，最好就要摆脱敌人；各方面条件都不如敌人，就要设法避免和敌人交战。弱小的军队无处躲藏，如果和敌人硬碰硬，很容易被敌人俘虏。将帅把握着国家的安危，是国家的左膀右臂，如果将帅考虑周全，国家就会强盛，如果考虑欠缺，国家就会衰弱。国君对军队的不好的干涉有三种情况：束缚军队，君主不了解军队不能前进而强迫军队前进，不了解军队不可以后退而强迫军队后退；不知道军队内部的实际情况，而非要干涉军队内政，这样会使军队困惑；不懂用兵之道，而胡乱指挥作战，将士会一头雾水。军队既困惑又糊涂，就会面临灾难，大祸临头了，扰乱了自己的军队就意味着帮助敌人取得胜利。

所以，要想取得胜利就要遵从这五个方面：认清可与敌人交战的情况以及不可与敌人交战的情况；懂得采取适应兵力的战法；上下齐心协力的；以良好的战前准备对待没有准备的；君主充分信任将帅指挥而不加干涉的。因此，既了解敌人的内部情况，又了解自己的优势和不足之所在，才能立于不败之地；如果只了解自己，就有一半获胜的可能；如果对于双方都不了解，就肯定会失败。

军形篇

〔曹操曰：军之形也。我动彼应，两敌相察情也。〕

孙子曰：

昔善者，先为不可胜，以待敌之可胜；不可胜在己，

〔曹操曰：守，固备也。〕

可胜在敌。

〔曹操曰：自修治，以待敌之虚懈也。〕

故善者，能为不可胜，不能使敌可胜。故曰：胜可知，

〔曹操曰：见成形也。〕

而不可为也。

〔曹操曰：敌有备故也。〕

不可胜，守；

〔曹操曰：藏形也。〕

可胜，攻也。

〔曹操曰：敌攻己，乃可胜。〕

守则有余，攻则不足。

〔曹操曰：吾所以守者，力不足所以攻者，力有余。〕

昔善守者，藏于九地之下，动于九天之上，故能自保全胜也。

75

〔曹操曰：喻其深微。〕

见胜，不过众人之所知，非善者也；

〔曹操曰：当见未萌。〕

战胜，而天下曰善，非善者也。

〔曹操曰：争锋者也。〕

故举秋毫不为多力，视日月不为明目，闻雷霆不为聪耳。

〔曹操曰：易见闻也。〕

所谓善者，胜易胜者也。

〔曹操曰：原微易胜，攻其可胜，不攻其不可胜也。〕

故善者之战，无奇胜，无智名，无勇功。

〔曹操曰：敌兵形未成，胜之无赫赫之功也。〕

故其胜不殆，

不殆者，其所措胜，胜败者也。

〔曹操曰：察敌必可败，不差忒也。〕

故善者，立于不败之地，而不失敌之败也。

是故，胜兵先胜，而后战；败兵先战，而后求胜。

〔曹操曰：有谋与无虑也。〕

故善者，修道而保法，故能为胜败正。

〔曹操曰：善用兵者，先修治为不可胜之道，保法度不失敌之败乱也。〕

法：一曰度，二曰量，三曰数，四曰称，五曰胜。

〔曹操曰：胜败之政，用兵之法，当以此五事称量，知敌之情。〕

地生度，

〔曹操曰：因地形势而度之。〕

度生量，量生数，

〔曹操曰：知其远近广狭，知其人数也。〕

数生称，

〔曹操曰：称量己与敌孰愈也。〕

称生胜。

〔曹操曰：称量之故，知其胜负所在也。〕

故胜兵如以镒称铢，败兵如以铢称镒。

〔曹操曰：轻不能举重也。〕

称胜者战民也，如决积水于千仞之隙，形也。

〔曹操曰：八尺曰仞。决水千仞，其势疾也。〕

[译文]

孙子说：古时善于指挥战争的人，为了自己不被打败，总是先创造条件，然后等待和寻求战胜的时机。使自己不被敌人打败，主动权掌握在自己手中；有可乘之机，是战胜敌人的可能性。所以，能征善战的人，不会被敌人战胜，而敌人也未必被我方打败。如果做好了防守工作是有可能取得胜利的，我们自己不能掌控的是，敌人是否有可乘之机被我利用。如果没有把握战胜敌人，就采取防守；有把握战胜敌人时，就突然地进攻。取胜条件不足才防守，取胜条件有余就进攻。懂得如何防守的人，深不可测，敌人摸不到头绪；懂得如何进攻的人，像天空一样捉摸不透，敌人无从防备。这样才能保全自己，获得全胜。

预见胜利，一般人不能察觉，并不是最高明的，经过苦苦征战取胜，得到天下人称赞的，也是最高明的。这就像能举起秋毫，并不能说明其力气大，能看见日月，不能说明其眼力好，能听到雷声，不能说明其听力好一样。古时能征善战的人，总是能打败看似容易战胜的敌人。所以，这样的人即使取得了胜利，也不显露出名声和功劳。这是由于他的细微观察，没有差错，把握制胜之道，他所战胜的敌人是注定要失败的敌人。所以，懂得用兵之道的人，总是立自己于不败之地，有把握住任何完全可以战胜敌人的机会。因此，先创造取胜的条件，然后才与敌人作战的军队总是打胜仗；先同敌人交战，而后祈求侥幸取胜的总是打败仗的军队。懂得用兵之道的人，善于全方位的克服不能取胜的情况，为了确保战争的胜利，他操纵着胜败的决定权。用兵的法则在于："度"、"量"、"数"、"称"、"胜"。

有利用价值的地形是根据战地地形的险要与否、狭窄程度、士兵存活的可能等情况判断的；对战地地形做出了准确的判断，就能推算出战场的容量；根据战场容量的大小，估算双方投入兵力的数量的大小。衡量对比敌对双方可能投入兵力的数量之后，可以判断作战的胜负可能。所以，胜利与失败的军队对比起来，就好比以镒称铢的悬殊；失败与胜利的军队对比起来，就好比处于以铢称镒。胜利者在指挥军队打仗的时候，就像从几千尺的高处落下的瀑布一样，势不可挡。这表现出了军队强大的军事实力。

兵势篇

〔曹操曰：用兵任势也。〕

孙子曰：凡治众如治寡，分术是也。

〔曹操曰：部曲为分，什伍为数。〕

斗众如斗寡，形名是也。

〔曹操曰：旌旗曰形，金鼓曰名。〕

三军之众，可使毕受敌而无败，奇正是也。

〔曹操曰：先出合战为正，后出为奇。〕

兵之所加，如以碫投卵，实虚是也。

〔曹操曰：以至实击至虚也。〕

凡战者，以正合，以奇胜。

〔曹操曰：正者当敌，奇兵击不备。〕

故善出奇者，无穷如天地，

无竭如河海。

终而复始，日月是也；死而复生，四时是也。

声不过五，

五声之变，不可胜听也；

79

色不过五，

五色之变，不可胜观也；味不过五，

五味之变，不可胜尝也；

〔曹操曰：自无穷如天地已下，皆以喻奇正之无穷也。〕

战势不过奇正，奇正之变，不可胜穷也。

奇正还相生，如环之无端，孰能穷之？

水之疾，至于漂石者，势也；鸷鸟之击，至于毁折者，节也。

〔曹操曰：发起击敌也。〕

故善战者，其势险，

〔曹操曰：险，疾也。〕

其节短：

〔曹操曰：短，近也。〕

势如彍弩，节如发机。

〔曹操曰：在度不远，发则中也。〕

纷纷纭纭，斗乱而不可乱；

〔曹操曰：乱旌旗以示敌，以金鼓齐之也。〕

浑浑沌沌，形圆而不可败。

〔曹操曰：车骑转也。形圆者，出入有道，齐整也。〕

乱生于治，怯生于勇，弱生于强。

〔曹操曰：皆毁形匿情也。〕

治乱，术也；

〔曹操曰：以部曲分名数为之，故不可乱也。〕

勇怯，势也；

强弱，形也。

〔曹操曰：形势所宜。〕

善动敌者：形之，敌必从之；

80

〔曹操曰：见赢形也。〕

予之，敌必取之。

〔曹操曰：以利诱敌，敌远离其垒，而以便势击其空虚孤特也。〕

以正动之，以奇待之。

〔曹操曰：以利动敌也。〕

故善战者，求之于势，弗责于民，故能释民而任势。

〔曹操曰：求之于势者，专任权也。不责于人者，权变明也。〕

任势者，其战民也，如转木石。木石之性：安则静，危则动；方则止，圆则行。

〔曹操曰：任自然势也。〕

故善战者战民也，如转圆石于千仞之山，势也。

［译文］

孙子说：治理人数多的军队如同治理人数少的军队一样，这是分级统筹、严密组织的问题；要做到指挥人数多的军队如同指挥人数少的军队一样，这是有关指挥号令的问题；全国军队众多，要使其在遭受敌人进攻时不至于失败，这是"奇正"的战术运用问题；进攻敌人，必须要像以石击蛋一样所向无敌，这就是巧妙之处。

一般作战，总是以正当敌，以奇取胜。所以，优秀的将帅必须善于出奇制胜，战法犹如天地变化无穷无尽，像江河奔流永不枯竭。终而复始，仿佛日月运行一般；死而复生，犹如四季交替一样。声音虽只有五种，但其变化，却可以弹奏出无数动听的音乐。颜色不过五种，而五种颜色之变化，却会产生丰富多彩的色调来。味道也不过五种，但是天下的美食你全都尝遍了吗？

战争的形式，也就只有直面敌人或者出奇兵而已；然而奇正的变化，却是无穷无尽的。就好像顺着一个圆环旋转，谁又能走到尽头呢？湍急的流水能够轻易冲击石头，以至浮出水面，这正是因为形势所故；凶猛的飞鸟，可以轻易捕杀地上鸟雀，这就是因为节奏恰当的关系。所以，高明的将帅总喜欢依赖险要的形势，由此他可以掌握行动的主动权，并发起有节奏而猛烈的进攻。这种态势，就像弓弩一样有力量，像织机一样有节奏。

在混乱的状态中作战，势必使敌人的部队更加混乱。所谓敌乱我不乱，在攻势不明的状态下，必须要首先立于不败之地，把队伍运用的灵活自如，使敌人无机可乘。在一定条件下，"乱"与"治"、"怯"与"勇"、"弱"与"强"都是相对的。"治乱"主要是看君主的力量；"勇怯"是看形势对哪一方有利；"强弱"则是军队实力的配给条件。因此，善于指挥的将帅，能够用假象迷惑敌人，或者引诱敌人（例如，给予物资、用品等）。以小利引诱敌人，敌人势必被我军所指挥。所以，善于指挥的将帅，注意力总是集中在"形势"上，而不是一味地追求部署；因而，他能够选到优秀的战士，并且通过奋兵破敌来改变形势。能够善于改变"形势"的人，才是最善于作战的人。这就好比转动一堆木头或者石头一样轻而易举。木头与石头的特性就是在没有外力的情况下，它们始终是静止的；一旦遇到外力的冲击，就会因外力而进行运动。木头与石头在平坦的地方与陡斜的地方所做的运动也不相同，木头比较稳定，石头则容易滚动；所以，高明的将帅善于利用形势，就好像将木石从几千尺的高山抛下一样，飞滚而来。这正是军事上所谓的"势"！

实虚篇

〔曹操曰：能虚实彼己也。〕

孙子曰：凡先处战地而待战者佚，

〔曹操曰：力有余也。〕

后处战地而趋战者劳。

故善战者，致人而不致于人。

能使敌自至者，利之也；

〔曹操曰：诱之以利也。〕

能使敌不得至者，害之也。

〔曹操曰：出其所必趋，攻其所必救。〕

故敌佚能劳之，

〔曹操曰：以事烦之。〕

饱能饥之者，

〔曹操曰：绝其粮道。〕

（安能动之）

〔曹操曰：攻其所爱，出其必趋，使敌不得不救也。〕

出于其所必趋也；

行千里而不畏，行无人之地也。

〔曹操曰：出空击虚，避其所守，击其不意。〕

攻而必取，攻其所不守也；

守而必固，守其所必攻也。故善攻者，敌不知所守；善守者，敌不知所攻。

〔曹操曰：情不泄也。〕

微乎微乎，故能隐于常形；神乎神乎，故能为敌司命。

进不可迎者，冲其虚也；退不可止者，远而不可及也。

〔曹操曰：卒往进攻其虚懈，退又疾也。〕

故我欲战，敌虽高垒深沟，不得不与我战者，攻其所必救也；

〔曹操曰：绝其粮道，守其归路，攻其君主也。〕

我不欲战，画地而守之，

〔曹操曰：军不欲烦也。〕

敌不得与我战者，诈其所之也。

〔曹操曰：乖，戾也。戾其道，示以利害，使敌疑也。〕

故善将者，形人而无形，则我专而敌分。我专而为一，敌分而为十，是以十击一也。

我寡而敌众：能以寡击众，则吾所与战之地不可知，则敌之所备者多；所备者多，则所战者寡矣。

备前者后寡，备后者前寡；备左者右寡，备右者左寡；无不备者无不寡。寡者，备人者也；众者，使人备己者也。

〔曹操曰：形藏敌疑，则分离其众以备我也。〕

知战之日，知战之地，千里而战；

〔曹操曰：以度量知空虚会战之日。〕

不知战之日，不知战之地，则前不能救后，后不能救前，左不能救

84

右，右不能救左；况远者数十里，近者数里乎？以吾度之，越人之兵虽多，亦奚益于胜哉！

〔曹操曰：越人相聚，纷然无知也。或曰：吴越，雠国也。〕

故曰：胜，可擅也；敌虽众，可无斗也。故积之而知动静之理，形之而知死生之地，计之而知得失之策，角之而知有余不足之处。

〔曹操曰：角，量也。〕

形兵之极，至于无形；则深间弗能窥也，智者弗能谋也。

因形而措胜于众，众不能知，

〔曹操曰：因敌形而立胜。〕

人皆知我所以胜之形，而莫知吾所以制胜之形。

〔曹操曰：不以一形胜万形。或曰：不备知也。制胜者，人皆知吾所以胜，莫知吾因敌形而制胜也。〕

故其战胜不复，而应形于无穷。

〔曹操曰：不重复动而应之也。〕

夫兵形象水：水行，避高而走下；兵胜，避实而击虚。故水因地而制行，兵因敌而制胜。

兵无成势，无恒形，能与敌化，之谓神。

〔曹操曰：势盛必衰，形露必败，故能因敌变化，取胜若神。〕

五行无恒胜，四时无常立；日有短长，月有死生。

〔曹操曰：兵常无势，盈缩随敌。〕

［译文］

孙子说：先占据战地的军队，应战时应当从容、主动；后到达战地的军队，应战时会疲劳、被动。所以，善于指挥作战的人，总是抢先压制敌人，而不被敌人所压制。

能使敌人主动上钩，便占据了作战优势；而敌人偏离我们的期望值时，也就失去了优势。所以，掌握这些就能够让敌人无法休息、连夜进军；如果敌人修养充分，就设法使之饥饿；如果敌人按兵不动，能设法调动他们。

要打击敌人意想不到的地方。行军千里而不困顿，是因为行进的周围没有敌人。每次进攻必然夺取胜利，是因为攻击的都是敌人没有防备的地方。防守巩固，是因为敌人不敢进攻。所以，善于进攻与防守的将领，他的敌人不知攻其何处。

这真是微妙呀！微妙得几乎无法用肉眼看出来；神奇呀！以至于意识不到一丝变化。这样一来，就能完全掌握敌人的命运。进攻时，敌人无力抵御，是因为正好击中了敌人防守薄弱的地方；撤退时，敌人无法追击，是因为行军速度太快，敌人根本无力追上。所以，如果我想作战的话，即使敌人的城池再高，也不得不与我交战，这是因为我所打击的正是他的要害。如果我不想交战，即使敌人一味地嚣张，战争也不会进行，这是因为我设法改变了敌人的去向，使他们无力进攻。使用出奇的方式压制敌人，诱使敌人暴露他的企图，而自己不露形迹，让敌人无机可寻。此时，将自己的全部兵力集中起来，而使敌人兵力分散；只要自己的兵力集中于一处，就能够全力以赴打击对方。

以全部的力量对付分散的敌军，造成我众敌寡的有利势态，那么与敌人交战所用的力气也就相应减少了。设法使敌军不明会战的地点，这样一来，他就要处处防守，防守的地方越多，兵力就越分散；然后，我们集中精力攻击敌人。以众击寡，我们一定能够胜利。所以，注意防备前面，后面的兵力就会变得薄弱；注意防备后面，前面的兵力也会变得薄弱；注意防备左翼，右翼的兵力也就薄弱了；注意防备右翼，相应的左翼兵力也会薄弱；处处防备，兵力就处处减弱。兵力之所以减少，因为处处防备的原因；兵力之所以变多，是由于敌人不停防备。预知同敌人交战的地点，预知同敌人交战的时间，即使千里之外，也能如期会战。如果完全不知道会战的地点、会战的时间，那么左军无法向右，右军也不能救左，前不能救后，后不能救前，更何况离敌人远到几十里，近到好几里！

以我之见，越国的兵力虽然强大，但这对于决定胜败毫无意义。因此，胜利是可以争取的；敌人兵力虽强大，但我们可以使其发挥不了作用。通过认真的分析，以求明了敌人作战计划的优势与劣势；以挑动敌人，了解动静治乱的局势；以观察形势，摸清敌军地形对我方利害；进行侦察，以求明了敌军兵力的虚实。所以，将兵法运用到了极限，就会使敌人丝毫无法洞察我们一切军事行动。这样一来，即使我方深藏间谍，也无法将我们的虚实打探清楚；即使再高明的人，也休想应付我们的进攻。

因为我们的形势比敌人灵活，及时将胜利之法摆在众人面前，他们也无法察觉其中的原因。人们都知道我们之所以取胜的基本战法，但却无法知晓我们是如何根据敌情，并灵活运用兵法而取得胜利的。所以，一次战略或统筹只能用一次，绝对不能重复老一套，而要适应当时的敌情随时变化。用兵的规律其实就像水，水由高处向下流动，用兵的法则则是要避开敌人强有力的一面，攻击其虚弱的地方。水因地势的高低，制约其流动的方向；用兵则要依敌具体情况，制定取胜方针。所以，用兵作战并没有固定不变的方式方法，它像流水一样是没有固定形状的；能够依据敌情而变化方针，已经算是用兵如神了。

自古以来，没有常胜的将军，用兵的规律也是一样。五行相生相克，四季交替变更，白天有短有长，月亮也有明有暗，天地万物都是永远变化的。

军争篇

〔曹操曰：两军争胜。〕

孙子曰：凡用兵之法：将受命于君，合军聚众，

〔曹操曰：聚国人，结行伍，选部曲，起营陈也。〕

交和而舍，

〔曹操曰：军门为和门，左右门为旗门，以车为营曰辕门，以人为营曰人门，两军相对为交和。〕

莫难于军争。

〔曹操曰：从始受命，至于交和，军争为难也。〕

军争之难者，以迂为直，以患为利。

〔曹操曰：示以远，迩其道里，先敌至也。〕

故迂其途，而诱之以利；后人发，先人至者：知迂直之计者也。

〔曹操曰：迂其途者，示之远也。后人发，先人至者，明于度数，先知远近之计也。〕

军争为利，军争为危。

〔曹操曰：善者则以利，不善者则以危。〕

举军而争利，则不及；

88

〔曹操曰：迟不及也。〕

委军而争利，则辎重捐。

〔曹操曰：置辎重，则恐捐弃也。〕

是故，卷甲而趋利，则日夜不处，

〔曹操曰：不得休息。〕

倍道兼行。百里而争利，则擒上将；劲者先，疲者后，则十一以至。

〔曹操曰：百里争利，非也；三将军皆以为擒。〕

五十里而争利，则蹶上将，法以半至。

〔曹操曰：蹶，犹挫也。〕

三十里而争利，则三分之二至。

〔曹操曰：道近至者多，故无死败也。〕

是故，军无辎重则亡，无粮食则亡，无委积则亡。

〔曹操曰：无此三者，亡之道也。〕

是故，不知诸侯之谋者，不能预交；

〔曹操曰：不知敌情者，不能结交也。〕

不知山林、险阻、沮泽之形者，不能行军；

〔曹操曰：高而崇者为山，众树所聚者为林，坑堑者为险，一高一下者为阻，水草渐洳者为沮，众水所归而不流者为泽。不先知军之所据及山川之形者，则不能行师也。〕

不用乡导者，不能得地利。

故兵以诈立，以利动，以分合变者也。

〔曹操曰：兵一分一合，以敌为变也。〕

故其疾如风，

〔曹操曰：击空虚也。〕

其徐如林；

〔曹操曰：不见利也。〕

89

侵掠如火，

〔曹操曰：疾也。〕

不动如山；

〔曹操曰：守也。〕

难知如阴，

动如雷霆；

指向分众，

〔曹操曰：因敌而制胜也。〕

廓地分利；

〔曹操曰：广地以分敌利也。〕

悬权而动，

〔曹操曰：量敌而动也。〕

先知迂直之道者胜：此军争之法也。

是故，《军政》曰："言不相闻，故为鼓金；视不相见，故为旌旗。"
是故，昼战多旌旗，夜战多鼓金。

鼓金旌旗者，所以一民之耳目也。

民既已专，则勇者不得独进，怯者不得独退：此用众之法也。

三军可夺气，

〔曹操曰：左氏言一鼓作气，再而衰，三而竭。〕

将军可夺心。

是故，朝气锐，昼气惰，暮气溃。故善用兵者，避其锐气，击其惰
溃，此治气者也。

以治待乱，以静待哗，此治心者也。

以近待远，以佚待劳，以饱待饥，此治力者也。

无邀整整之旗，无击堂堂之阵，此治变者也。

〔曹操曰：正正，整齐也；堂堂，大也。〕

故用兵：高陵勿向，饵兵勿食，穷寇勿迫，锐卒勿攻；

背丘勿迎，佯北勿从，围师遗阙，

〔曹操曰：《司马法》曰："围其三面，阙其一面，所以示生路也。"〕

归师勿遏，此用众之法也。

［译文］

孙子说：用兵的法则，在于将领受国君的命令，而组织民众集合成为军队，奔赴前线与敌军作战。这一过程，最难的莫过于与敌人争夺主动权，从而赢取胜利。这之所以是最难的，是因为要适时地选择曲折的途径，或者采取直线进攻。故意迂回绕道，并以小利引诱敌人，这样才能做到虽后出发，却能先行达到目的，这就是赢得主动权之最巧妙的战例。

所以，争取主动权成为一件相当复杂，而又极其危险的行为。若拼命一方达不到最终的目的，反而会适得其反。全军为了争夺主动权，不但会丢弃物资，也会丢弃重型的武器；这样一来，体力不支，致使身体健壮的士卒先到达，体弱疲倦的掉了队；而武器的不足，也会减少战斗的火力。采用此种方式获得主动权，急行五十里只会让十分之一的兵力达到作战地点，因此部队的先头将领必定遭受挫败；急行三十里，到达的兵力也只有三分之二。因此，没有物资的军队会失败，没有粮食的军队就不能生存，士兵的体力得不到补充，又会造成更多的人掉队，战争也就注定失败。

因此，不了解他国的战略方针，就不能轻易与其作战；不熟悉山水，更不能随意行军；如果没有向导，也不会得到地利。故军队是以诡诈多变为根本，根据利益的驱使采取行动，以分散或者集中作为使用兵力的准则。总之，随情况而定。

行军一定要像风一样飘然而至；行动缓慢时，也要像严整的森林一样；发动进攻时，要像烈火一样迅猛；驻守时，要像高山一样稳固；隐蔽时，要像阴云一样，看不见日月星辰；攻城略地，要分兵数路，权衡形势，伺机而动。懂得迂回和直接，必定能够取得胜利。这正是争取主动权的最高原则。

《军政》上说："用语言指挥不够响亮，所以用金鼓之声；用动作指挥不够明了，所以用旌旗之形。"金鼓、旌旗都是用来统一军队行动的；军队行动一旦统一，那么勇敢的将士将更加勇猛，怯懦的战士将鼓舞士气，这就是指挥军队的方法所在。所以，夜间作战必须有火光和鼓声，白天作战必须使用旌旗。之所以变换信号，目的是为了让士卒的视听更为清晰。

白天作战时，士气非常旺盛；一旦到了中午，士气就会逐渐倦怠；到了日暮，士卒再也无心应战。所以，善于用兵的将领，总会避开敌人的锐气，待到松懈疲惫时，才去进攻，这是掌握军队士气的主要方式。以严整的军队对待敌军的混乱，以镇静对付敌人的吵闹，这是掌握军心的方式。以靠近战场对待敌人远道而来，以安逸的休整对待敌人的奔走疲劳，以粮草富足对待敌人的粮尽人饥，这是掌握军力的方式。不去攻击旗帜整齐、部署周密的敌人，不去攻击实力雄厚的敌人，这是掌握因势而变的方法。所以，不去仰攻占身居高地的敌人；不从正面攻击背靠高地的敌人；不去乘胜追击假装败退的敌人；不去进攻强大敌人；不去贪食敌人的诱饵；不去拦阻正在撤退的敌人；包围敌人，也要留有缺口；对陷入绝境的敌人，不再威逼。这些都是用兵所应掌握的方式。

九变篇

〔曹操曰：变其正，得其所用有九也。〕

孙子曰：凡用兵之法：绝地无留，

〔曹操曰：无久止也。〕

衢地合交，

〔曹操曰：结诸侯也。衢地，四通之地。〕

覆地无舍，

〔曹操曰：无所依也。水毁曰圮。〕

围地则谋，

〔曹操曰：发奇谋也。〕

死地则战。

〔曹操曰：殊死战也。〕

途有所不由，

〔曹操曰：隘难之地，所不当从；不得已从之，故为变。〕

军有所不击，

〔曹操曰：军虽可击，以地险难久留之，失前利，若得之则利薄，困穷之兵，必死战也。〕

城有所不攻，

〔曹操曰：城小而固，粮饶，不可攻也。操所以置华费而深入徐州，得十四县也。〕

地有所不争，

〔曹操曰：小利之地，方争得而失之，则不争也。〕

君令有所不行。

〔曹操曰：苟便于事，不拘于君命也。〕

故将通于九变之利，知用兵矣。

将不通于九变之利，虽知地形，不能得地之利矣。治兵不知九变之术，虽知五利，不能得人之用矣。

〔曹操曰：谓下五事也。九变，一云五变。〕

是故，智者之虑，必杂于利害。

〔曹操曰：在利思害，在害思利，当难行权也。〕

杂于利，故务可伸；

〔曹操曰：计敌不能依五地为我害，所务可信也。〕

杂于害，故患可解也。

〔曹操曰：既参于利，则亦计于害，虽有患可解也。〕

是故，屈诸侯以害，

〔曹操曰：害其所恶也。〕

役诸侯以业，

〔曹操曰：业，事也，使其烦劳，若彼入我出，彼出我入也。〕

趋诸侯以利。

〔曹操曰：令自来也。〕

故用兵之法：无恃其不来，恃吾有以待之；无恃其不攻，恃吾不可攻也。

〔曹操曰：安不忘危，常设备也。〕

故将有五危：

必死可杀，

〔曹操曰：勇而无虑，必欲死斗，不可曲挠，可以奇伏中之。〕

必生可虏，

〔曹操曰：见利畏怯不进也。〕

忿速可侮，

〔曹操曰：疾急之人，可忿怒侮而致之也。〕

洁廉可辱，

〔曹操曰：廉洁之人，可污辱致之也。〕

爱民可烦。

〔曹操曰：出其所必趋，爱民者，必倍道兼行以救之，救之则烦劳也。〕

凡此五者，将之过也，用兵之灾也。覆军杀将，必以五危，不可不察也。

[译文]

孙子说：通常用兵的法则是将领受到国君的命令，征集兵员编成军队出征作战，在"圮地"不可驻扎，在"衢地"应与邻国结交；遇到危险之地时，万万不可停留；遇到前有强敌，后有陷阱之地，要巧出奇谋；陷入"死地"，则要殊死奋战；于我军不利的道路，千万不能行军；有的敌军，万万不能攻击；有的城邑，万万不能攻占；国君的命令，有的可以不用执行。所以，如果将帅能够通晓九变之利，就算懂得用兵了。不通晓九变，虽然知道地形的险阻，也不能实得地利；不知晓九变，虽然知道"五利"，也不能具体运用，得智谋之人。

明智的将帅在考虑问题时，总是兼顾"利与害"两个方面。在有利的情况下，考虑到有害的方面，事情必定能够顺利进行；在有害的情况下，考虑到有利的方面，祸患也就迎刃而解。用计谋去威胁，能使诸侯屈服；富强的基业，能役使诸侯；用利益去引诱，能使诸侯归附。所以用兵的法则是，不要奢望敌人不会来，而要依靠力量以备后患；不要奢望敌人不会进攻，而要依靠力量致使敌人无法防御。

将帅有五种致命的弱点：死拼硬打，有勇无谋；临阵畏怯，贪生怕死；急躁易怒，暴跳如雷；过于自尊；无原则"仁慈爱民"。以上五点，是将帅最易犯的错误，更是用兵的要害。军队的覆灭，将士被害，必定是因为这五种致命危险造成的。将领之人必须对此慎之又慎。

行军篇

〔曹操曰：择便利而行也。〕

孙子曰：凡处军相敌：绝山依谷，

〔曹操曰：近水草，便利也。〕

视生处高，

〔曹操曰：生者，阳也。〕

战降无登：

〔曹操曰：无迎高也。〕

此处山之军也。敌若绝水，必远水；

〔曹操曰：引敌使渡。〕

客绝水而来，勿迎之于水汭，令半渡而击之，利。

〔曹操曰：半渡，势不可并，故可败。〕

欲战，无附水而迎客；

〔曹操曰：附，近也。〕

视生处高，

〔曹操曰：水上当处其高，前向水、后当依高而处。〕

无迎水流：

〔曹操曰：恐溉我也。〕

97

此处水上之军也。绝斥泽，唯亟去无留；交军斥泽之中，依水草而背众树：

〔曹操曰：不得已与敌会于斥泽之中。〕

此处斥泽之军也。平陆处易，

〔曹操曰：车骑之利也。〕

而右背高，前死后生：

〔曹操曰：战便也。〕

此处陆上之军也。凡四军之利，

黄帝之所以胜四帝也。

〔曹操曰：黄帝始立，四方诸侯亦称帝，以此四地胜之也。〕

凡军好高而恶下，贵阳而贱阴。养生处实，

〔曹操曰：恃满实也。养生，向水草，可放牧养畜乘。实，犹高也。〕

〔一曰：恃实满，向水草放牧也。〕

是谓必胜，军无百疾。

陵丘堤防，处其阳，而右背之：此兵之利，地之助也。上雨水，水流至；止涉，待其定也。

〔曹操曰：恐半渡而水遽涨也。〕

绝涧遇：天井、天牢、天罗、天陷、天隙，必亟去之，勿近也。

〔曹操曰：山深水大者为绝涧，四方高、中央下者为天井，深山所过若蒙笼者为天牢，可以罗绝人者为天罗，地形陷者为天陷，涧道迫狭、深数丈者为天隙。〕

吾远之，敌近之；吾迎之，敌背之。

〔曹操曰：用兵常远六害，令敌近背之，则我利敌凶。〕

军旁有险阻、潢井、葭苇、小林、翳荟，可伏匿者，谨复索之，奸之所处也。

〔曹操曰：险者，一高一下之地；阻者，多水也。潢者，池也；井

98

者，下也。葭苇（兼葭）者，众草所聚也；林木者，众木所居也。翳荟者，可屏蔽之处也。此以上论地形，以下相敌情也。〕

敌近而静者，恃其险也；敌远而挑战，欲人之进者，其所居者易利也。

〔曹操曰：所居利也。〕

众树动者，来也；

〔曹操曰：斩伐树木，除道也。〕

众草多障者，疑也。

〔曹操曰：结草为障，欲使我疑也。〕

鸟起者，伏也；

〔曹操曰：鸟起其上，下有伏兵。〕

兽骇者，覆也。

〔曹操曰：敌广陈张翼，来覆我也。〕

尘高而锐者，车来也；卑而广者，徒来也；散而条达者，采樵者也；少而往来者，营军者也。辞卑而备益者，进也；

〔曹操曰：其使来辞卑，使间视之，敌人增备也。〕

辞强而进驱者，退也。

〔曹操曰：诡诈也。〕

轻车先出居侧者，阵也；

〔曹操曰：陈兵欲战也。〕

无约而请和者，谋也。

奔走阵兵者，期也；

半进者，诱也。

杖而立者，饥也；

汲役先饮者，渴也；

见利而不进者，劳也；

99

〔曹操曰：士卒疲劳也。〕

鸟集者，虚也。

夜呼者，恐也；

〔曹操曰：军士夜呼，将不勇也。〕

军扰者，将不重也；

旗动者，乱也；吏怒者，倦也。杀马肉食者，军无粮也；军无悬甄者、不返其舍者，穷寇也。

谆谆翕翕，徐言人者，失其众者也；

〔曹操曰：谆谆，语貌；翕翕，失志貌。〕

数赏者，窘也；

数罚者，困也。

先暴而后畏其众者，不精之至也。

〔曹操曰：先轻敌，后闻其众，则心恶之也。〕

来委谢者，欲休息也。

兵怒而相近，久而不合，又不相去，必谨察之。

〔曹操曰：备奇伏也。〕

兵非多益，

〔曹操曰：权力均也。一云：兵非贵益多。〕

无武进，

〔曹操曰：未见便也。〕

足以并力、料敌、取人而已。

〔曹操曰：厮养足也。〕

夫唯无虑而易敌者，必擒于人。

卒未专亲而罚之，则不服，不服则难用也；卒已专亲而罚不行，则不可用也。

〔曹操曰：恩信已洽，若无刑罚，则骄惰难用也。〕

故合之以文，齐之以武，

100

〔曹操曰：文，仁也；武，法也。〕

是谓必取。令素行以教其民，则民服；素不行以教其民，则民不服。令素行者，与众相得也。

[译文]

孙子说：军队行军不但要注意观察判断敌情，弄清敌人的虚实，还要观察地形使自己随时都能占据有利地势。如果在山地行军时，要尽量靠近河边有水的地方；当军队要驻扎休息时，一定要选择居高向阳的"生地"安营扎寨；如果敌人占据着有利地势居高临下时，绝对不能登山仰攻。以上就是在山地行军时所必须遵守的原则。如果要横渡江河，在渡江时一定要迅速，过河以后一定要迅速离开河岸，以防止出现背水而战的情况；假如敌人渡河来进攻我军，一定要等敌人将渡船行于河中央之时，才发起攻击，这样对我方比较有利；假如下定决心要与敌人决战，也不能紧靠着江河迎击他们，因为如果这样部署的话，就是借给敌人一百个胆儿他们也不敢渡江；当我们要在江河地带驻扎时，也要和驻扎在山地一样，要选择居高向阳的"生地"，如果在江河边扎营时，把营安在敌人的下游，那可就犯了兵家之大忌了。以上就是在江河地带行军打仗的原则。如果行军路线要经过盐碱沼泽地带，并且没有其他路可以绕过的话，那么在途径盐碱沼泽地带时一定要加快行军速度，快速通过这一地区，不能做任何停留；如果很不幸在盐碱沼泽地带和敌人遭遇了，也不要惊慌，要选择有水草或树林的地方。以上就是在盐碱沼泽地带必须遵守的行军作战原则。如果要把军队驻扎在平原地区，务必选择地势平坦的地方扎营，最好是能够背靠着高处扎营，形成营前低营后高的态势。以上就是在平原地带行军作战所必须遵守的原则。上述就是在山、水、泽、平原四种地形环境下行军作战的原则和好处，这也是黄帝之所以能够战胜"四帝"统一中原的重要原因。

说到驻军，统帅们总是喜欢在高而平且地势险要的地方驻扎，以营门朝向阳气充溢的东南方为贵，以朝向阴气汇聚的西北方为贱，虽然贵贱之说纯属迷信，但也有一定的科学依据，扎营在地势高且向阳的地方，即可以方便士兵们的生活，驻扎于向阳的地方也可以减少各种疾病的发生，士兵少生病才能保证军队的战斗力，一只拥有良好的战斗力的军队才有可能取得战争的胜利。如果要在丘陵或堤坝上驻军，向阳也是扎营的重要原则，并且以背靠着丘陵或地方驻扎为上策。这样驻军的好处是，万一敌人来进攻时，可以在地形上占尽便宜。如果要渡河时，河流的上游却下起了暴雨，一定要暂时放弃渡河计划，等到水势平稳下来以后再渡，以免渡河时遇上洪峰，损失惨重。如果在行军途中遇到了"绝涧"、"天井"、"天牢"、"天罗"、"天陷"、"天隙"等地形，一定要马上远离它们。对于这样的六害之地，我军要远离它或者面向它，逼着敌人去接近它、背靠它。

如果军队所过之地，道路两边尽是艰险之地、低洼之地，或者道路两边密布林木、芦苇，草木茂盛遮天蔽日，一定要放慢行军速度仔细地搜索前进，因为这些地方都是打伏击战的好地方。假如敌人驻扎得离我军很近，但仍然紧闭营门不来进攻，这是因为敌人心虚，打算凭借地利固守待援；假如敌人驻扎得离我很远反而屡次挑衅，那么他们一定是有所持，试图引诱我军出营，然后围而歼之。如果看见离敌人附近有很多树木摇晃，鸟雀乱飞，则是敌人行暗渡陈仓之计，伐木开道来偷袭我军；在杂草丛生的地方设置许多的障蔽物，是敌人的惑我之计；如果突然间树林中鸟雀乱飞，则树林中一定有伏兵；如果连走兽也四处逃窜的话，那么一定是敌人大规模地来进攻。如果灰尘笔直地高高扬起，则意味着敌人的战车向我军冲来；要是灰尘扬起得很低但是散布的范围宽广，那就表示来的是敌人的步兵；要是扬起的灰尘分散而细长，那表示敌人正在打柴割草呢；要是扬起的灰尘数量稀少但却不断地扬起，表示敌人正在观察周围的地形，准备建筑堡垒。如果敌人的使者与我方谈判，其言词虽然谦卑但在军营里却加紧备战，敌军一定会向我军进攻的；要是敌方使者的言词咄咄逼人，他们的军队也向我军营地步步紧逼，则说明敌军已经胆怯了，这一切都是他们准备撤退的前兆；要是敌方把行驶性能的车配置在翼侧，准备先出，这表示敌人是在排列阵势，准备与我军开战；如果敌方在没有和我方预先沟通的情况下，突然提出议和的请求，必定有诈；如果敌方整列车马士兵急速奔走，则是在整顿士兵打算与我军交战；要是敌人迟迟疑疑时进时退，就有可能伪装混乱引诱我军进攻。

要是在战场上，敌人的士兵倚着手中的兵器站立，这表示敌人缺少粮食，士兵们正忍受着饥饿；要是当敌兵从井里打水时，争先恐后地饮水，那就说明敌人缺水；如果敌军见到了好处也不前进，那就表示敌人是疲惫之师。要是在敌人的军营里发现有飞鸟停集，那就说明敌人早已撤退，整个军营已经空虚无人了；要是敌人的士兵夜间在军营里惊呼，就表示敌军已经心慌意乱了；要是敌营嘈杂而没有秩序，就说明敌人的将帅无能，不能约束士兵；要是敌人军营里的旗帜摇摆不定，表示敌人的阵形已经混乱了；要是敌人的大小官吏变得暴躁易怒，就表示敌军的人心已经散了，再也不能有效地行使国家权力了。如果发现敌人宰杀牲口或战马为食，那表示敌人军中已经断粮多时了；要是敌人不带着炊具逃跑，那表示这是一帮"穷寇"，不宜追赶；要是敌人的士兵经常在军营里低声议论表示强烈的不满，那表示敌人的将帅和士兵不得人心；如果敌人一而再再而三地犒赏士兵，就说明敌人已经到了穷途末路，无力回天了；要是敌人频繁地重罚士兵，就表示敌人的人力支援快要枯竭了；如果敌人的军官们先是对士兵们凶狠残暴，后来又开始畏惧士兵，则说明敌人的军官们太笨了，在士兵中已经丧失了威信；要是敌人派遣使者带着丰厚的礼物来传话，就是表示敌人真的打算休兵停战。如果敌人气势汹汹地来与我军交战，但是又紧闭大门不与我军接战，一段时间以后有莫名其妙地离去，我军一定要谨慎对待，仔细观察弄清楚敌人的意图。

打仗并不是兵越多越好，只要小心谨慎，不冒进，士兵们只要众志成城则兵力就算比敌人少一些也够用了，等摸清楚了敌人的虚实，然后就能战胜敌人了。那些不深谋远虑而又小看敌人的人，最容易轻举妄动，其结局除了被敌人俘虏就是遗尸荒野了。如果将帅在士卒尚未真心归附时，就随意处罚士卒，那一定会使这些士兵离心离德，离心离德的人又怎么能使用呢？如果士兵们对将帅已经真心归附了，要是还不严格执行军纪军法，那么这样的军队同样是不能使用的。所以，要恩威并济，用恩来发布政令，用军纪、军法来严肃部队纪律，这样的军队才能来之则战，战之能胜。平时能够把各种命令贯彻下去，在战时士兵们才会服从；要是连平日里命令都不能得到有效的贯彻执行，在战时士兵们又怎会服从呢？平日的命令之所以能够得到有效的贯彻执行，其原因在于将帅与士卒相互信任。

地形篇

〔曹操曰：欲战，审地形以立胜也。〕

孙子曰：

地形：有通者，有挂者，有支者，有隘者，有险者，有远者。

〔曹操曰：此六者，地之形也。〕

我可以往，彼可以来，曰通；通形曰：先居高阳，利粮道，以战则利。

〔曹操曰：宁致人，无致于人。〕

可以往，难以返，曰挂；挂形曰：敌无备，出而胜之；敌有备，出而不胜，难以返，不利。

我出而不利，彼出而不利，曰支；支形曰：敌虽利我，我无出也；引而去之，令敌半出而击之，利。

隘形曰：我先居之，必盈之以待敌；若敌先居之，盈而勿从，不盈而从之。

〔曹操曰：隘，两山之间通谷也，敌势不得挠我也。我先居之，必前齐隘口，陈而守之，以出奇也。敌若先居此地，齐口陈，勿从也。即半隘陈者从之，而与敌共此利也。〕

险形曰：我先居之，必居高阳以待敌；若敌先居之，勿从也，引而去之。

〔曹操曰：地险隘，尤不可致于人。〕

远形曰：势均，难以挑战，战而不利。

〔曹操曰：挑战者，延敌也。〕

凡此六者，地之道也；将之至任，不可不察也。

故兵：有走者，有弛者，有陷者，有崩者，有乱者，有北者。凡此六者，非天之所灾，将之过也。大势均：以一击十，曰走。

〔曹操曰：不料力也。〕

卒强吏弱，曰弛。

〔曹操曰：吏不能统卒，故弛坏。〕

吏强卒弱，曰陷。

〔曹操曰：吏强欲进，卒弱，辄陷败也。〕

大吏怒而不服，遇敌怼而自战，将不知其能，曰崩。

〔曹操曰：大吏，小将也。大将怒之，心不压服，忿而赴敌，不量轻重，则必崩坏。〕

将弱不严，教导不明；吏卒无常，阵兵纵横，曰乱。

〔曹操曰：为将若此，乱之道也。〕

将不能料敌，以少合众，以弱击强，兵无选锋，曰北。

〔曹操曰：其势若此，必走之兵也。〕

凡此六者，败之道也：将之至任，不可不察也。

夫地形者，兵之助也。料敌制胜，计险厄远近，上将之道也。知此而用战者，必胜；不知此而用战者，必败。故战道必胜，主曰无战，必战可也；战道不胜，主曰必战，无战可也。

故进不求名，退不避罪，唯民是保，利合于主，国之宝也。

视卒如婴儿，故可与之赴深溪；视卒如爱子，故可与之居死地。

爱而不能令，厚而不能使，乱而不能治；譬如骄子，不可用也。

〔曹操曰：恩不可专用，罚不可独任；若骄子之喜怒对目，还害而不

可用也。〕

知吾卒之可以击，而不知敌之不可击，胜之半也。知敌之可击，而不知吾卒之不可以击，胜之半也。知敌之可击，知吾卒之可以击，而不知地形之不可以战，胜之半也。

〔曹操曰：胜之半者，未可知也。〕

故知兵者，动而不困，举而不穷。故兵知彼知己，胜乃不殆；知天知地，胜乃可全。

[译文]

孙子说：地形可以分为"通"、"挂"、"支"、"隘"、"险"、"远"等六类。所有的我能去的、敌人也可以去的，都被称为"通"；在"通形"的地区作战或驻扎，就需要抢先有利地势，特别要占据那些地势高又向阳的地方，还要始终保持粮道的畅通，做到了这些在与敌交战时我方就会特别有利。所有的能去，但是返回困难的地方，都被称为"挂"；在"挂形"地区作战，要是敌军没有什么防备，一定要果断出击打败敌人；要是敌人有所准备，我军要是去进攻就难以取胜，返回也就困难了，这样对我军不利。所有的对敌我双发出击都不利的地方，被称为"支"；在"支形"地区，无论敌人采取何种手段利诱我军，都不可进攻；最好的对策是率领部队佯装离去，诱使敌人追击，然后我军突然发起反击，这样对我军才会有利。在"隘形"地区作战，如果我军先于敌军占领这一地区，我方就一定要用重兵镇守山谷和隘口，坐等敌人来攻；要是敌人先我占据这一地区，并同样以重兵盈满镇守，那就一定不要进攻，要是敌人仅只是派少量的兵马镇守，那就要果断出击，在最短的时间里结束战斗。在"险形"地区作战，要是我军先于敌军占据这一地区，一定要在地势高又向阳的地方扎营，静待敌人的到来；不过不幸被敌人抢占先机，主动撤退是一个明智的选择。在"远形"地区作战，而双方的兵力和其他条件又不相上下，那就只能采取防守反击战术，静等敌人来攻，然后击破他们，绝不可主动去挑战，这会对我方不利。上面所讲的六点，就是如何充分地利用不同的地形而取得胜利的原则；任何一个将帅都必须认真地考虑和研究这些。

当军队战败时，其情形可以大致分为"走"、"驰"、"陷"、"崩"、"乱"、"北"等六种。造成这六种情形的原因都不是天灾而是人祸，大多数都是由于将帅的过失造成的。在敌我双方势均力敌的条件下，如果失败的原因是由于敌人的人数是我军的十倍，这样所造成的失败叫做"走"。士兵紧密、精明强悍，而将帅却懦弱无能不能驾驭士兵，这样造成的失败叫做"驰"。将帅的本领高超，但是士兵却怯弱不堪，这样造成的失败叫做"陷"。因为将官们心怀不岔互不心服，一遇敌人就各自为战，而作为统帅的人又不能对他们加以控制，这样造成的失败叫做"崩"。统帅懦弱，法令不尊，纪律不明，官与兵没有主心骨，排阵作战毫无纪律，没有什么节制，这样造成的失败叫做"乱"。统帅无能不能料敌虚实，贸然出击，进攻比自己强大得多的敌人，先锋部队也跟其他部队一样没有主心骨，这样的失败叫做"北"。

上述六种情况，是导致军队失败的原因；其中将帅所应承担的责任，必须认真加以考虑。用兵时地形可以作为辅助条件。将帅必须要做到正确判明敌情，掌控敌人，研究地形的险易，计算路途的远近。用兵以战时洞察敌情、地形就必然胜利，反之就必然失败。所以，根据出师行军的实际情况把握战争局势就会有必胜的把握，如果君主命令不要打，可以坚决地出战攻击；如果君主命令必须打，可以不发兵出击。所以一名将帅，应该做到不好战喜功，不害怕抗拒君主的命令，保全士兵和百姓，有利于国家，这样的将帅才算是国家最宝贵的人才。将帅要像对待婴儿一样抚养士兵，将士之间就有了不可割裂的感情；将帅要像对待自己的"爱子"一样对待士兵，士兵就可以与将帅共患生死。但是，对士卒过分厚养而不能使之赴敌勇战，一味溺爱而不能制裁以威，违法扰乱也不能按律治理，这样的军队，就好比骄养之子一样，是不能用来打仗的。只了解我军锐勇能打，而不了解敌军势强不可打，这是一胜一负，取胜的可能性只有一半；只了解敌势虚弱可以打，而不了解我军士兵怯懦不能打，取胜的可能性也只有一半；了解敌势虚弱可打，也了解我军精锐可用来打，而不了解地形条件不可以与之战，取胜的把握仍然只有一半。所以，真正懂得用兵的将帅，行动起来没有失误，采取措施没有困弊后患。所以说：了解敌方虚实，了解我方强弱，就能必胜而不至于危殆，了解天时，了解地利，战胜之功可以全得。

九地篇

〔曹操曰：欲战之地有九。〕

孙子曰：

地形者，兵之助。故用兵：有散地，有轻地，有争地，有交地，有衢地，有重地，有覆地，有围地，有死地。

〔曹操曰：此九地之名也。〕

诸侯战其地者，为散。

〔曹操曰：士卒恋土，道近易散。〕

入人之地而不深者，为轻。

〔曹操曰：士卒皆轻返也。〕

我得则利，彼得亦利者，为争。

〔曹操曰：可以少胜众、弱击强。〕

我可以往，彼可以来者，为交。

〔曹操曰：道正相交错也。〕

诸侯之地三属，

〔曹操曰：我与敌相当，而旁有他国也。〕

先至而得天下之众者，为衢。

〔曹操曰：先至得其国助也。〕

入人之地深，背城邑多者，为重。

〔曹操曰：难返之地。〕

行山林、险阻、沮泽，凡难行之道者，为覆。

〔曹操曰：少固也。〕

所由入者隘，所从归者迂，彼寡可以击吾众者，为围。

疾则存，不疾则亡者，为死。

〔曹操曰：前有高山，后有大水；进则不得，退则有碍。〕

是故，散地则无战，

轻地则无止，

争地则无攻，

〔曹操曰：不当攻，当先至为利也。〕

交地则无绝，

〔曹操曰：相及属也。〕

衢地则合交，

〔曹操曰：结诸侯也。〕

重地则掠，

〔曹操曰：蓄积粮食也。〕

覆地则行，

〔曹操曰：无稽留也。〕

围地则谋，

〔曹操曰：发奇谋也。〕

死地则战。

〔曹操曰：殊死战也。〕

所谓古善战者，能使敌人前后不相及，众寡不相待，贵贱不相救，上下不相收；卒离而不集，兵合而不齐。

合乎利而用，不合而止。

〔曹操曰：暴之使离，乱之使不齐，动兵而战。〕

敢问：敌众以整，将来，待之若何？

〔曹操曰：或人问之。〕

曰：先夺其所爱，则听矣。

〔曹操曰：夺其所恃之利。若先据利地，则我所欲必得也。〕

兵之情主速，乘人之不给，由不虞之道，攻其所不戒也。

〔曹操曰：孙子应难以覆陈兵情也。〕

凡为客之道：深入则专，主人不克；

掠于饶野，三军足食。谨养而勿劳，并气积力，运兵计谋，为不可测。

〔曹操曰：养土气、并兵力，为不可测度之计。〕

投之无所往，死且不北，

死焉不得，

〔曹操曰：士死安不得也。〕

士人尽力。

〔曹操曰：在难地，心并也。〕

兵士甚陷则不惧，无所往则固；深入则拘，

〔曹操曰：拘，专也。〕

无所往则斗。

〔曹操曰：人穷则死战也。〕

是故，其兵不修而戒，不求而得，不约而亲，不令而信；

〔曹操曰：不求索其意，而自得也。〕

禁祥去疑，至死无所之。

〔曹操曰：禁妖祥之言，去疑惑之计。一本作至死无所灾。〕

吾士无余财，非恶货也；无余死，非恶寿也。

〔曹操曰：皆烧焚财物，非恶货之多也；弃财致死者，不得已也。〕

令发之日，士坐者涕沾襟，卧者涕交颐。

〔曹操曰：皆持必死之计。〕

投之无所往者，诸、刿之勇也。

故善用军者，譬如卫然。卫然者，恒山之蛇也。击其首则尾至，击其尾则首至，击其中身则首尾俱至。敢问：贼可使若卫然乎？曰：可。夫越人与吴人相恶也，当其同舟而济也，相救若左右手。是故，覆马埋轮，未足恃也；

〔曹操曰：方马，缚马也。埋轮，恃不动也。此言专难不如权巧。故曰：虽方马埋轮，不足恃也。〕

齐勇若一，整之道也；

刚柔皆得，地之理也。

〔曹操曰：强弱一势也。〕

故善用兵者，携手若使一人，不得已也。

〔曹操曰：齐一貌也。〕

将军之事，静以幽，正以治。

〔曹操曰：谓清净幽深平正也。〕

能愚士卒之耳目，使无知；

〔曹操曰：愚，误也。民可与乐成，不可与虑始。〕

易其事，革其谋，使民无识；

易其居，迂其途，使民不得虑。

帅与之登高，去其梯；帅与之深入诸侯之地，发其机。若驱群羊，驱而往，驱而来，莫知所之。

〔曹操曰：一其心也。〕

聚三军之众，投之于险，此谓将军之事也。

〔曹操曰：险，难也。〕

九地之变，屈伸之利，人情之理，不可不察也。

〔曹操曰：人情见利而进，遭害而退。〕

凡为客：深则专，浅则散。去国越境而师者，绝地也。四彻者，衢地也。入深者，重地也；入浅者，轻地也。背固前隘者，围地也；背固前敌者，死地也。无所往者，穷地也。是故，散地，吾将一其志。

轻地，吾将使之偻。

〔曹操曰：使相交属。〕

争地，吾将使不留。

〔曹操曰：地利在前，当速进其后也。〕

交地，吾将固其结。衢地，吾将谨其恃。重地，吾将趋其后。

〔曹操曰：掠彼也。〕

覆地，吾将进其途。

〔曹操曰：疾过也。〕

围地，吾将塞其阙。

〔曹操曰：以一其心也。〕

死地，吾将示之以不活。

〔曹操曰：励士心也。〕

故诸侯之情，殆则御，

〔曹操曰：相持御也。〕

不得已则斗，

〔曹操曰：势有不得已也。〕

过则从。

〔曹操曰：陷之甚过，则从计也。〕

是故，不知诸侯之谋者，不能预交；不知山林、险阻、沮泽之形者，不能行军；不用乡导者，不能得地利。

〔曹操曰：上已陈此三事，而复云者，力恶不能用兵，故复言也。〕

114

四五者，一不知，非王霸之兵也。

〔曹操曰：四五者，谓九地之利害。或曰：上四五事也。〕

彼王霸之兵：伐大国，则其众不得聚；威加于敌，则其交不得合。

是故，不养天下之交，不事天下之权；伸己之私，威加于敌：

〔曹操曰：交者，不结成天下诸侯之权也，绝天下之交，夺天下之权，故威得伸而自私。〕

故国可拔也，城可隳也。

〔曹操曰：言军法令不豫施悬之，《司马法》曰："见敌作誓，瞻功作赏。"〕

无法之赏，无政之令。犯三军之众，若使一人：

〔曹操曰：犯，用也。言明赏罚，虽用众，若使一人也。〕

犯之以事，勿告以言；

〔曹操曰：兵尚诈。〕

犯之以害，勿告以利。

〔曹操曰：勿使知害。〕

投之亡地然后存，陷之死地然后生。

〔曹操曰：必殊死战，或在死亡之地，亦有败者。孙膑曰："兵恐不投之死地也。"〕

夫众陷于害，然后能为败为胜。故为兵之事，在顺详敌之意，

〔曹操曰：佯，愚也。或曰：彼欲进，设伏而退；彼欲去，开而击之。〕

并力一向，千里杀将，

〔曹操曰：先示之以闲空虚弱之处，敌则并向而利之，虽千里可擒其将也。〕

〔一曰：并兵向敌，虽千里能擒其将也。〕

此谓巧事。

〔曹操曰：是成事之巧也。一作是谓巧攻成事。〕

是故，政举之日，无通其使；

〔曹操曰：谋定，则闭关梁、绝其符信，勿使通使。〕

励于廊上，以诛其事。

〔曹操曰：诛，治也。〕

敌人开阖，必亟入之，

〔曹操曰：敌有间隙，当急入之也。〕

先其所爱，

〔曹操曰：据便利也。〕

微与之期，

〔曹操曰：后人发，先人至。〕

践墨随敌，以决战事。

〔曹操曰：行践规矩，无常也。〕

是故，始如处女，敌人开户；后如脱兔，敌不及拒。

〔曹操曰：处女示弱，脱兔往疾也。〕

[译文]

孙子说：根据用兵的法则，战地有九种类别，分别是散地、轻地、争地、交地、衢地、重地、圮地、围地、死地。所谓"散地"，就是指诸侯在自己的领地内与敌人作战，这种地区就是散地；在敌境不深的地区作战，这种地区叫做"轻地"；"争地"则是指我军先占领对自己有利，敌方先占领对其有利的险要地区；"交地"则是指我军可以去，敌军亦可以来的平坦地区；"衢"地，指的是在诸侯之地上，据其形势，三面连接邻国，结交诸侯国并取得多数支援地区；深入敌境，越过众多敌国城邑的地区，称为"重地"；"圮地"则是指那些山林、险阻、沼泽等道路难行的地区；进入的道路较狭隘，而退出的道路迂回，敌人以少于我军的兵力与我军交战的地区，叫做"围地"；迅速奋战则可以生存，若不迅速奋战就会被消灭的地区则是"死地"。

所以，不能在"散地"交战；在"轻地"作战时，千万不要深入，也不可多作停留；若处在"争地"，则应先于敌军而占领此地，但不可强攻城邑，延误时机；在"交地"战斗，则要保持与各部队的连接，千万不可断绝，以防被敌军截击；在"衢地"则应该结交周围的诸侯国；在"重地"交战时，则要尽可能地夺取物资，就地补给；处在"圮地"时则要应较快的速度行军；在"围地"则要利用谋略制敌；在"死地"则一定要迅猛奋战，死中求生。

古时，对于所谓善于用兵的人来说，他们能够使敌人无法顾及前后，大部队与小部队无法相依恃，官兵无法相互救援，上下隔绝不可收拢，士卒溃散无法聚集，即便聚合，也无法再整齐。当然敌人也有所担忧，也要看是否有利，有利就行动，不利则停止。

试问："如果敌军人数众多而且阵势齐整，即将向我军进攻，应该如何对待？"回答是："先将敌人的要害之处夺下来，这样一来，敌人就不得不被迫听从我的摆布。"用兵之理，贵在神速，乘敌人措手不及之时，走敌人意料不到的道路，进攻敌人毫无设防的地方。几乎所有进入敌国作战的原则都是：深入敌境后则要军心专一，敌军必然无法胜我；在富饶地区夺取粮秣，保障三军有充足的粮食给养；同时还要注意抚养士卒，切勿让他们过度劳苦，而是要提高他们的士气，积蓄他们的力量；用兵作战，需要巧设计谋，令敌人摸不清头脑。即使部队处于无路可走的危地，死也不要放弃；所以，连死都不怕，士卒们又怎么能不浴血奋战呢？当士卒深陷危地时，事实上已经没有什么可畏惧的了；当军队无路可走时，军心也就能稳固了；深入敌国，人心专一而不涣散，势必会拼死战斗。所以，这样的军队不需整治就可以加强戒备，不必刻意要求就能够自得一心，不必多加约束就可以亲近相助，不用下达命令就能信守纪律，禁止妖祥迷信，消除疑惑谣言，即使英勇战死也不言退。我军士卒焚毁弃掷多余的财物并不是厌恶财物；不怕牺牲生命，也不表示憎恶生命。一旦作战的命令颁发，坐着的士卒们就会泪沾衣襟，躺着的则是泪流满颊。将军队置于绝路的危地，就都同专诸和曹刿一样勇敢了。因此那些善于用兵打仗的人，就像"率然"一样。所谓"率然"，就是指山上的一种蛇，如果打它的头，那么它会用尾巴来救应；若打它的尾巴，则它就会用头来救应；如果向它的中部打去，它的头和尾就会一起救应。请问："军队能够使它像率然一样吗？"回答是："当然可以。"吴国人与越国人之间向来就互相仇视，但当他们同船渡河时，如果遇到大风，彼此间也会互相救援，就像左右手一样。所以，想用套马，埋车轮的办法稳定军心，那是没有用的。若要使全军力齐气勇，万众如一，主要在于军政是否得法；若要使强弱都得以使用、各尽其力，那么就要恰当地利用地形。因此，那些善于用兵的人，在使用三军之众时仿佛提携一人之手，这也是因为将士卒置于死地而不得所造成的结果。

对于统率军队，一定要沉着冷静，幽深莫测，而且要公正廉洁，让人不敢触犯，同时还能蒙蔽士卒的耳目，使他们对军事计划一无所知；学会改变所做的事，更改最初的计谋，让人们无法识破其真正的用意；驻军则要经常改变驻地，进军迂回所走的路，让敌方无法推断其策略。要对将帅进行约束和告诫，甚至要像登数仞之高而抽去梯子一样，让他们有进无退。当将帅和士卒深入诸侯国土时，所出机谋应使之取胜。要像放牧者驱赶羊群那样，时而赶过去，时而赶过来，让对方不知道其究竟要到哪里去。将全军士卒聚集在一处，然后将其投置于危险之地，使他们学会拼死奋战，这也是将军的责任。根据不同的地形地势采取不同的行动方针，按照实际情况伸缩进退，择其所利，同时注意士卒在不同情况下的人情常理。所有这些都要认真审察和仔细研究。

大凡到别的国土作战所依据的原则是：进入敌境越深，士卒的心志就越专注，进入得越浅，士卒就越容易心志散漫。离开本国，经过邻国境地进入敌国作战的地区，叫做"绝地"，"衢地"则是指四通八达于旁国的地区；进入敌境较深的地区叫做"重地"；而进入敌境较浅的地区叫做"轻地"；"围地"所指的是后险前狭的地区；"死地"，顾名思义为无处可走的地区。所以，在"散地"，士卒最易于散乱的地区，我就要统一意志；在"轻地"，我就要使部队紧密相连接；当处在"争地"也就是险阻必争之地时，我则要迅速行动，到敌方后面，做到后人发、先人至；在"交地"，也就是往来交通的地区，我就要谨慎防守；而在"衢地"，我则要加强与诸侯国之间的交往；在"重地"，我就确保军队食粮的供给；在"圯地"，即塌坏难行之地，我就加快行军的迅速；在"围地"，我则要堵塞缺口；在"死地"，我会昭示士卒以必死的决心看待战斗。因此士卒因为被包围而心情状态发生变化，会协力抵御，势不得已可以与敌人拼死战斗。当士卒深陷危险的境地时，他们必然会听从指挥。因此在不了解列国诸侯的计谋的情况下，不能与他们结交；在不熟悉山林、险阻、沼泽等地形的情况下，不能行军；若不使用向导，则不能得地利。对于"九地"的利害，哪怕只有一种不了解，此军队就不能算作是"霸王"军队。

攻打六国时候的"霸王"军队，不能使其军民团聚；重兵压境敌国的时候，原本结交的国家也不敢相合援救。因此，不和别的诸侯国结交，也不在别的国家发展自己的力量，就能实现自己的野心，敌国就会面临重兵压境，同样能夺取城池，毁灭国家。施行不同寻常的奖赏，颁发意想不到的号令；三军之士众志成城。不告诉士兵意图，驱使他们执行战斗任务，只告诉士兵有利的一面，而不告诉他们危险的一面。把士兵置于险地，他们自然会为了生存而战，士兵陷入"死地"，必定会置之死地而后生。士兵身陷患害的境地，才有取得胜利的勇气，打败敌人。所以，指挥作战的时候要善于假装顺从敌人心意，一旦发现敌人的疏漏，便集中兵力攻打这个弱点，如是，纵有敌人千万，也可擒杀敌将，这就是所谓以巧而能成事的意思。因此，决定决战之时，就要扼住重要的关口，废除通行证，使节往来也要掐断，君臣将士都要严肃对待，严

119

厉处罚泄露军事机密的事情。一旦发现有可乘之机，就要乘机而入。首先要夺取敌人至关紧要的地方，而不要给敌人以喘息和相约。计划要随着敌情与时俱进，求得战争的胜利。所以，开始要像处女一样安静，故意显示弱小，使敌人放松戒备，一旦公开战局，就要像迅速奔跑的野兔一样，让敌人根本来不及抗拒。

火攻篇

〔曹操曰：以火攻，当择时日也。〕

孙子曰：

凡攻火有五：一曰火人，二曰火积，三曰火辎，四曰火库，五曰火地。

行火有因，

〔曹操曰：因奸人也。〕

因必素具。

〔曹操曰：烧具也。〕

发火有时，起火有日。时者，天之燥也；

〔曹操曰：燥者，旱也。〕

日者，月在箕、壁、翼、轸也；凡四者，风之起日也。

火发于内，则军应之于外。

〔曹操曰：以兵应之也。〕

火发，其兵静而勿攻，极其火央，可从而从之，不可从而止之。

〔曹操曰：见可而进，知难而退。〕

火可发于外，无待于内，以时发之。火发上风，无攻下风。

〔曹操曰：不便也。〕

昼风久，夜风止。

〔曹操曰：数当然也。〕

凡军必知五火之变，以术守之。故以火佐攻者明，

〔曹操曰：取胜明也。〕

以水佐攻者强。水可以绝，不可以夺。

〔曹操曰：水但能绝敌粮道、分敌军，不可夺敌蓄积。〕

夫战胜攻取，不修其政者，凶！命之曰费留。

〔曹操曰：若水之留，不复还也。或曰：赏不以时，但留费也，赏善不逾日也。〕

故曰：明主虑之，良将修之。非利不动，非得不用，非危不战。

〔曹操曰：不得已而用兵。〕

主不可以怒兴军，将不可以愠用战；合乎利而用，不合而止。

〔曹操曰：不以己之喜怒用兵也。〕

怒可复喜也，愠可复悦也；亡国不可复存也，死者不可复生也。故明主慎之，良将警之，此安国之道也。

〔译文〕

孙子说：火攻的方法共有五种：第一种是用火烧毁敌军的人和马，第二种是将敌军的粮草蓄积焚烧掉，第三种是焚烧敌军的辎重，第四种则是烧掉敌军的仓库，第五种是烧掉敌军的运输设施。在实施火攻之前必须具备一个必要的条件，必须预先准备好发火器材。而且在发火时要选择有利的时机，在有利的日期起火。所谓的有利时机，就是指干燥的天气；有利的日期则是指月亮运行到"箕"、"壁"、"翼"、"轸"四个星宿的位置的时候，因为只有当月亮运行到这四个星宿位置时，正是起风的日子。实施火攻，必须根据这五种火攻所引起的情况进行随机变化，当火已经在敌营内

烧起时，则要迅速发兵应于外，进行内外齐攻。适时地运用兵力进行战斗。当火烧起时，若敌军仍然保持镇静，则要仔细观察等待，不可马上进攻；待火势烧到最旺的时候，可以根据实际情况发兵，若不可进攻则马上停止。若在敌营外面放火，那就不必等待在敌营内放火，只要时机和条件都可以时，便可放火。因为火发于上风向，所以不能在下风向或逆风的方向进攻。如果刮了一白天的风，那么夜晚就不会刮风。

凡是率领军队打仗，就必须熟悉这五种火攻的方法，以及根据变化进行合理的运用，要掌握"发火有时，起火有日"的理论，严加守备。所以，以火助攻，威势显赫；以水助攻，声势强大。水可以断绝敌方的粮草和兵力的支援，但不能损坏敌人的军用蓄积。

用水、火助攻，打了胜仗，占领了土地、城池，却不嘉奖那些有功之臣，必然是危险的，这叫做"费留"。所以，贤明的国君一定要考虑战胜奖赏的事情，优秀的将帅也必须奖赏那些在攻战中有功的士卒。如果对国家无利，就不能轻易采取行动；如果没有取胜的把握，就不要随便用兵；不到万不得已，也不能轻言开战。国君不能凭一时之恼怒而发兵打仗，将帅也不能凭一时之怨恨而与敌人交战。符合国家利益的事情三思后方可行动，不符合国家利益的则当即停止。恼怒后可以再欢喜，怨愤后还可以再高兴，但是国一旦亡了就不可能再存在，士卒死了也不会再活。所以明智的国君应该慎重用兵，良能的将帅在交战时一定要警惕，因为这些都关系到国家和军队的安全。

用间篇

〔曹操曰：战必先用间，以知敌情也。〕

孙子曰：

凡兴师十万，出征千里，百姓之费，公家之奉，费日千金。外内骚动，怠于道路，不得操事者，七十万家。

〔曹操曰：古者，八家为邻；一家从军，七家奉之，言十万之师举，不事耕稼者七十万家。〕

相守数年，以争一日之胜，而爱爵禄百金，不知敌之情者，不仁之至也。

非民之将也，非主之佐也，非胜之主也。故明主贤将，所以动而胜人，成功出于众者：先知也。

先知者，不可取于鬼神，

〔曹操曰：不可以祷祀而求。〕

不可象于事，

〔曹操曰：不可以事类求也。〕

不可验于度，

〔曹操曰：不可以事数度也。〕

必取于人知者。

124

〔曹操曰：因间人也。〕

故用间有五：有乡间，有内间，有反间，有死间，有生间。五间俱起，莫知其道，是谓神纪，人君之宝也。

〔曹操曰：同时任用五间也。〕

乡间者，因其乡人而用者也。内间者，因其官人而用者也。

反间者，因其敌间而用者也。

死间者，为诳事于外，令吾间知之，而得于敌者也。

生间者，返报者也。

故三军之亲莫亲于间，赏莫厚于间，事莫密于间。非圣不能用间，非仁不能使间。

非微不能得间之实，非密不能得间之宝。密哉密哉，无所不用间也。间事未发，闻间事者与所告者皆死。

凡军之所欲击，城之所欲攻，人之所欲杀：必先知其守将、左右、谒者、门者、舍人之姓名。

令吾间必索敌间之来间我者，因而利之，导而舍之，故反间可得而用也。

〔曹操曰：舍，居止也。〕

因是而知之，故乡间、内间可得而使也。因是而知之，故死间为诳事，可使告敌。因是而知之，故生间可使如期。五间之事，必知之，知之必在于反间，故反间不可不厚也。殷之兴也，伊挚在夏；

〔曹操曰：伊尹也。〕

周之兴也，吕牙在殷。

〔曹操曰：吕望也。〕

唯明主贤将，能以上智为间者，必成大功。此兵之要，三军所恃而动也。

125

[译文]

孙子说：凡出兵十万，千里征战，百姓所需的费用，公家所需的开支、俸禄，算上去每天几乎要花费近千金；朝野骚动，民众服徭役，疲惫于道路，无法从事耕作的近70万家。与敌方相持数年，就为争取一日的胜利，然而却吝啬一些爵禄和重金，不肯任用间谍，不肯赏给他们钱财，以至于长时间的交战却不了解敌情的虚实，实际上这是最不仁民爱物的。这种将帅，并不是军队的好将帅，更不是国君的好助手；而这样的国君，也不是可以取信于民的好国君。英明的国君，贤良的将帅，他们之所以会一出兵就取得胜利，而且超出众人之上，其主要原因，在于他们能够在事先对敌情有所了解。如果事先就能了解敌情，而且不是通过迷信、鬼神、占卜等方法获得信息，也不与过去相似的事情进行对比，更不会通过观察日月星辰运行的位置来占卜吉凶祸福，那么一定要从人那里获得可靠的敌情。

因此就有五种使用间谍的方式：分别是"乡间"、"内间"、"反间"、"死间"、"生间"。若这五种间谍同时使用，敌人必然摸不清底细，这也是高深莫测的要领，更是国君的法宝。所谓"乡间"，指的是利用敌国境内的普通百姓做间谍。"内间"，则是指通过钱财来收买敌国的官吏做间谍。"反间"，就是指收买或利用敌方派来的间谍，使其反为我军效力。"死间"，所表示的是故意向外部泄露假机密，然后让我方间谍传给敌方，通过内外配合使敌人上当；而这种间谍在事发后常常会被敌方处死。"生间"，指的是到敌方侦察后，亲自返回我军报告敌情的人。

因此，治理三军之事，间谍是最为亲信的人，也没有人能够比间谍更加应该得到丰厚的奖赏，事情没有比用间谍更机密的了。那些距离圣智很远的将帅不能使用间谍；那些不具备仁义之心的将帅也不能使用间谍；因为见识浅薄，治事混乱的将帅无法得到间谍的真实情报。实乃微妙啊！微妙啊！真是哪都少不了间谍呀。如果利用间谍以探查敌情的计谋尚未施行，就被人听到了，那么听见的人与泄露出去的人都要处死。

126

凡是要攻击的敌军，凡是要攻占的城邑，所有要击杀的敌人，都必须要在开战前了解其主帅及其左右亲信、掌管通接宾客官员、守门小吏、门客幕僚等人的姓名，这也是命令我方间谍探察的信息。而且一定要搜查出敌方派到我军的间谍，以便可以根据实际情况收买或利用，经过多方诱导为我军完成所交给的任务，之后可以放他回去。这样一来，这种人就可以为我军用为反间了。有了这样的反间，便可知他国的乡人、官人，也就可以厚利赂之，或者直接使用之。因为反间而使用这样的人，便可以让他向外散布欺骗、虚假的情况，然后通过死间传告给敌人。因为反间而使用这样的人，便可以知道生间是否按照预定的期限，回到我军来报告敌情。

　　使用五种间谍这样的事，国君们十分清楚，若知敌情，必先在反间。因此，在对待反间的态度上，不可不给予特别优厚的待遇。从前商汤的兴起，就是因为重用了在夏桀时不得重用的伊尹；周武王的兴起，则是由于重用了在商纣时曾居朝歌的吕尚。所以，英明的国君、贤能的将帅，通过对足智多谋的间谍的使用，必然成就大业。这是用兵作战的关键点，整个军队，都要依靠间谍所提供的敌情而采取行动。

兵法
藏书

下 篇 战争论

　　战争就其本质来说就是斗争，在广义上称为战争的复杂活动中，唯有斗争是产生真正效果的要素。斗争是双方的精神力量与物质力量通过物质力量进行的一种较量，精神力量在此不容忽视，有的时候精神状态对军事力量有着决定性的影响。

导　读

　　卡尔·冯·克劳塞维茨（1780—1831），德国军事理论家，生于小贵族家庭，十二岁加入步兵团充任士官生，1793年普法战争中，曾参加围攻美因茨城等战斗并升任少尉。1801年，克劳塞维茨被送进柏林军官学校深造，因成绩优异得到校长沙恩霍斯特赏识。毕业后，任奥古斯特亲王的副官，公务之余，潜心研究军事、哲学、历史和文学。1806年，克劳塞维茨随亲王参加奥尔施塔特会战，后被俘，释放归国后力主改革普鲁士军事制度，进入总参谋部，升为少校，并担任柏林军官学校教官，同时为王太子（即后来的威廉四世）讲授军事课，同年与布吕尔伯爵之女玛丽结婚。

　　1812年普鲁士国王威廉三世与拿破仑结成同盟，克劳塞维茨反对这次结盟，于是辞去普鲁士军职，赴俄国参加反拿破仑的战争，任职于俄参谋部。军旅生活中积极总结与拿破仑作战的经验，开始战争理论的研究工作。1818年，克劳塞维茨任柏林军官学校校长，升为将军，于此时开始《战争论》的撰写工作。离开柏林军官学校之后，克劳塞维茨分别在普鲁士军队不同的部门任职，曾担任第二炮兵监察部总监。1831年，克劳塞维茨因染霍乱逝世。在他死后，他的妻子整理出版了他的著作和大量手稿——《卡尔·冯·克劳塞维茨将军遗著》，共分十卷。

　　《战争论》是其中的第一、二、三卷。克劳塞维茨总结了自己亲身经历的普法战争和法俄战争的丰富经验，研究了一百三十多个典型战例，写下了这部内容丰富的著作。

《战争论》论述了战争的方方面面。无论战争有多么不同，其目的都是一样的，认识了战争的目的，就认清了战争的本质，因此，克劳塞维茨给战争做 了这样的界定："战争无非是国家政治通过另一种手段的继续"，"战争是迫使敌人服从我们意志的一种暴力行为"。

战争最显著的特点是使用暴力。"暴力用技术和科学的成果装备自己来对付暴力。暴力所受到的国际法惯例的限制是微不足道的，这些限制与暴力同时存在，但实际上并不削弱暴力的力量。暴力，即物质暴力（因为除了国家和法的概念以外就没有精神暴力了）；它是以把自己的意志强加于敌人作为目的。为了确有把握地达到这个目的，必须使敌人无力抵抗，因此从概念上讲，使敌人无力抵抗是战争行为的真正目标。"克劳塞维茨没有从道义上论述战争，他抛弃了道德的温情主义和道德上的虚伪，从本体论的高度对战争做出界定，从而赤裸裸地揭露了战争及其本质。

除了对战争本质的揭示，《战争论》还精心研究了战争中一切因素，它的一些主要观点及精辟分析，仍然能够对今天的战争理论和战争实践研究有巨大的借鉴作用。从这个意义上讲，《战争论》可以说是为当代人撰写的一部经典著作。

第一章 战争的性质

第1节 什么是战争

1. 引言

首先我们研究战争的各个要素，其次研究战争的各个部分或环节，最后就战争各部分之间的内在联系研究战争整体，由表及里，先局部后整体，先研究简单的再研究复杂的。在研究各个部分问题之前，我们有必要先对整体的性质有一个大致的了解，因为在研究部分问题时必须经常考虑到整体。

2. 战争的定义

这里，我们不准备马上就给战争下一个政论性的定义，还是首先谈谈战争的要素——搏斗。战争无非是扩大了的搏斗。假如我们把构成战争的若干个搏斗作为一个统一整体来考虑，那么最好的办法是想象一下两个人搏斗的情形。每一方都力图用自己的体力或者武力来迫使对方服从自己的意志；其直接目的就是打败对方，使对方丧失任何抵抗能力。

因此可以说，战争是迫使对方服从我方意志的一种暴力行为。

用科学技术研究的成果装备自己以对付暴力。国际法惯例对暴力行为

132

的限制是微乎其微的，这些限制与暴力虽然同时存在，但在实质上并不能削弱暴力的强度。什么是暴力？暴力是一种手段，把自己的意志强加于对方才是目的。为了保证有把握地达到这个目的，就必须使对方丧失抵抗能力。所以从概念上讲，使对方丧失抵抗能力是战争行为真正的直接目标。这个目标替代了上述目的，并把它作为不属于战争本身的东西，因此，在某种程度上它被忽略掉了。

3. 最大限度地使用暴力

有些善良的人出于善良的愿望，幻想寻找一种巧妙的方法，既不必造成大量的伤亡，又能解除对立一方的武装或者打败对方，并且认为这才是军事艺术发展的真正方向。这种看法尽管非常美妙，却是一种必须消除的错误思想，因为对待战争这样的恶魔，由仁慈派生出的错误思想是极为有害的。充分使用物质暴力并不排斥智慧同时发挥作用，因此，不顾一切、不惜代价地使用暴力的一方，如果对方软弱退缩，就必然独占优势。如果，一方迫使另一方也不得不同样采取暴力，双方矛盾进一步激化，并且日益趋向极端，这种趋向则完全受内在的牵制力量的限制，不受其他任何外部因素的影响。

由于厌恶"残暴"这个要素而忽视了它的性质，不但没有益处，反而是有害。因为它是客观存在的，所以必须正视这个问题。

假如说文明民族战争的残酷性和破坏性较野蛮民族战争的残酷性和破坏性小得多，这也是由交战国双方的社会状态和这些国家彼此之间的关系决定的。尽管战争是在某种社会状态和国与国之间的关系中产生的，并且是由它们决定、限制和缓和的，但是社会状态和国与国之间的关系并不是属于战争本身的要素，它们在战争发生以前就已经存在，因此，如果硬说这些因素属于战争哲学本身，那是不合情理的。

人和人之间的斗争原本就包括两种不同的要素——敌对情感和敌对意图。我们之所以选择敌对意图这个要素来作为我们战争定义的标志，是因为

133

敌对意图带有普遍性，即使最野蛮的近乎本能的仇恨感，即敌对感情没有敌对意图也是不可想象的；而许多敌对意图，却丝毫不带敌对感情，至少不带强烈的敌对感情。在野蛮民族中，敌对意图主要来自于情感，而在文明民族中，敌对意图则主要出于理智。但这种敌对意图的差别并不是靠野蛮和文明本身决定的，而是受当时的社会状态、制度等多种因素影响的。因此，不是每个场合都一定存在这种差别，而是大多数场合会有这种差别。所以，即使是最文明的民族，其相互之间也可能会燃起强烈的仇恨感。

由此可见，倘若把文明民族之间的战争说成纯粹是政府之间的理智行为，认为战争正在逐渐摆脱所有激情因素的影响，甚至认为不再需要使用军队这种物质力量，只需要计算双方的兵力对比，对实际行动进行数学演算就可以了，那是极大的错误。

近年来，有些理论已经开始向这个方向发展，但最近的几次战争纠正了它。既然战争是 种暴力行为，就必然属于感情的范畴。它同感情或多或少有关，但感情并不是决定性因素，甚至与文明程度的高低无关；而是取决于交战双方的利害关系的大小与时间的长短。

如果说文明民族不杀俘虏，不毁坏城市和乡村，这并不能说明他们没有采用暴力，那是因为他们在战争中更多更巧妙地应用了智慧，学会了使用比这种原始粗暴的发泄本能更加有效的暴力方法。

火药的发明、武器的不断改进已经充分证明，文明程度的提高丝毫没有阻碍或改变战争的性质——战争的目的仍然是消灭敌人。

再重复一下我们的观点：战争是一种暴力行为，而暴力的使用是没有限制的。所以，交战的每一方都迫使对方不得不像自己那样动用暴力，由此便产生了相互作用，从理论上讲，这种相互作用一定会导致极端。这就是战争的第一种相互作用和第一种极端。

4. 使敌人放弃抵抗是战争的目标

前已述及，使敌人丧失抵抗是战争的最终目标，至少在理论上是这样的。要使敌人服从我们的意志，就必须让敌人的处境比我们所预想的更为不利，这种不利从表面上看至少应该不是暂时的，否则，敌人就会等待有利的时机，从而放弃屈服。所以，持续进行的军事活动所带来的任何处境上的变化，都必须使敌人更加不利，至少在理论上必须这样。作战一方可能陷入的最不利的处境是完全丧失抵抗能力。所以，假如要以战争方式迫使敌人顺从我们的意志，那么就一定要让敌人真正无力抵抗，或者陷入势将无力抵抗的地步。由此可以得出结论：无论如何，消灭敌人武装或打垮敌人，始终都是战争行为的唯一目标。

战争不是活的力量对死的物质的暴力行动，而是两股活的力量之间的矛盾冲突，倘若一方绝对地忍受退让就不会演变为战争。这样一来，上述战争行为的最高目标，必然是双方都要认真考虑的。在我们没有打败敌人之前，不得不考虑情势逆转造成的自己被敌人打垮的情形，那时我们就不再是战胜者，可以自己主宰一切，而是像败军那样，俯首称臣，处处受制于人。这是第二种相互作用和第二种极端。

5. 最大限度地使用力量

要想打败敌人，必须根据敌人的抵抗能力来决定我方应该投入的力量。敌人抵抗力的大小是两个不可分割的因素的乘积，这两个因素分别是有多少战胜敌人的手段与意志力的强弱程度。

现有手段的多少是能够计算的，因为它有数量作依据——尽管不完全如此，但是意志力的强弱却难以用量的概念来确定，它只能根据战争动机的强弱作大概的估计。如果我们用上述方法大体上估算出敌人的抵抗力量，那么我们就能够根据它来决定自己应该投入多少力量，或者增加力量以形成优势，或者在力所能及的情况下想方设法增强我们的力量。然而敌方也会这样做。这又是一个相互间的竞争，从纯概念上来说，它势必会趋向极端。这就是第三种相互作用和第三种极端。

6. 在现实中修正

在纯理念的抽象领域里，思维活动在达到极端之前绝不会停止，因为思考的对象是个极端的事物，是一场自行其是的、除了服从自身内在规律以外，不受任何其他规律束缚的那些力量的冲突。所以说，假如我们要在战争的纯概念中，为提出的目标和运用的措施找到一个绝对点，那么在连续不断的相互作用下，我们就会走向极端，就会陷入玩弄逻辑所引起的不可捉摸的概念游戏之中。倘若一定要坚持这种追求绝对的态度，不顾忌一切困难，而且一定要按照严格的逻辑公式，认为不管怎样都必须准备应付极端，每一次都要最大限度地使用力量，那么这种做法无疑是纸上谈兵，丝毫不适用于现实社会。

尽管使用力量的最大限度是一个容易算出的绝对值，我们依然不得不承认，人的情感是难以接受这种逻辑幻想的支配的。假如这种幻想起了决定性的作用，那么在某种情况下势必造成力量的无谓浪费，同时，必然与治国之道的其他方面发生矛盾；当意志力发展到与既定的政治目的不相称的程度，这种要求就不会实现，因为人的意志力从来都不是靠玩弄逻辑获得的。

假如我们从抽象转到具体，那么情况就不一样了。在抽象领域中，事物常常被想象得完美无瑕，人们势必会想象作战的一方同另一方一样不仅在追求完善，并且正在力求达到完善的境界。但在现实中果真是这样的吗？不，只有在下列情况下才会这样：

（1）战争是突然爆发的、同前期的国家生活没有任何关系的并且是完全独立的行为；

（2）战争是唯一一次决战，或者是若干个分战争同时进行的决战；

（3）战争的结果是绝对的，对战后政治形势的发展，大概不会有什么影响。

7. 战争决不是孤立的行为

之前论述的第一点，我们认为：交战双方的任何一方对另一方来说都是具体的，而非抽象的，即使是意志力，这个在对抗较量中不依赖外界事物的因素，也不是抽象的。其实，意志力也并不是完全不可知，它今天的强弱，也许预示着明天的胜败。战争不是突然爆发的，其规模的大小也不是瞬间的事情。所以，双方的任何一方大都可以根据对方规模的大小和正在做什么来加以判断，而不是根据对方应该是怎样的和应该做什么来判断他。人无完人，因此，很难达到完美无缺的程度，这种双方都拥有的缺陷就成为一种缓解因素。

8. 战争不是短促的一击

之前论述的第二点，我们认为：假如在战争中只有一次决战，或者若干个同时进行的决战，那么为决战进行的一切准备就必然趋向极端，因为在准备过程中，任何一点小小的过失，都将造成无法补救的损失；而且在现实情况中，能够作为衡量这种准备的依据，最多只是我们所能了解的敌人的准备情况，其他一切都无从知晓。当然，倘若战争的结果是一系列连续行动的结果，则前一行动及其一切现象当然就能作为衡量下一行动的尺度。这样，现实的实际情况就代替了抽象的概念，从而缓解了向极端发展的趋势。

假如同时运用或者能够同时运用所有用于战争的手段，那么每次战争将是一次决战或者若干个同时进行的决战。一次失败的决战必然减少这些手段，因此，倘若在第一次决战中已经使用了能够使用的全部手段，那么再也无法设想还有第二次决战了。以后继续进行的一切军事行动，实际上都是第一次行动的延续而已。

我们看到，在战争的前期准备中，实际情况就已经代替了纯理念，现实的尺度已经代替了虚幻的假想；所以，交战双方在相互作用下，不会把力量使用到最大极限，而且不会在战争伊始就动用全部力量。

现代战争的较量就其性质和特点来看，也不可能让全部力量同时使用。这些力量包括：军队、国土和盟国。

国土（包括土地和居民）除了是军队的立足之本以外，本身也是在战争中起重要作用的一个因素，当然，这只是指属于战争区域，或者对战区有显著影响的那一部分国土。

另外，同时使用所有的军队是可能的，可是所有的要塞、河流、山脉和居民等等，简而言之，要整个国家同时发挥作用是不现实的，除非这个国家非常小，小到只要爆发战争就会席卷全国。再者，同盟国的协作并不以交战国双方的意志为转移，它们常常很晚才会参战，或者为了恢复失去的势力范围才来加盟，这是由国际关系的性质所决定的。

不能立即投入的这部分力量，有时在全部抵抗力量中的所占比例，比人们一开始时想象的要大得多。所以，在第一次决战中就投入大部分的力量，军队因此受到了严重破坏，气势必然会受到影响，但可以重新恢复。关于这个问题，将来还要详细论述。在此我们只想说明，同时使用所有力量是违反战争原则的。当然，这一点不应该成为不在第一次决战中就加强力量的借口，因为一次失利的决战是谁也不愿意接受的结果。而且，第一次决战不是唯一的一次战役，其规模越大，对以后战役的影响也越大。然而，因为以后还有其他的决战，所以人们不愿过多使用力量，在第一次决战时不会像对只有一次决战那样集中兵力和使用力量。交战双方的任何一方因为存在某些弱点而没有使用全部力量，对另一方来讲，就成为了能够令其缓和的真正的客观依据。通过这样的比较权衡，向极端发展的趋向又缓和到按一定限度使用力量的程度。

9. 战争的结局不是绝对的

最后，整场战争的最终结局，并不永远是绝对的，战败国往往将失败看成是在未来的国际政治关系中还能够得到补救的、暂时的不幸。显然，这种结果一定会极大地缓和相互对立的紧张程度和力量使用的激烈程度。

10. 现实中的盖然性代替了概念中的极端与绝对

据上所述，整场战争过程逐渐摆脱了力量的使用总是向极端发展的严格法则。既然不再担忧对方追求极端，自己也不再追求极端，那么也就没有必要最大限度地使用力量，可以通过谈判来决定使用力量的多少，当然，其依据只能是对实际情况的了解，以及其他现象所提供的材料和盖然性的规律来确定。既然交战双方不再是抽象的概念，而是具体的国家和政府；既然战争不再是看不见、摸不着的抽象的东西，而是一个特殊的行动过程，人们就自然可以根据实际所掌握的资料，从而判断出那些应该知道而尚未知道的将要发生的事情。

交战双方的任何一方都能够根据对方的特点、组织、设施、状况以及各种关系，按盖然性的规律推断出对方将要采取的行动，从而制定自己的行动方案。

11. 战争的政治目的

前面我们曾提到战争的政治目的，现在需要进一步加以研究了。前面讲述的趋向极端的法则，使对方丧失抵抗能力，以彻底打败对方为目标，一直掩盖着战争的政治目的。现在，当趋向极端的法则的作用逐渐削弱，战争的政治目的就显露出来了。既然这里思考的是如何按照具体的人和具体的条件进行盖然性的估算，那么作为战争最初动机的政治目的也就必然在估算中成为十分重要的因素。首先，要求敌方付出的牺牲越小，可能遭到的敌方的反抗就越弱。敌方的反抗越弱，需要动用的兵力就越小。其次，政治目的越小，对其重视程度就越小，就越容易放弃它，所以，需要投入力量也就越小。

这样，作为战争最初动机的政治目的，就成为衡量战争行为应达到某种目标的标准，同时也成为衡量应投入多少力量的尺度。然而政治目的不是孤立存在的，它一定要同交战双方的国情联系起来，才能变成政治目的的尺度，所以我们研究的是客观实际，不是纯粹的概念。同一政治目的在不同的民族中，甚至在同一民族的不同时期，会产生完全不同的作用。因此，只有当我们认为政治目的能够对其受影响的群众发生作用时，我们才能把它作为一种尺度，这就是为什么要考虑群众情况的原因。同一政治目的所起作用的结果也许是完全不一样的，这要看群众对战争是拥护还是反对，这一点不难理解。在两个民族或两个国家之间也许存在着很紧张的局面，聚积着很强烈的敌对情绪，以至于战争的政治动机本身很小，但是却产生了远远超过其本来应起的作用，从而引起战争的爆发。

上述这一点不仅是对政治目的在双方国家中可以争取力量的多少而言，同时也是对政治目的应该为战争行为规定何种目标而言的。有时政治目的本身就是战争行为的目标，比如占领某一地区；相反，有些时候政治目的本身不适于直接作为战争行为的目标，这时就需要寻找另外一个目标作为政治目的的对等物，并在媾和时代替代政治目的。即使在这种情况下，也始终要首先考虑相关国家的特点。有时，当政治目的有必要通过对等物来实现时，这个对等物就要比政治目的大得多。群众的情绪越冷漠，国内的气氛和两国的关系越平静，政治目的作为尺度的作用也就越明显，有时甚至起着决定性作用，在某些场合，差不多只根据政治目的决定问题。

假如战争行为的目标是政治目的的对等物，那么战争行为往往趋向缓和，同时政治目的作为尺度的作用也越显著，事实就是如此。这证明了为什么从歼灭战到单纯的武装监视，存在着激烈程度不同的各种战争，这里面并没有任何矛盾。然而，又产生了另外一个问题，需要我们加以解释和说明。

12. 军事行动中为什么会有间歇

不论交战双方的政治要求多么低，不论使用的手段多么少，不论政治要求为战争行为规定的目标多么小，军事行动会有片刻的间歇吗？这是有关战争本质的问题，也是需要深入探讨的问题。

完成任何一件事情都需要一定的时间，我们把这段时间称为行动的持续时间。这段时间的长短取决于当事人动作的快慢。

在此我们不想讨论动作的快慢问题。每个人都是按自己的方式行事的，办事缓慢的人并不是有意延长时间，而是因为性格的缘故需要较多的时间，倘若动作快了，他就会把事情办得差些。所以多用的这一段时间是内部原因决定的，本来就是行动持续时间的一部分。

假如我们认为战争中的每一次行动都有它的持续时间，那么，我们就要承认，持续时间以外所用的任何时间，即军事行动中的片刻间歇，似乎都是不可想象的。现在我们谈的不是交战双方的这一方或那一方的进展问题，而是整个军事行动的进展问题。

13. 只有一个理由能使军事行动停顿，而且它永远只能掌握在一方手中

既然双方已经做好开战准备，那么必然有一个因素在促使他们采取这样的行动。只要双方没有放弃武力，就说明还没有媾和，敌对因素依然存在；只有当交战双方都希望出现讲和的有利时机时，这个敌对因素的作用才有可能中止。初看起来，似乎只有一方在等待有利时机的出现，另一方却恰恰相反。倘若等待对一方有利，那么对另一方有利的只能是行动。

即使双方实力完全一样也不会产生间歇，因为，这时抱有积极目的的进攻者一定会继续进攻。

假如我们设想的形势是一方有积极的目的，即较强的动机，但掌握的实力较小；而另一方拥有的实力较强，但目的性较弱，也就是说双方力量与动机的乘积是相等的，因此必须指出：倘若设想的这种均势不发生变化，双方就一定会媾和；倘若预料有变，这种变化只对一方有利，必然会促使另一方采取行动。由此可知，均势这个概念并不能解释产生间歇的原因，归根到底，问题的关键仍然是等待较有利的时机。假定两个国家中有

一个国家抱有明确的目标，比如想占领另一个国家的某一地区作为谈判时的资本，那么，当它占领了这个地区时，就达到了它的政治目的，军事行动就没有继续的必要而可以停止下来了；另一个国家倘若接受这种结果，就会赞同媾和，反之，战争就有爆发的可能。假如它认为还需要四个星期才能做好准备，那么它就会寻找各种理由推迟战争爆发的时间。

从逻辑上讲，这时实力较强的一方似乎应该立即采取行动，使实力较弱的一方没有充分的时间进行战前准备。当然，这里必须有一个前提，即双方对彼此的情况了如指掌。

14. 军事行动出现连续性，使一切又趋向极端

假如军事行动确实有某种连续性，那么这种连续性会把战事一步步推向极端，因为不间断的行动可以使人的情绪更加激动，使战事愈演愈烈。不仅如此，这种行动的连续性还会使每一次行动衔接得更紧，使它们之间的因果关系更为密切，因此，行动的结果就可能演变为更加危险的因素。

我们知道，军事行动很少或者从来没有过这样的连续性。在诸多战争中，军事战斗的时间往往只占全部战争时间的一小部分，其余时间都是间歇。这不属于反常现象，军事行动中很可能出现间歇，这里面并不矛盾。现在我们就来讨论一下间歇以及产生间歇的原因。

15. 两极性原理

当我们把一方统帅的利害看成是和另一方统帅的利害正好相对立的时候，我们也就承认了事物的两极性。我们准备在后面专门用一章来详细谈谈这个原理，但在这里需要作如下的说明：

两极性原理只适用于正负刚好能抵消的同一事物。在一次战役中，交战双方都想取得胜利，这是真正的两极性，因为一方的胜利必然否定另一方的胜利。但是，假如我们讲的是具有外在共同关系的两种不同事物，那么两极性就不会存在于这两种事物本身，而是存在于它们的关系中。

16. 进攻和防御属于不同的作战形式，其强弱程度不是相等的，所以两极性原理不适用于它们

假如只存在一种作战形式，即只存在进攻不存在防御，换言之，进攻和防御的区别只在于动机不一样，进攻的一方抱有积极的目的，防御的一方则处于被动地位，没有什么明确的目标，但斗争的形式对双方来讲始终是相同的，即战争。作战中，对一方有利的恰好是对另一方不利的，有利的和不利的正好相抵消，这就是我们所讲的事物的两极性。

军事活动分为进攻和防御两种形式，以后我们还要详细阐述，进攻和防御是不同的，其强弱也是不相等的。所以，两极性不存在于进攻和防御本身，只存在于二者的关系中，即战争的过程。假如一方的指挥官愿意推迟决战的时间，那么另一方的指挥官就一定希望早日决战，当然这只是就同一作战形式而言。倘若甲方不是现在而是四个星期以后再进攻乙方才有利，那么乙方就不是四个星期以后而是现在就受到甲方的进攻才有利，这就是直接的对立。但不能因此说，乙方马上进攻甲方就有利，这完全是两回事。

17. 两极性的作用常常因为防御强于进攻而消失，因此军事行动中会出现间歇

倘若防御比进攻强而有力，那么我们就要考虑，迟决战对甲方有利的程度是否像防御对乙方有利的程度那样大，假如没有则前者也就不能用它的对立物来抵消后者，因此也就不可能促进军事行动的进一步发展。可见，利害关系的两极性所具有的推动力，会由于防御和进攻有强弱的差异而消失，直至不发生任何作用。

所以说，倘若目前形势对一方有利，但其力量太弱，不能放弃防御，那么就只有等待不利的将来，因为未来进行的防御，比现在进攻或媾和也许更有利。根据我们的推论，防御的优越性大于进攻的优越性（应该正确

理解），而且比人们想象得大得多，因此，从这一点也表明战争中大多数间歇产生的原因正是由于进攻与防御双方力量不均造成的。行动的动机越弱，它就越被防御和进攻的这种差异所掩盖、抵消，其军事行动的间歇也就越频繁。事实也证明了这一点。

18. 对情况不完全了解

另外一个能够使军事行动停顿的因素，就是对情况不完全了解。任何一个统帅能够确切了解自己一方的情况，但对对方的情况只能依据不确切的情报来知晓。所以，他在判断上可能产生失误，从而把自己应该采取行动的时机误认为是对方应该采取行动的时机。当然，不能确切掌握对方的情况，就有可能延误战机，使人在应该行动的时候没有行动，在应该按兵不动的时候却采取了行动，所以，推迟军事行动的可能性并不大于加速军事行动的可能性。可是，我们还是要把它当作可以使军事行动停顿的自然原因之一，这与其他说法并不矛盾。假如我们考虑到人们常常容易过高估计、而不是过低估计对手的实力（这是人之常情），那么就会赞成这样的观点：对对方的情况了解得不十分清楚，一般说来，就会在很大程度上阻碍军事行动的进程，从而使它趋向缓和。

出现间歇的可能性使军事行动向缓和方向发展，因为间歇可以使军事行动的时间后延，同时减弱军事行动的激烈程度，推迟了战争的爆发，增加了恢复失去的均势的可能性。战争爆发之前的局势越紧张，双方激战的程度就越激烈，间歇就越短，反之，间歇就会延长。人的目标越高，动力越大，意志力也就越强，我们知道，意志力在任何情况下都是构成力量乘积的一个因数。

19. 军事行动中经常发生的间歇使战争进一步脱离绝对性，更具有盖然性

军事行动进行得越慢，间歇的次数就越频繁，时间越长，其错误就越

容易得到及时的更正，所以指挥官设想越大胆，越不趋向极端，越会把所有事物建筑在盖然性的估算和推测上。各个具体情况本来就要求人们按照所掌握的已知条件进行盖然性的估算，军事行动的进程较缓慢，就为这种估算提供了必要的时间。

20. 只要再加上偶然性，战争就变成了一场赌博，而战争中的偶然性时刻都存在着

综上所述，战争的客观性使战争成为一种盖然性的估算。如果再加上偶然性这个要素，战争就演变为一场赌博，而战争中确实存在某些偶然性的因素。在人类的社会活动中，再没有像战争这样经常而又普遍地同偶然性发生关联的活动了。而且，随着偶然性而来的机遇以及随机遇而来的意外收获，在战争中同样占有重要的位置。

21. 战争无论就其客观性质来讲还是就其主观性质来看，都如同一场赌博

假如我们再看一看战争的主观性质，即战争所必需的那些条件，那么我们必然会得出这样一个结论：战争酷似赌博。军事战争离不开危险，那么在危险中最难得的精神力量是什么呢？是勇气！尽管勇气和智慧可以同时并存且不互相排斥，但它们毕竟存在区别，它们是两种不同的精神力量。冒险、自信、无所畏惧等等，不过是勇气的外在表现而已，它们都在寻找机会，因为要表现这些形式，机遇是不可缺少的。

由上述可知，在军事领域中，数学上所谓的绝对值问题根本就没有存在的基础，在军事战争里只有各种可能性、盖然性、幸运和不幸的活动，它们像经纬线一样纵横交织在战争中，使战争在人类社会的各种活动中最近似于赌博。

22. 一般而言，这一点也许最适合人的感情

尽管人的理智喜欢追求明确和肯定，但是人的感情却常常向往不肯定。人的感情不愿追随理智沿着哲学探索和逻辑推理的狭窄小道走下去，因为顺着这条小路，人们会不知不觉地进入自己陌生的境界，原来所熟悉的一切变得模糊而遥远，这种现象引诱人们宁愿和想象力一起逗留在偶然性和幸运的王国里。在此，它不受必然性的约束，只沉浸在无穷无尽的可能性中。在可能性的引诱和激励下，"勇气"如虎添翼，就像一个勇敢的跳水者跳入激流一样，毅然决然地投入冒险和危险中。

在这样的情况下，理论怎么可以不顾及人的感情而一味强调绝对的结论和规则呢？假如是这样的理论，那它对现实生活来说就毫无用处了。理论如果考虑到人的感情的话，应该让勇气、大胆，甚至蛮干得到相应的位置。军事艺术是同随时变化的对象和精神力量周旋的，所以，无论在什么地方都不能达到绝对和肯定。偶然性活动的天地在战争中随处可见，不论事情的大小，它活动的范围都一样广阔。既然有了偶然性，那就必须通过勇气与自信心来利用它。勇气与自信心越强，相应地偶然性发挥的作用就越大。因此，勇气和自信心是战争中至关重要的因素，理论确定的规则，应该以不同的形式自由充分地发挥出这些不可缺少的最珍贵的武德。然而，在冒险中也有一定的机智和谨慎存在，不过要用其他标准来衡量它们。

23. 战争为了实现其特有的目的而采取的严肃手段，进一步证实战争是什么

战争中指挥作战的统帅和指导作战的理论都如上所述。然而，战争不是游戏，也不是冒险家和嗜赌者的单纯的娱乐，更不是心血来潮的产物，它是战争为了实现其特有的目的而采取的严肃手段。战争表现出的一切，如善变、激情、勇气、幻想和热情的起伏，都不过是这种手段的特色而已。

在某种政治形势影响下产生的社会共同体（整个民族）的战争，特别

是文明民族的战争，总是因为某种政治目的引起的。所以，战争是一种政治行为。假如战争真的是按纯概念推断的那样，是一种完善的、不受约束的行为，只有表现绝对的暴力时，它才会因为政治而被引起，就像是完全独立于政治以外的东西而替代政治，才会排斥政治而只服从自身的规律，犹如一包点着了导火索的炸药，只能在预先规定的地方引爆，不可能再有其他改变。如今，每当军事与政治之间不能达成一致意见，而引起理论上的分歧时，人们自然而然就会想到这一点。然而事实并非这么简单，可以说这种看法根本是错误的。我们看到，现实世界的战争绝不是单纯的极端行为，不是通过一次爆炸就能消除的。战争是一些发展方式和发展程度不尽相同的力量的活动，这些力量时强时弱，强的时候足以克服惰性和摩擦产生的阻力，弱的时候又不起任何作用。所以，战争就像是暴力的脉冲，时急时缓，时快时慢地缓解紧张和消耗能量。换言之，这既要迅速地达到目标，有时又要缓慢地达到目标；但是在这两种情况下，战争都有一段持续时间，能够使自己接受外部的影响，做这样或那样的调整，简单地讲，战争依然要受主宰战争的意志的支配。既然我们认为战争的起因源于政治目的，那么，这个引发战争的原始动机在指导战争时应该首先受到高度的重视。这不意味着政治目的可以决定战争中的一切问题，随着军事行动计划的改变，政治目的本身常常也会随之有较大的调整，尽管如此，政治目的仍然是首先加以考虑的问题。所以说，政治贯穿于战争的始终，在战争中起作用的各种力量在其所允许的范围内不断地对战争的进程产生影响。

24. 战争是政治通过另一种手段的再现

战争不仅是一种政治行为，更是一种真正的政治工具，是政治交往的延续，是通过另一种手段实现的政治交往。倘若说战争有特殊的地方，那就在于它手段的特殊性。军事艺术往往在大的前提下要求政治方针和政治意图不与战争这一手段发生冲突，统帅在其他具体场合也是这样要求的，而且这样的要求是十分必要的。当然，无论这样的要求在某种情况下能对政治意图产生多大的影响，我们只能把它看作是对政治意图的修改或补充而已，因为政治意图是目的，战争只是手段，没有目的的手段是难以想象的。

25. 战争的多样性

战争的动机越大、目标越高，战争与整个国家存亡的关系就越大，战前的局势就越紧张，战争就越接近它的抽象形态，这一切都是为了打败对手，政治目的和战争目标就越趋于一致，二者完全相同的时候战争就越是纯军事的，政治目的便被掩盖了。反之，战争的动机越弱，局势越不紧张，政治制定的方向与战争要素（即暴力）的自然趋向就越远，战争离开它的自然趋向就越远，政治目的同抽象战争的目标之间的差异就越大，战争看来就越从属于政治。

这里，为了避免读者误解，我们必须说明，战争的自然趋向仅指哲学的、纯粹逻辑的趋向，而不是指实际发生冲突的各方面力量（例如作战双方的各种情绪和激情等）的趋向。当然，情绪和激情在有些情况下也会被激发得很高，甚至难以把它维持在政治所规定的范围内。但是在大部分情况下是不会发生这样的冲突的，因为，有了这样强烈的情绪和高昂的激情，就必然会有一个相应的庞大计划。假如计划追求的目标不大，那么人们的情绪也就会相应较低，甚至需要加以激发，而不是加以限制。

26. 所有战争都可看作是政治行为

现在我们再回来谈一谈主要问题。倘若政治真的在某种战争中似乎消失得无影无踪，而在另一种战争中却表现得很突出，我们仍然可以毫不犹豫地说，前一种战争和后一种战争同样都是政治的。假如一个国家的政治可以比作一个人的大脑，那么，发生前一种战争的各种条件肯定包括在政治要考虑的范畴之内。只有不把政治理解为全面的智慧，而是按照习惯的概念将其理解为一种避免使用暴力的、审慎的、狡猾的，甚至阴险的计谋，才能够说后一种战争较前一种战争更为政治化。

27. 怎样理解战史和建立理论基础

第一，在任何情况下，我们都不能把战争看作是孤立的军事行为，而应该把它看作是一种政治工具，只有持这种观点，才有可能不至于和全部战史发生矛盾，才有可能对它有更进一步的理解；第二，正是这种观点告诉我们，因为战争的动机，战争的目的和战争的产生条件各不相同，战争的过程与结果必然也是不相同的。

所以，政治家和军事统帅首先应该做出的最重大和最有决定意义的判断，应该是根据这种观点正确、全面地了解他所发动的战争，而不应该把不符合当时情况的战争看作是他应该发动的战争，也不应该想使没有爆发的战争，成为真正的战争。这是所有战略问题中最重要、涉及范围最广的问题，我们在后面论述战争计划时将进一步加以研究。

有关什么是战争这一问题，我们就研究到此；这样，我们就明确了研究战争以及战争理论所必须依据的主要论点。

28. 理论上的结论

战争的过程是瞬息万变的，其性质在不同的具体情况下或多或少都会有所变化，透过战争的现象就其大致趋向来看，战争还可以说是一个奇怪的三位一体，它包括三个方面的内容：第一，战争要素故有的惨烈性，即仇恨感和敌忾心，这些可以看作是盲目的自然冲动；第二，战争是一种盖然性和偶然性的活动，这两种特性又使战争成为一种自由的精神活动；第三，战争作为政治工具的从属性，战争又可以当作纯粹的理智行为。

上述三个方面中，第一个方面主要同广大的人民群众有关；第二个方面主要同军事统帅与其所领导的军队士兵有关；第三个方面主要同政府及政府官员有关。人民群众心中潜在的激情，在战争中得到充分的宣泄；在盖然性和偶然性的王国里，勇气和才智发挥作用的大小往往取决于统帅和军队的特点；而政治目的则纯粹是政府的事情。

这三种趋向像有着不同的规律，隐藏于战争性质之中，同时又起着不同的作用。任何一种理论，只要无视其中的一种，或者随意确定三者之间的关系，就会立即与现实发生矛盾，直至失去任何意义。

所以，我们的责任就是使理论在这三种倾向之间保持平衡，犹如在三个引力点之间找到一个平衡的支点。

至于用什么方法才能更好地完成这项艰巨的任务，我们准备在《战争理论》一章里研究。但无论怎样，这里所确立的关于战争的概念，毕竟是投射到我们的战争理论基础上的第一道曙光，它首先帮助我们区分大量的表面现象，使我们能够辨别它们。

第2节　战争的目的和手段

在前一节我们了解了战争复杂多变的性质，本章就来研究战争的性质对战争的目的和战争的手段产生哪些影响。

首先提一个问题，整场战争追求什么样的目标才会成为实现政治目的的工具呢？我们发现，战争的目标就像战争的政治目的和战争的具体条件一样，是不断变化的。

假如从战争的纯概念讲起，那么必须承认，战争的政治目的本来并不包括在战争范畴内。由于战争是迫使对方服从另一方意志的一种暴力行为，其所追求的始终是，而且只能是打败对方，使对方无力抵抗。尽管打败对方的这个目的是从概念中推理出来的，但在现实中人们在很多场合所追求的目的同它相似，所以我们准备先就现实中消灭敌人的这个目的进行探讨。

在这里先要弄清楚敌人的军队、国土和意志三个要素，它们是可以概括其他一切方面的总的对象。

第一，敌人的军队必须消灭，也就是说，一定要使敌军沦为不能继续作战的境地。顺便解释一下，在后面提到的"消灭敌军"，指的都是这个意思。

第二，必须占领敌人的国土，否则敌人仍然会在那里组织建立新的军队。

第三，即使上述两点都做到了，但敌人的意志还没有被打垮，也就是说敌国政府及其盟国还没有在合约上签字，或者敌国人民还没有屈服，我们就不能认为，战争已经结束，即敌对的紧张状态和敌对力量的活动已经结束。因为，即使我们完全占领了敌方全部的国土，敌人在其国内或在盟国支持下仍有可能重新起来抵抗。当然，这种情况就是在合约签订以后仍有发生的可能（这也说明并不是一次战役就能彻底解决问题和了结事端的）；然而，随着合约的签订，许多可能在暗中继续燃烧的火星就会熄灭，紧张气氛日益缓和，因为所有向往和平的人会彻底打消抵抗的念头，这样的人在任何国家中，任何情况下都是占大多数的。因此，无论如何我们都应该承认，随着合约的签订，目的就算达到了，战争也就随之结束了。

上述三个要素中，军队的任务是保卫国土，因此按自然的顺序应该首先消灭敌方的军队，然后再夺取敌方的国土，通过这两方面的胜利以及我们当时所处的优势状态，才有可能迫使敌方媾和。通常，打败敌方军队是一步一步实现的，随之而来的夺取敌方国土也同样是一步一步实现的。这两者常常互相影响，因为国土的丧失会使军队的力量削弱。但是上述顺序不是绝对和一成不变的。有时敌方的军队也许并没有受到明显的削弱，就已经退却到国土的另一边，甚至完全放弃本国国土退到国外。在这种情况下，就能够轻易占领大部分敌方国土，甚至全部国土。

另外，要使敌人无法抵抗这个抽象的战争目的，即实现政治目的，包括使用其他一切方法的最终手段，在现实中不是处处都有其地位并满足媾和的必要条件，因而，在理论上不能把它作为一个法则。事实上，在一些合约缔结的时候，交战一方并非陷入无力抵抗的境地，有时甚至连均势都没有遭到明显的破坏。不仅如此，我们只要作一下观察就知道，在某些情况下，尤其是当敌方比自己强大得多的时候，消灭敌人只是一种毫无意义的概念游戏。

由于抽象战争和现实战争是不同的，所以从战争概念中推导出来的目的不能普遍适用于现实战争，这一点我们在前一节已作过论述。假若战争真的像纯概念定义的那样，那么力量相差悬殊的国家之间发生战争就不符合推理，因而也就不可能爆发战争了，因为在纯概念中，只有双方物质力量的差距不超过精神力量所能补偿的程度时，才有可能发生战争。欧洲目前的社会状态，精神力量所能补偿的物质力量的差距是有限的。所以，我们看到力量相差悬殊的国家之间爆发战争，往往是因为现实战争同它的原始概念相距甚远。

在战争中，除了一方丧失抵抗能力之外，还有另外两种情况可能促使媾和。一是双方完全获胜的可能性不大；二是为了获胜付出的代价过高。

在前一节我们已经谈过，整场战争不一定受严格的内在必然性规律的支配，战争过程往往受盖然性估算的影响，而且产生战争的条件也使战争适于盖然性的估算，产生战争的动机越弱，局势越不紧张，情况就越是这样。既然如此，就不难理解盖然性的计算为什么会使人们萌发媾和的想法了。所以说，战争并不一定非要等一方打败另一方才宣告结束。我们可以设想一下，在战争动机很弱、局势不是很紧张的情形下，即使非常微小的、几乎看不出的可能也可以使不利的一方做出让步。假如另一方事先已经预见到这一点，那么他就会努力去实现这种可能，避免发生战争，而不会首先去选择并走上彻底打败对方这条弯路了。

对已经消耗的力量和即将消耗的力量的顾虑，势必大大影响是否媾和的决心，战争不是一时冲动采取的盲目行动，而是受政治目的支配的有明确目标的行为，政治目的的价值决定着军事行动需要付出多大的代价。这里所说的代价意味着牺牲，不仅是指牺牲的规模大小，而且还包括承受牺牲的时间长短。因此，当军事力量的消耗过大，超过了政治目的实现后的价值时，人们就必然会考虑是否放弃政治目的而媾和，以避免更大的损失。

可见，当一方不能使另一方彻底放弃抵抗的战争中，双方是否愿意媾和，将随获胜可能性的大小和需要消耗力量的多少而变化。假如双方都希望媾和，其政治分歧就会得到折中的解决，共同达成一种妥协。当一方希望媾和的愿望较急切，另一方媾和的愿望相对就会弱一些，只有双方希望媾和的想法合在一起并且达到一定的程度，媾和才会成为可能。在这种情况下，原来媾和想法较少的一方当然比较有利。

我们在此有意不讨论政治目的的积极作用或消极作用在军事行动中所引起的差异；尽管这种差异有时起着十分重要的作用，但是在这里我们只作一般的论述，后面章节再详细阐述。因为最初的政治意图随着战争过程的演变可能会有很大的变化，最后甚至可能变得完全不同，这是因为政治意图同时还受到已取得的结果和可能取得的结果的影响。

那么如何才能增大获胜的可能性呢？首先，自然是使用打败敌人时通常使用的方法，即彻底消灭对方军队并占领对方国土。然而这两种方法用于增大夺取胜利的可能性和用于打败敌人时是不完全相同的。当我们向敌方军队发动进攻时，是想在第一次打击之后继续对敌人进行一系列打击，直到把敌军干净彻底地消灭，还是只想依靠第一次胜利以威慑敌人，使敌方觉得我们已占据优势而对未来感到吉凶难测，这两者之间产生的结果是完全不一样的。假如我们的目的是后者，那么只需要消灭能够达到这一目的的敌军数量就够了。换言之，当目的不是打败对方时，采取占领敌人国土的方法作为另一种手段也是有区别的。在以打败敌人为目的的前提下，消灭敌军才是最有效的行动，而夺取对方阵地不过是消灭敌军后的战果，没有消灭敌方军队就占领了敌人阵地，只能被看作是迫不得已的下策。与此相反，假如我们的目的不是打败敌军，同时确信对方并不希望流血决战，而且惧怕流血决战，那么，占领对方防御环节薄弱的或根本没有防御的地区，这件事本身就能带来利益。倘若这种利益很大，甚至达到令对方对战争的结局担忧，那么占领对方地区则不失为一种达到媾和的捷径。

现在我们还要提出一种不必打败敌人就能增大获胜可能性的特殊方法，这就是同政治有直接利害关系的措施。既然有些措施非常适于破坏敌人的同盟或使同盟不再起任何作用，而且能够为自己争取新的盟国，从而展开有利的政治活动，那么不难理解，这些措施必然会大大增加获胜的百分比，这是比打败敌人实现自己的目的更为简便的一种方法。

第二个问题是采取什么方法才能更多地消耗敌方的力量，让敌人付出更高的代价。

敌人力量的损耗包括军队的消耗和土地的丢失，即军队被我们消灭和地区被我们占领。

同是消灭敌方军队、占领敌方土地，它们在以增大敌人消耗为目的的场合的作用，与达到其他目的的场合的作用是不相同的，这一点只要仔细研究就会明白。这种区别在大多数场合下也许是很小的，但是我们不要因此而被迷惑，因为当现实中的动机十分微弱的时候，即使最微小的差异也常常会对使用力量的方式起着决定性的作用。这里，我们只想说明，在一定条件下，用其他方法同样可以实现自己的目标，不必非要发生战争，这既不矛盾，也不会不合情理，更不会是什么错误。

除了上面讲到的两种方法以外，还有其他三种能够直接增大敌人力量损耗的特殊方法。第一种方法就是入侵，即夺取敌方的某个地区，其目的不是想占领它，而只是要在这里索要军税，乃至加以破坏。此时，入侵的直接目的既不是为了占领对方的土地，也不是为了打败对方的军队，而仅仅是使敌人遭受某些损失。第二种方法是：我们的行动目的主要是放在增大敌人损失的目标上。不难想象，军队职能的用法有两种，一是能够打败敌人时直接军事打击比较有效，另一种是不能打败敌人或不必完全打垮敌人时政治攻势比较有利。按习惯的说法，前者更多是军事行动，后者更多是政治活动。但从最高的目标来看，两者同样都是军事的，而且只要与当时的条件相适应，哪种方法都是合适的。第三种方法是疲惫战术，就应用范围来讲它是最广泛的，也是最重要的一种方法。我们使用"疲惫"这个词儿，不仅因为它能够形象地表达这种方法的特征，而且因为它还可以确切地说明这种方法的本质。在作战中，"疲惫"这个词的含义应该是：通过运用持久战逐渐消耗敌人的物质力量和消磨敌人的意志。

假如我们希望通过持久战来打败敌人，那么，我们就只能满足于小的目标利益，因为实现较大的目标要比达到较小的目标消耗更多的力量。我们可以为自己规定最小的目标就是单纯抵抗，即没有任何积极意图的作战。在这种情形下，我们采用的手段相对地就会发挥出最大的作用，取得的结果也最有把握。然而这种消极性有没有限度呢？单纯的抵抗不能发展为绝对的被动，因为纯粹的忍让就不是作战了。抵抗也是一种军事活动，通过它可以消耗敌人许多力量，这种消耗达到一定程度，进攻者就会不得不放弃自己的原始意图。这就是在单纯抵抗行动中我们需要达到的目的，我们意图的消极性质就表现在此。

当然，消极意图在个体行动中所产生的效果要比积极意图在相同情况下所产生的效果差一些（假如积极意图能够实现的话），然而，二者之间的差别恰恰在于前者比后者容易实现，即把握较大。消极意图在个体行动中效果较差这一缺陷，只有用时间，即通过延长战争的时间来加以弥补。因此，以消极意图为基础的单纯抵抗，是通过持久战的方法来打败敌人的自然手段。

在整个战争领域中随处可见进攻和防御的差别，其原因就在于此。这里，我们还不能深入研究这个问题，只简单说明一下：消极意图本身就提供了一切有利条件和较强的作战形式，以实现这种意图，在胜利的大小和获胜的把握之间，哲学的力学定律就体现在这种意图里。这些问题我们后面还要做进一步研究。

假如消极意图，即集中一切力量进行单纯抵抗，可以争取到有利的斗争条件，并且这种优越性大到能够抵消敌人原来占有的优势，那么只要通过持久战，就可以使敌人力量的消耗逐渐增加，以至于他们的政治目的实现了，也抵不上因此所付出的代价，这样就迫使敌方不得不放弃原来的政治目的。可见，这种"疲惫"方法是弱者抵御强者时大多会采用的办法。

在七年战争中，腓特烈大帝本来是不能战胜奥地利帝国的，假如他像查理十二那样行事，一定会兵败如山。然而他天才地合理巧妙地使用了兵力，使联合起来与他为敌的列强，在七年中看到自己力量的消耗大大超过当初想象的程度，万般无奈只好同他媾和。

综上所述，在战争中达到目标的方法很多，并不是在任何情况下都只限于打败敌人。既可以直接消灭敌方军队、占领敌方地区，也可以采取单纯占据敌方地区、单纯入侵敌方地区，甚至还可以采用直接同政治相关的措施或单纯等待敌人进攻的方法等等，每一种方法都可以用来挫伤敌人的意志，但选择哪种方法比较有效，则要根据当时的具体情况来决定。另外，我们还可以举出很多达到目标的捷径，这些我们统称为因人而异法。在人类交往的每一个领域中，无不迸发着超越一切利益关系的个人特点的火花。在战争中，个人的性格特征无论在政府中还是在战场上都起着非常重要的作用，这种生命的火花无处不在。这里我们只想说明存在着的这些方法，要想把它们分类，那简直是书呆子的做法。由于每个人的特点不同，因此，可以说个人用来达到目标的方法也是不同的，甚至可以说是无穷无尽的。

为了不至于把这些能达到目标的捷径估计得过低，既不能把它们作为少见的例外，又不能忽视它们对战争的影响，我们必须看到，引起战争的政治目的是多种多样的，争取国家生死存亡的殊死战争，同由于被迫结成的同盟或行将瓦解的同盟而勉强履行义务的战争之间，是有很大区别的。在现实世界中，上述两种战争之间还存在着许多类型的战争。假如我们有权在理论上否定其中的某一种，那么就有权把它们全部否定，这种做法就完全无视现实世界了。

以上我们论述了在战争中人们追求的目标，下面我们来谈一谈手段问题。

手段是唯一的，即斗争。不论斗争的形式有多少种，不论斗争同野蛮粗暴地宣泄仇恨的搏斗多么不同，也不论在斗争中夹杂着多少不应该算是斗争范围内的活动，战争中所产生的一切效果都必然来自斗争，这点是战争这个概念所固有的。

就是在极为错综复杂的现实中，也是永远如此，这点非常容易证明。战争中发生的一切都是通过军事行动表现出来的。哪里有军队，哪里有使用武器的人们，哪里就必然有斗争。

因此，与军队相关的一切，即同军队的组建、维持和使用有关的一切，都属于军事活动的范畴。

军队的建立和维持只是手段，军队的使用才是目的。

战争中所说的斗争不是个人之间的矛盾，而是由若干部分组成的整体。我们可以按照两种标准来区分这个巨大整体中的各个部分，一种按主体区分，一种按客体区分。在军队中常常是把一定数量的士兵编成单位，一定数量的单位又构成高一级组织。所以，这些组织中的任何一个单位的斗争就构成一个或多或少能够区别开来的斗争单位。此外，按照斗争的目的，即斗争的对象，又可以把斗争分成单位。

我们把斗争中能够相互区分开来的每一部分叫作一个战斗。

如果说军队的使用是以斗争这一概念为基础的，那么军队的使用就是若干次战斗的决定和部署。

所有军事活动都直接地或间接地同战斗相关联。士兵应征入伍，穿上军装，拿起武器，接受训练，甚至是睡眠、吃饭、喝水、行军，一切活动的目的都只是为了在适当的地点和适当的时间投入战斗。

既然军事活动的所有线索最终都落在战斗上，那么当我们了解了战斗的部署，也就掌握了军事活动的全部线索。军事活动的效果只能从战争部署和实施战斗中产生，是不可能从部署和实施战斗之前存在的条件中直接判断并产生的。在战斗中，所有目的都是为了消灭敌人，确切地说，是为了使敌人彻底丧失战斗能力，这一点是战斗这个概念所固有的。因此可以说，消灭敌方军队始终是为了实现战斗目标的手段。

战斗的目的或许就是消灭敌方军队，但这并不是绝对的，战斗的目的也可能完全是其他的东西。我们已经指出，打败敌人并不是达到政治目的的唯一手段，其中还有别的东西可以作为战争所追求的目标，那么不言而喻，这些东西就可能成为某些军事行动所追求的目标，从而可能成为整个战斗的目的。

有些战斗作为从属部分，其最终目的是为了打败敌方军队，但并不意味着一定要把消灭敌方军队作为自己的直接目的。

组织一支庞大的军队极为复杂，影响使用军队的因素很多时，军队所进行的斗争过程也是十分复杂的，是由上下从属和相互联系的若干部分组成。各个部分所追求的目标很多，也很复杂，也许这些目的本身不是直接消灭敌方军队，但它们对消灭敌军却能起很大的作用，只不过是间接的罢了。当一个步兵营奉命驱逐某一高地、桥梁或其他地方的敌人时，一般情况下占领这些阵地才是他们的真正目的，而在这些地方消灭敌军不过是一种手段或次要的事情。假如仅仅用佯攻就赶跑了敌人，其目的也就达到了。抢占这个高地或桥梁，一般也是为了更有效地消灭敌方军队。既然在某些战场上是这样，那么在整个战区就更是如此了，整个战区不仅是一支军队与另一支军队在打仗，更是一个国家与另一个国家、一个民族与另一个民族在抗衡。在整个战斗过程中，可能出现的各种关系必然会增多，与之相适应的行动方式也必然会增加，战斗的部署就更是多种多样，由于目的层层从属，最初的手段距离最终的目的也就越来越远了。

由此可见，打败敌方军队，即消灭同我们对峙的那一部分敌军，也许并不是某一次战役的真正目的，只是一种手段罢了。在这种情况下，消灭敌军数量的多少已不是问题的关键，战斗在这里成为了衡量力量的一种尺度，其本身并没有什么价值，只有它的结果，也就是它的结局，才具有价值。

但在双方力量悬殊的情况下，只要估计一下就可以衡量出孰强孰弱。这时战斗就不可能发生，因为，力量较弱的一方会立即做出让步。

战斗的目的并不是消灭参加战斗的敌军士兵，既然不必经过枪林弹雨的战斗，只需部署战斗并通过由此形成的态势，就可以达到战斗的目的。这就足以说明，为什么整个战争中军事活动频繁，而硝烟弥漫的战斗却没有起明显的作用。

战争史中有无数的战例能够说明这一点。至于说在这些战例中有多少采用了这种不流血的方法就达到了目的，以及因此而赢得的声誉有哪些是经得起考验的，这里暂且不谈，因为在此我们只想说明这样不流血的战争过程是可能存在的。

在战争中唯一的手段就是战斗。然而，这种手段的应用却是多种多样的，我们可以按照不同的目的采取不同的用法，如此说来，我们的研究似乎变得毫无意义了。但事实并非如此，因为从这个唯一的手段的研究中可以找出一条线索，这条线索贯穿于整个军事活动的始终，它可以把整个军事活动联系起来。

我们曾把消灭敌军看作是战争中追求的主要目的之一，但是没有谈这个目的同其他目的相比有多大的重要性。其重要性是依据不同的具体情况而决定的。从总的方面来看它具体有多大价值，目前还没有定论。现在我们再回到这个话题上来，探讨一下这个目的到底具有多大的价值。

战斗是战争中唯一有效的军事活动。在战斗中，消灭敌人是实现目的的手段，即使战斗没有实际进行也是如此，因为无论在什么情况下，结局无疑都是以消灭敌方军队为前提的。消灭敌军是一切军事行动的基础，是一切行动最基本的支柱。所有行动都建立在消灭敌军这一基础上，就好比拱门建立在石柱上一样。所以，一切行动的前提是，假如作为行动基础的战斗真的发生的话，它必须是对我方有利。战斗同一切大小军事行动的关系，犹如现金支付同期票交易的关系一样，不论兑现的期限多么长，不论兑现的机会多么少，最终仍然是要兑现的。

战斗是所有行动的基础，由此能够得出结论：敌人通过一次战斗胜利就能够使这些行动中的任何一个失去意义，敌人不仅可以通过一次对我们行动有直接影响的战斗，而且能够通过任何一次有足够重要意义的战斗来实现这一点。因为任何一次重要的战役，即消灭对方的军队，都会影响以前的其他所有战役，所以这些战斗的结果像液体一样，必须保持在一定的水平面上。

消灭敌方军队始终是一种比其他任何手段更为重要、更为有效的手段。

在其他一切条件都相同的情况下，消灭敌方军队无疑具有更大的效果。但是，倘若由此得出结论，盲目的硬干总比谨慎的巧干更好，那是极大的误解。有勇无谋的蛮干，有时不仅消灭不了敌人的军队，反而会使自己的军队受到不必要的损失，这不是我们所说的意思。我们所说的具有更大的效果，并不是就方法而言，而是就目标而言，我们这里只是把达到这一目标所产生的效果，同达到那一目标所产生的效果加以比较。

必须着重指出，当我们讲到消灭敌方军队时，并不仅仅指消灭敌人的物质力量，还包括摧毁敌人的精神力量，这两者是紧密联系地交织在一起，不可分割的。特别是在我们谈到一次大的歼灭性战役，即一次大的胜利对其他战斗必然会产生影响时，应该看到精神因素最富有鼓动性，激励人们战斗下去，某一部分精神力量的丧失极易影响其他方面，与其他各种手段相比较，消灭敌方军队是有较大价值的，但这一手段同时要求人们付出较大的代价，而且其本身还有较大的危险性，人们为了避免这些危险性，所以才采用其他手段。

采用消灭敌军这一手段必然要付出较大的代价，这是不难理解的，因为在其他所有条件都相同的前提下，我们越想消灭敌方军队，自己军队的消耗就会越大。

采取这一手段具有一定危险性，因为我们希望取得较大的效果，所以明知不可为而为之，反而使自己处于较大的不利的位置。

所以，倘若采用其他办法，成功时代价较小，失败时危险也较小。采取这一方法一定要具备一个条件，即这些方法同时被双方所采用，也就是说一厢情愿是不行的。假如对方选择了大规模战斗,那么我们就必须采用同样的方法。这时,一切都取决于这种歼灭性行动的结果。在这种情况下,即使我方的其他一切条件同对方一样,在这次行动中我们仍会处于不利的位置,因为我们的精力和手段已经有一部分用在了其他方面,而敌人的力量却全部用于这次战役。两种不同的目的,假如其中一个不从属于另一个,它们就会互相排斥,用来实现这一目的的力量,不可能同时用来实现另一目的;假如交战的一方决定进行战斗,他又确信对方并不打算战斗,而是在谋求其他手段,那么,他获胜的概率就非常大。任何一方只有了解到对方和自己一样,也不希望进行大规模的战斗时所采取的决定寻求其他手段才是明智的。

我们这里所讲的精力和力量已经用在其他方面,除了指消灭敌方军队之外,在战争中所能追求的其他积极目的上,也不是为了消耗敌人力量而进行的单纯抵抗。单纯抵抗没有积极意图,在单纯抵抗的情况下,其力量只能用来粉碎敌人的意图,并不能产生其他方面的影响。

现在我们研究一下同消灭敌方军队相对的另一面,即保存自己军队。消灭敌方军队和保存自己军队是相辅相成的,它们相互影响,它们是同一意图的不可缺少的两个方面。我们要讨论的,只是当二者中某一方面占据主导地位时,会产生哪些影响。消灭敌方军队的企图具有积极的作用,能产生积极的效果,其结果最终可以导致打败敌人。保存自己军队的企图则具有消极的作用,它能粉碎敌人的意图,导致单纯抵抗,这种抵抗的结果最多只能延长军事行动的时间以消耗敌人的力量罢了。

具有积极目的的战争计划会引起歼灭性行动,具有消极目的的作战计划只有等待歼灭性行动。

至于应该等待和能够等待到什么程度,这又涉及到进攻和防御的本质,这个问题将在研究进攻和防御时作进一步阐述。在此我们只想说,等待不应该成为无限制的忍让,在等待时所采取的行动中,包括消灭正在同我方交战的敌方军队。假如认为消极意图就是只能寻求不流血的斗争方式，就不把消灭敌方军队作为目的，那么，他在根本观念上就大错特错了。虽然，当消极企图占据主导地位时，它会促使人们采用不流血的方式。但是采用不流血的方式也不一定适合，因为适合的标准，是由我们的条件和敌方的条件共同决定的。所以，这种不流血的方法，绝不是迫切希望保存自己军队时的当然手段。假如这种方法使用不当，那么将会使自己的军队遭到灭顶之灾。许多军事统帅犯过这种错误，结果是身败名裂。当消极企图占据主导地位时，它的唯一的作用是推迟双方决战的时间，使人们耐心等待决定性的时刻。消极意图的结果往往是推迟了军事行动的时间，由于时间和空间是有联系的，因此只要条件允许，还有可能变更军事行动的空间。一旦继续拖延时间以致步入非常不利阶段的时候，就必须放弃消极企图，于是，消灭敌军这一原来被扼制，但并没有完全被排斥的企图就出现了。

综上所述，我们可以得出这样的结论：在战争中实现目标，即达到政治目的的手段是多种多样的，但战斗是唯一的手段，所有实现政治目的的方法都要服从用武器解决问题的这个最高法则。假如敌人一定要采取军事行动，我们就只有奉陪到底，别无选择。只有肯定对方不会选择战斗，或者在战斗中对方必定会失败时，我们才可以考虑采用其他方法。总之，在战争追求的目标中，消灭敌方军队永远是最高目标。

至于其他各种方法在战争中会产生哪些效果，我们以后再研究。这里我们只一般地承认，采用其他种种方法不是不可能，因为现实和理念之间存在距离，具体情况的特征各不相同。在这里我们不得不指出，以流血方式解决危机，即打败敌人的军队，这种方式是战争的"长子"。当政治目标小，动机弱，紧张程度不高时，处事谨慎的统帅在战场上和政府中就会巧妙灵活地运用各种方法，避免大的冲突和流血的方式，利用对方自身的弱点来达到媾和的目的。假如他的计划既有充分的依据，又有成功的把握，那我们就没有权利指责他。然而，我们要经常提醒他记住，他走的是曲折的小道，时刻都有遭到战神突然袭击的可能，他必须始终关注敌人的一举一动，以免当敌人操起利剑大动干戈的时候，自己却只能用装饰的佩剑去应战，那就糟了。

关于战争的概念、目的和手段在战争中发挥什么样的作用，战争在现实中如何时远时近地离开其原来的严格概念摇摆不定，同时又像服从最高法则一样永远服从于它。所有这一切结论，我们一定要牢牢记住，在以后研究各个论题时会经常涉及到它们，这样，我们就能正确地理解这些论题之间的关系以及特殊意义，不至于经常与现实发生很大的冲突，更不至于自相矛盾。

第3节　军事天才

从事任何一项专门工作，要想具有非常精深的造诣，需要在智力和感情诸方面均有特殊的禀赋。假如这些禀赋很高，并能通过非凡的成就表现出来，那么就称其为天才。

众所周知，天才这个词的涵义非常广泛，解释也不尽相同，要想就其中某些涵义来阐明它的实质是很困难的。然而，我们既不自诩哲学家，也不自诩语言学家，因此，按照一般习惯来说，应该把天才理解为擅长某种活动的超凡的精神力量。

为了进一步详细地分析这种说法的原因和进一步了解天才这个概念的涵义，我们先简单地谈一谈这种精神力量的作用与价值。这里我们不能只谈那些具有高超的特殊才能而被称为天才的人，即不能只谈广义上的天才，因为对于这一概念至今还没有明确的界定。我们着重探讨的是这些精神力量在军事活动中的各种综合表现，我们可以把这些综合表现看作是军事天才的实质。我们之所以称其为综合表现，而不是单独讨论其中的某一方面，是因为军事天才并不仅仅是同军事活动有关的某一种力量，其表现是多种力量的综合，如勇气、智慧、情感等等，它们在战争中所起的作用不容忽视。军事天才是各种精神力量和谐统一的结合，其中这种或那种力量也许起着主要作用，但是没有任何一种力量是起阻碍作用的。

假如要求每个军官和士兵或多或少都具有一些军事天分，那么我们军队的人数就会大大减少。因为军事天分是指精神力量的一种特殊表现，因此在需要多方面培养精神力量的民族中，军事天才只是极个别现象。一个民族的活动种类越单调，军事活动在这个民族中越可能占据重要地位，出现军事天才的机会就越多。然而，军事天才出现的范围广泛，并不表明天才的质量就高，因为军事天才质量的高低还受到一个民族智力发展的总体水平的制约。我们可以设想一下野蛮好战的民族，其尚武精神在这些民族中较之文明民族普遍得多。在野蛮好战的民族中，差不多每个人都具有尚武精神，而在文明民族中，大多数人当兵打仗是迫不得已，他们内心是极其渴望和平的。然而，在野蛮民族中从来没有出现过一个真正伟大的统帅，能够称之为军事天才的更是非常罕见，因为天才是需要智力水准的，而在野蛮民族中智力是不可能得到这样的发展的。当然文明民族也或多或少存在着好战的倾向，具有好战倾向的人越多，军队中具有尚武精神的人就越多。在这样的民族中，普遍的尚武精神和较高的智力相结合，结果，往往就会创造出最辉煌的战绩，罗马人和法国人就是最好的证明。在这些民族或者曾经以作战闻名于世的其他民族中，最伟大的统帅往往会在文明程度发展至较高时期的国度里出现。

那么，智力在较高的军事天分中究竟起多大的作用呢？现在我们就这个问题来详细地论述一下。

战争处处充满危险，军人首先应该具备的品质就是勇气。

勇气分为两种类型：一种是敢于冒个人危险的勇气，即置个人生死于度外；一种是在外在压力或内心压力面前仍然敢于负责的勇气。在这里要讲的是第一种。

敢于冒个人危险的勇气又有两种：第一种是对危险表现出无所谓的态度，不论天生如此，还是因为不怕死，或是后天养成的习惯，这种勇气在任何情况下都可看作是一种恒态。

第二种是存在积极的动机，如荣誉心、爱国心或其他感情所激发的勇气，在这种情况下，其表现不是一种恒态，而是一种激动的情绪，是一种感情。

上述两种勇气的作用是不一样的。第一种勇气比较稳定可靠，因为它已经成为人的第二天性，永远不会丧失；第二种勇气则通常需要不断地鼓励，激动的情绪时高时低，起伏不定。顽强主要属于第一种勇气的范畴，大胆则主要属于第二种勇气的范畴；第一种勇气能够使理智更加清醒，第二种勇气有时可以提高理智，有时也会使理智昏迷，甚至使理智丧失。二者结合起来，才能成为最完善最有价值的勇气。

战争是充满劳累的领域。要想不被劳累拖垮，就必须要有较好的体力和精神力量（不论是天赋的还是经过锻炼出来的），拥有这样素质的人，再加上健全的智力做引导，它是一种十分得力的作战工具，这种素质在野蛮民族和半开化的民族中是最常见的。假如我们进一步研究战争对军人的种种要求，就会发现智力是非常重要的，因为战争是充满不确定性的领域。战争中具体行动所依据的情况有四分之三似乎是隐藏在云雾里一般，似有似无，或多或少无法确定。所以，军人首先要具有敏锐的智力，以便通过准确而迅速的判断来辨明真相，采取正确的行动。

平庸的智力偶尔也可以辨明真相，非凡的勇气有时也可以弥补失算造成的损失。然而，在大多数情况下，就平均的结果来看，智力不足，或多或少会暴露出一些问题来。

战争处处充满偶然性。人类的任何领域的活动没有像战争那样给偶然性提供如此广阔的活动天地，没有一种活动像战争这样从各个方面与偶然性经常接触。偶然性增加了各种情况的不确定性，并时刻影响事件的进程。

因为各种情报和预计的不可靠性，使偶然性不断出现，指挥官在战争过程中不断发现与原来预期不同的情况，他的作战计划，或者至少同计划有关的一些设想，因此受到影响。假如这种影响很大，就会导致取消既定的作战计划，必须以全新的计划来代替它。这时常常又缺少必要的说明材料，在军事行动过程中大多要求必须立即做出决定，人们根本没有重新了解情况的时间，甚至连仔细思考的时间也没有。通常情况是，我们对某些设想的更改和对已发生的某些意外事件的了解，并不足以使我们完全推翻原来的计划，它的作用只是动摇了我们对原来计划取胜的信心。我们对情况的了解增加了，战事的不确定性也随之增加。由于对这些情况的认识是逐渐得来的，我们的决心也就不断受到新情况的冲击，我们的精神也就常常处于戒备状态。

要想不断地排除意外事件的干扰，必须具备两种特性：一是在茫茫的黑暗中依然能发出内在的微光以照亮真理的智力；二是敢于追随这种微光继续前进的勇气。在法语中前者被形象地称为眼力，后者被叫作果断。

战争中，最引人注目的是战斗，而在战斗中，时间和空间是非常重要的因素，在以速战速决的骑兵为主的时代更是如此。所以，迅速而准确地加以判断，最初来源于对时间和空间这两个因素的预计结果，因而得到了"眼力"这个只表示准确的目测能力的名称。很多军事学家也是以这个局限的涵义给其下定义的。不可否认，在采取行动的瞬间所做出的准确判断，如正确地指明攻击点等，不久也都被视为有"眼力"了。这里，所说的眼力不仅是指视力的好坏，更多的是指洞察力的强弱。这个词和它所表达的内容，多半用于战术，但在战略上也经常需要迅速地做出判断，因此也是不可缺少的。倘若从这一概念中除去由这个名称所带来的过分形象的成分和狭隘的意义，那么它不过是指一种快速辨明真相的能力，并且这种真相不是一般人能够辨别的，它需要经过很长时间的观察和思考。

果断是勇气在具体情况下的一种表现形式，当其成为性格特征时，它又成为了精神上的一种习性。这里所讲的不是敢于冒生命危险的勇气，而是指敢于担负责任的勇气，即敢于面对精神危险的勇气，这种勇气来源于智慧，通常称为智者之勇，但它并不是单纯的智力表现，它还是一种感情的表现。单纯的智力不等于勇气，我们经常看到，一些非常聪明的人办事却并不果断。因此，智力必须首先激起勇气这种感情，以便使智力有所依托和支持，因为在紧要关头，人们受感情的支配比受理智的支配更多些。

我们认为果断的作用，是在条件不充分的情况下，能够尽快消除疑虑的苦恼和迟疑的危险的一种有效方式。当然，按照不严谨的语言习惯，一味的冒险、大胆、无畏、蛮干等也可以叫作果断。然而，倘若一个人有了足够的动机，不论是主观的还是客观的，不论是恰当的还是不恰当的，再采取行动那就没有理由评论他是否果断了。

这里讲的仅仅是动机的强弱问题，不要那样迂腐，由于语言习惯上的某些不一样就争论得没完没了。

这种能够解除疑虑的果断，只有通过智力这种特殊活动才能产生。但是，较高的理解力和必要的感情的简单结合，一般还不能产生果断。某些人尽管有看透最复杂的问题的、非常敏锐的洞察力，而且也不缺乏承受重任的勇气，可是在很多困难的场合仍不能当机立断做出决定。他们的勇气与他们的理解力犹如井水、河水，互不相干，因此不能派生第三种东西——果断。只有通过智力这样一种特殊活动，即意识到冒险的必要性，并且决心去冒险，方能产生果断。能够促使情感坚强的人产生果断的恰恰是这种特殊的智力活动，它通过战胜动摇和怀疑的惧怕心理来战胜任何其他的恐惧心理。所以，依我们看来，智力较差的人不可能是行事果断的人。他们在困难的场合也许会毫不迟疑地采取行动，但这是没有经过深思熟虑的，是没有经过智力分析的，充其量不过是"匹夫之勇"。这样的行动偶尔也会成功，但是我们在前面已经讲过，只有平均的结果才能证明有无军事天分。倘若有人对这种说法感到不理解，是因为据他所知，有些果断的骠骑兵军官并不是善于深思的人，那么我们就一定要提醒他，这里所讲的是智力的一种特殊活动，并不是指善于深思熟虑的能力。

我们认为，果断的产生应归功于智力的特殊活动。具有这样智力活动的人，与其说是才华横溢的人，不如说是意志坚强的人。有些人在地位较低时曾经表现得非常果断，可是当地位较高时却变得不再果断了。他们尽管想要做出决定，同时却又意识到错误的决定所包含着的危险，他们不了解自己面临的新事物，因此他们的智力也就失去了原有的光芒和力量。他们越意识到自己陷于犹豫不决的境地，越习惯于踟蹰，也就越畏缩不前。

在讲到眼力和果断的时候，自然要谈一谈与之相类似的机智问题。在像战争这样随处充满意外事件的领域中，机智是起着非常大的作用的，它是一种能够出色地处理意外事件的应变能力。人们钦佩机智，因为它能对意想不到的提问做出巧妙恰当的回答，能对突然出现的危险迅速想出救急的措施。这种回答和这种办法，只要求它们恰如其分，并不要求它们是不平常的，因为，同一个回答或办法，当它是经过深思熟虑的结果时，也就变得平平常常了，因而留给人的印象也就平淡无奇了，然而当它是敏捷的智力活动的结果时，就能令人赞叹不已。机智这个词非常准确地表述了智力及时而敏捷地提出救急办法的能力。

人的这种难能可贵的素质，相当一部分来自其智力方面的特性，同时还来自他精神上的镇静，这两者中的任何一方都不能忽视。对意外提问的恰当回答，主要是头脑智慧的产物，而应付紧急危险的恰当办法则是以感情的镇静为前提。

现在，假如综观一下形成战争气氛的四个要素，即危险、劳累、不确实性和偶然性，那么就不难理解，要想在这种困难重重的气氛中掌握胜利的方向，就需要在感情方面和智力方面付出巨大的代价。我们发现，战争事件的讲述者和报道者，依据上述力量在不同情况下的不同表现形式，把它们概括为干劲、坚强、顽强、刚强和坚定。所有这些英雄本色的表现，都可以看作是同一种意志力在不同情况下的不同表现。然而，不论这些表现彼此多么相似，它们毕竟不是一回事。在此，将这些精神力量的不同表现较为精确地区分一下，对我们是有益处的。

首先，为了明确观念，必须指出，一切激发指挥官上述精神力量的压力、负担或阻力，不论叫法如何，只有很少一部分是直接来自敌方的活动、敌方的抵抗和敌方的行动。敌人的活动直接影响到指挥官的，最先是他个人的安危，并不是他作为一个指挥官的活动。如果敌人抵抗的时间是四个小时而不是两个小时，那么指挥官个人面临危险的时间就不是两个小时而是四个小时。当然，这种危险性随着指挥官职位的提高而会相对减小，至于身居统帅地位的指挥官来说，这种危险系数几乎是零。

其次，敌人的抵抗对指挥官直接发生影响，是因为敌人长时间抵抗使我方军队受到伤亡，指挥官对这种损失负有不可推卸的责任。军队受到损失在指挥官心中必然引起焦虑，这也是对其意志力的考验。当然，这远远不是他承受的最沉重的负担，这时对他来讲最重要的是要掌握住自己。敌人的抵抗所产生的影响，会对指挥官的部下发生作用，而且会通过他们反过来对指挥官本人发生作用。

当部队信心十足、精神焕发地投入战斗时，指挥官在实现自己目的的过程中，不必发挥太多的个人意志力。但是，当情况变得困难时，战斗的进展就不会再像上足了润滑剂的机器那样顺利了，这时，战斗遇到了阻力，要克服这种阻力，指挥官就必须首先具有巨大的意志力。这种阻力不是指不服从命令，而是指整个部队的体力和精神力量在不断衰退减弱，是指看到流血牺牲生命死亡时所引起的恐惧痛苦的情绪。指挥官必须首先克服自己的这种情绪，然后帮助其他人克服这种情绪，否则士兵的感受、忧虑和意愿等消极情绪都会直接或间接地影响他。假如部下的体力和精神力量不断衰减，靠他们自身的意志力再也无法振作起来并坚持下去时，那么指挥官意志上的压力就会逐渐增加。指挥官必须用自己内心之火和理想之光，重新点燃全体部下的信念之火和希望之光。只有做到了这一点，他才能继续指挥他们，率领他们战斗下去。倘若他做不到这一点，他的勇气还不足以重新鼓起全体部下的勇气，那么他就会被部下同化，以致临阵脱逃而不知羞耻。这正是一个指挥官要想取得骄人的战绩，就必须在斗争中以自己的勇气和坚强的精神去克服的压力。这种压力随着部下人数的增多而增大，所以，为了经受住这种压力，指挥官的精神力量必须随着职位的提高，手下人数的增多而增大。

干劲是指引起某种行为的动力的强度。这种动力也许是来自理智的思考，也许来自感情的冲动，然而要想发挥巨大的力量，感情的冲动是必不可少的。

应该承认，在激烈的战斗时，人们内心所有的高尚感情，没有什么比荣誉心更强烈和更稳定的了。在德语中，用贪名图誉这样一个带有贬义的词来表述这种感情，未免有失公道。诚然，在战争中随意使用这种高尚感情，也会对人类犯下不可饶恕的罪行。倘若仅仅从这种感情的来源来讲，它的确应该算是人的最高尚的感情之一，它在战争中使人的躯体获得灵魂意义上的真正的生命力。不论其他的一切感情，如爱国心、对理想的狂热追求、报复心以及其他各种激情多么普遍，不论其中某些看来多么崇高，荣誉心依然不可缺少。其他感情尽管可以鼓舞和提高广大士兵的士气，却不能使指挥官比部下具有更大的雄心壮志，这种雄心壮志是指挥官要想在自己职位上取得辉煌成就所必须具备的。其他感情，都不会像荣誉心那样，使指挥官像对待自己的土地那样对待每一次的军事行动，想方设法地加以利用，辛勤耕耘，细心播种，渴望获得丰收。最能发挥军队作用并能够夺取胜利的，正是得益于从最高一直到最低的各级军官的这种努力，这种勤勉精神、竞争精神和进取心。对于职位最高的军事统帅来说这一点犹为重要。自古以来，哪一个伟大的统帅不是荣誉高于一切？一个伟大的统帅没有荣誉心简直是无法想象的！

坚强是指意志对猛烈进攻的抵抗能力，顽强则是指意志对持续进攻的抵御能力。

尽管坚强和顽强这两个词的词义十分接近，而且通常可以相互代用，然而它们之间本质上的差异是不容忽视的。人们对猛烈的进攻所表现出来的坚强，也许仅仅来自感情力量，但顽强则更多地要依靠智力的支持，随着进攻时间的延长，要不断调整、加强行动的计划性，顽强的力量有一部分就是从这种计划性中显现出来的。

现在再来讲讲刚强。如何来理解刚强呢？

所谓刚强不是指感情强烈，刚强是指在情绪最激动的时候仍然能够听从理智召唤的一种能力。这种能力仅仅是从智力中产生出来的吗？答案当然是否定的。有些人尽管具有较高的智商，但却不能自控，这个现象并不是个别现象。也许有人会说，这里需要的是一种特殊的智力，并不是全面的智力，而是更为坚强的智力。在此，我们仍然想说，在感情最冲动的时刻，仍然能使自己服从理智支配的这种力量，即我们所说的自控能力，它是一种感情的力量。这是一种特殊的感情，它能让刚强的人在热情奔放的时刻，依然保持头脑冷静而又不妨碍热情的渲泄，通过这种镇静的情绪，智力的支配作用得到了保证。这种感情就是人的自尊心，是最高尚的自豪感，是内心最深处的要求。所以我们说，刚强是指在最激动的时候仍能保持镇静的那种感情。

假如根据感情的不同来区别各种不同类型的人，就会发现，有一种是不大敏感的人，我们把这种类型的人叫作感情迟钝或感情淡漠的人。

第二种是感情敏感的人，但他们的感情从来不超过一定的额度，这种人容易动感情又能很快恢复平静。

第三种类型是极易激动的人，他们的感情激动起来犹如火山爆发，不会持久。

最后，第四种类型是不为小事所动的人，他们的感情常常是被逐渐激发起来的，这种感情非常有力而且比较持久。这种类型的人属于感情强烈、深沉而不外露的人。

这种感情上的差别，同人们机体内的各种生理机能有关，同时来源于神经系统所具有的两重性组织，这种组织一方面同物质有关，另一方面同精神有关。这是一个隐晦不明的问题，凭我们这点哲学知识是不能表述清楚的。但是，略微研究一下这几种人在军事活动中所起的作用和表现出的刚强程度，还是十分必要的。

感情淡漠的人不会轻易失去镇静，但是不能把这种镇静称之为刚强，因为其本身并没有表现出任何力量。不可否认，正是这种人因为能够经常保持镇静，所以在战争中多少有他有用的一面。这种人一般缺乏行动的积极动机，即缺乏动力，也就缺少行动，当然他们也不容易坏事。

第二种人的特点是遇到小事容易激动，盲目采取行动，遇到大事却常常情绪低沉。这种人在个别人遭遇不幸时会主动伸出援助之手，但在整个民族遭受灾难时却只剩下唉声叹气，显得束手无策。

这种人在战争中既能积极活动，也能保持镇静，但是他们却无法成就大业，倘若他们要成就大事，就要有卓越的智力使他们萌生成就大事的动机。不过这种类型的人，极少会有卓越的、独立的智力。

第三种容易激动和暴躁的人，本来对平常的实际生活就不大适应，对战争就更不适应了。这种人最大的优点是有冲劲，不过这种冲劲不会持续很长时间。这种感情容易激动的人，倘若有勇气和荣誉心来引导，那么，当他们在战争中担任较低的职务时，其感情特点往往非常有用。原因非常简单，因为下级军官指挥的军事战役往往持续的时间很短，他们常常只需下一个大胆的决心，振奋一下精神就够了。一次勇猛激昂的冲杀，不过是几分钟的事情，而一次激烈的会战却需要一整天，一个战局却需要一整年，甚至几年的时间。

这种人要在情绪激动时保持镇静是十分困难的，他们经常会失去理智，对指挥作战来说，这种性格是十分不利的。但是，假如认为这种好激动的性格决不会是刚强的表现，那也不符合事实。这种类型的人通常都是比较高尚的人，同样有着强烈的自尊心。他们身上并不缺少这种感情，只是这种感情没有来得及发生作用罢了，因此他们多数人在事后感到追悔莫及。假如他们经过锻炼、自省和体验，学会自控的方法，能在情绪激动的时候及时意识到内心仍然应该保持镇静，那么，他们也许会成为非常刚强的人。

最后，是那种很少激动、但感情却异常深沉的人。这种人和前者相比，就犹如火心与火苗的关系。假如我们把军事行动中的困难比作庞然大物，那么这种类型的人是最善于利用其巨人般的力量把它推开的人。他们感情的活动就犹如巨大的物体在运动，尽管速度比较缓慢，却是不可抗拒的向前推进。

尽管这种人不像前一种人那样容易被感情支配，也不会像前者那样在事后追悔，但是倘若认为他们永远不会失去镇静，不会受盲目激情所左右，那也是不切实际的。他们一旦失去产生自制力的高尚自豪感，或者当自豪感不强烈时，也会失去镇静，也会被盲目激情所支配。在野蛮民族的伟大人物身上经常可以看到这种情况，因为野蛮民族智力发展得较差，激情总是容易占据上风。当然，在文明民族或者非常有教养的阶层中，也会存在这样的现象：有些人被强烈的激情所左右，就好像中世纪的偷猎者被人拴在鹿身上拖过丛林一样。

所以，我们要强调说明：刚强的人不是指单单具有激情的人，而是指那些即使在最激动的时刻仍能保持内心镇静的人。这种人虽然内心很激动，但他们的信念却像在暴风雨中颠簸的航船上的指南针一样，能够准确地指明方向。

所谓坚定，就是通常所说的有性格，即能坚持自己的信念，不论这种信念是根据别人的还是自己的见解得出的，亦或根据某些原则、观点、灵感或智力活动的结果得出的。可是，如果见解本身经常变更，那么其坚定性也就没有机会表现出来了。见解的经常改变并非一定是外部世界影响的结果，有可能是其智力不断活动的结果，当然，这也说明这种智力本身还不够稳定。假如一个人每时每刻都在不断改变自己的见解，即使改变的原因源于他自己，也不能称之为有性格。我们只能把那些信念非常稳定的人称为有性格的人，其信念稳定的原因，或是因为该信念根深蒂固，非常明确，原本就不易改变；或是因为如感情淡漠的人那样，缺乏智力活动，信念没有改变的基础；或是因为在理智上有一个主导原则，意志活动十分明确，使得他拒绝对自己的看法做出任何改变。

然而在战争中，人们在感情方面会得到许多强烈的印象，他们了解的情况和得出的见解都不可靠，所以，人类的战争活动比其他领域的活动，有更多的理由促使他们离开原来的思维习惯，对自己和他人的见解都产生怀疑。

不论是痛苦的还是危险的悲惨景象，都很容易使人产生感情压倒理智的认识，当所有现象都模糊不清的时候，要得出深刻而明确的见解是非常不容易的，因此见解的改变是可以理解和情有可原的。在战争中，往往只能依靠推测和猜想来作为行动的依据，所以意见的分歧在这里比在任何地方都要大，并且会不断涌现出与个人信念相抵触的见解。就是智力非常迟钝的人也几乎不能不受这些印象的影响，因为这些印象不仅十分深刻和生动，而且同时始终对感情的变化发生作用。

那些从较高角度指导行动的原则与观点，才能够产生明确而深刻的产物；而对当前情况的看法，则是以一般原则和观点为依据。要坚持那些经过深思熟虑而得出的结论，要不受当前不断产生的看法与现象的影响，做到这点不是那么容易的。具体情况与普遍原则之间常常存在很大的距离，这段距离并不能依靠一系列明确的推论就可以连接起来。在这里一定的自信心是必要的，而一定的疑心也是有好处的。这时对我们有帮助的是一个指导原则，我们不必考虑这个原则本身怎样，只要它对我们思考问题有所帮助就行了。这个原则就是在犹豫不决的时候一定要坚持自己最初的看法，而且决不放弃，除非另外有一个十分明确的信念说服我们放弃它。我们一定要坚信，经过实践检验的原则的可靠性是比较大的，在暂时现象的印象很强烈的情况下，不要忘记，这些现象的真实性与可靠性是比较小的。假如我们在无法决断的时候，能够相信并且坚持当初的信念，那么我们的行动就具备了人们所称为有个性的那种坚定性和一贯性。

镇静对坚定起着非常大的促进作用，这一点显而易见，所以刚强的人大部分也是性格很强的人。

在讲到坚定时，我们不能不提到它的一种变态——顽固。

在某些具体情况下，确实很难划清坚定与顽固的界限，然而确定它们在概念上的差别似乎不是很困难。

174

顽固不是智力上的毛病。我们所讲的顽固是指拒不采纳更好的见解，倘若说它来自智力，那就有些自相矛盾，因为智力是一种认识能力。顽固是感情上的问题，是固执己见，不能容忍不同意见的毛病，它源于一种特殊的自私心理。这种人最大的生活乐趣就是用自己的精神活动支配自己和他人。假如顽固不是比虚荣心稍好一些，我们就会把它叫作虚荣心了。虚荣心仅仅满足于表面现象，而顽固则满足于实质内容。

　　所以说，假如拒绝不同的意见不是因为有更好的信念，不是出于对较高原则的信赖，而是源于一种抵触情绪，那么，这时坚定就变成顽固了。就像我们以前肯定的那样，这个定义尽管对我们并没有多少实际用处，但是却能够使我们不至于把顽固仅仅看作是坚定的一种强烈的表现形式。顽固尽管同坚定很接近，甚至很相似，可是它们二者之间在本质上是有区别的，顽固决不是坚定的强烈表现。十分顽固的人，因为缺乏智力，性格成分也就很少。

　　在了解了一个出色的指挥官，在战争中所应具备的素质中那些既含感情因素又有智力作用的素质之后，我们再来讲讲军事活动中的另一个特点，这个特点尽管不是最重要的，其地位和作用却绝不可小视，它同智力有关，与感情无关。这就是战争同地形的关系。

　　战争同地形的关系始终存在，我们不能设想，一支训练有素的正规军，其军事行动不是在一定的空间进行的。另外，这种关系还具有决定性的重要意义，它能影响甚至能完全改变一切力量的效果。"一夫当关，万夫莫开"，讲的就是这个道理。战争与地形的关系，一方面涉及局部地区最细小的特点，另一方面涉及最广阔的空间。

　　战争同地形的关系使军事活动带有明显的特点。在人类社会生活中还有同地形有关系的另外一些活动，如园林、农业，住宅建筑、水利工程、矿业、狩猎和林业等，这些活动的空间均是非常有限的，可以相当精确地计算出来。在战争中指挥官的活动只能在有限的空间进行，这个空间指挥官用眼睛是不可能完全看到的，即使竭尽全力也无法探索清楚，况且空间还会经常变更，就更难弄清了；虽然一般而言，对方的情况也是如此。但是，第一，双方共有的困难仍然是困难，谁能凭智慧和行动克服它，谁就能够使自己处于较为有利的地位；第二，只有在一般的情况下，双方的困难才可能是相同的，在具体情况下并非都是如此，原因是在具体情况下，敌对双方通常是防御者比进攻者更熟悉地形情况。

这种特殊困难，只有用智力上的特殊禀赋来克服，这种禀赋用一个非常狭义的术语来讲就是地形判断力。所谓地形判断力就是面对无论什么样的地形都能迅速形成正确的几何观念，从而能够快速准确地判明方位的能力。显然，这是想象力的作用。一方面要靠肉眼，另一方面要靠智力，智力用它从科学和经验中得来的理解力来弥补肉眼的不足，并且通过想象把看到的一些片断连成整体，但是，要把这个整体活生生地呈现在脑海里，形成一幅完整的图画，即在心中描绘一幅地图，并且使它长久地留在心中，使其各个部分不再支离破碎，所有这一切只有依靠我们称为想象力的这种智力才能实现。假如一位天才的诗人或画家听到我们让他奉若女神的想象力发挥这种作用而感到不可思议，耸耸双肩说，这样讲岂不是一个机敏的青年猎手也可以有了不起的想象力了？那么，我们会承认，这里我们所说的想象力只是在很狭窄的范围内运用，只是想象力最低微的职能。然而无论这种职能多么微弱，它终归还是想象力的作用。倘若没有丝毫的想象力，是很难把物体的各个片断形象化地清晰地想象成形式上联结在一起的整体。我们承认，非凡的记忆力对想象力有很大的帮助。但是，记忆力究竟是一种相对独立的精神力量呢，还是可以包括在能更好地巩固对地形的记忆的想象力之中呢？我们不置可否，因为就某些关系来看，这两种精神力量确实难以分开。

不可否认，锻炼和理解力在想象力方面起着很大的作用，名将卢森堡的著名军需总监皮塞居尔说，当初他在这方面不大自信，因为每次当他被派到远处去取口令时，总是迷路。

当然，职位越高，利用这种才能的机会就越多越广。假如说，骠骑兵

176

或猎兵进行侦察时必须善于认路，为此通常只需具备少许的判断力和想象力；那么统帅就必须对全省乃至全国的地理概况都了如指掌，对道路、河流和山脉等的特点都一清二楚，但是这并不是意味着他就可以不具备判断局部地区地形的能力了。尽管他在熟悉总的地形方面，可以从各种情报、地图、书籍和回忆录中得到很大的帮助，在了解地形细节方面能够得到参谋人员的帮助，但是，迅速而清楚地判断地形的卓越能力，可以使他的整个军事行动进行得更为轻松、更有把握，使他能够成竹在胸，较少地依赖他人。

假如这种能力可以归于是想象力的作用，那么这也差不多是军事活动要求想象力这位放肆的女神所作的唯一贡献了，除此之外，想象力对军事行动与其说是有益的，还不如说是有害的。

到目前为止，我们已经论述了军事行动要求人们所必备的智力和感情力量的各种表现。智力无论在哪里都是一种起主要作用的力量，不论军事行动从表面上看多么简单，不具备卓越智力的人，在军事行动中是无法取得卓越战绩的。

依上述观点，人们就不会把迂回敌人阵地这类出现过千百次的、本身非常简单的兵力调动，以及许多类似的行为都当作是高度运用智力的结果。

人们总是习惯把出色而单纯的军人同那些善于深思的人、有发明天才的人、富于理想的人，以及受过各种教养而才华出众的人对立起来，这种对立也不是丝毫没有现实根据的，然而这并不能说明军人的才能只表现在勇气方面，也不能说明他们要成为出色的勇士就不需要其他某种特殊的智力和才能了。这里，再强调一次，某些人一旦升迁到其才智与之不相称的较高职位时，他们就会丧失活动能力，这样的事例并不少见。在此，我们还要说明一下，我们所讲的卓越成就是指能使人们在他的职位上获得声誉的那些成就。所以，在战争中各级指挥官都必须具备与之相应的智力，同时享有相应的声誉。

统帅，即指挥整场战争或一个战区的司令官，他和其下一级的司令官之间存在着很大的差别。道理很简单，由于后者受到更具体的领导与监督，因此智力独立活动的机会很少，范围也狭窄得多。这就常常使人们认为只有在最高职位上的人，才具有非凡的智力，而以下各级指挥官只要具备一般的智力就够了。人们看到，那些长期在军队中服役而头发花白了的、职位仅次于统帅的司令官，因为长年只从事一方面的活动而显得智力贫乏，人们也许认为他们有些迟钝了，所以在敬佩他们的勇气的 同时，往往又讥笑他们头脑简单。我们并不打算替这种勇敢的人进行辩解，因为这样做既不能提高他们的声誉，也不能给他们带来任何幸福，我们只想说明真实情况，以免人们误认为在战争中只有勇气而没有智力也能取得辉煌的战绩。

就是一个职位很低的指挥官要想取得卓越的成就，也必须具有非凡的智力，这种智力一定要随职位的提升而提高。从这点出发，我们对那些在军队中享有声誉的次一级司令官的看法就会改变。尽管他们和知识渊博的学者、精明强干的企业家、能言善辩的政治家相比，头脑似乎简单了一些，但决不能因此就忽视他们智力活动的突出才能。有时一些人把他们在职位较低时得到的荣誉带到了较高的职位上，但实际上他们在这个位置上并不应该享有这种声誉。倘若这种人在提升后很少被重用，那么就不至于有很快暴露弱点的危险，因此我们就无法十分准确地断定他们是否应该享有某种声誉。因为有了这样的人，我们就常常把那些在一定职位上也许还能有大作为的人也低估了。

无论职位高低，只要具备一定的天才，就能在战争中取得卓越的成就。然而，历史和后人的评说，往往只把真正的天才这一荣誉加在那些职位最高，即在统帅职位上威名赫赫的大人物身上，这是因为这种职位要求必须具备极高的精神力量。

要使整场战争或战局中的大规模军事行动实现伟大的目标，就必须对战争与国家的利益关系有深刻的了解，在这里军事和政治合二为一，军事统帅同时也成为政治家。

人们没有给查理十二伟大天才称号，是因为他不懂得让武力的作用服从更高的见解和智慧，不懂得以此达到更光辉的目标。人们没有给亨利四世伟大天才称号的原因，是由于他还没有来得及以其军事效果影响一些国家间的关系就与世长辞了，没有来得及在这个更高的领域里大显身手，在这个领域里他的高尚感情和骑士精神无法像在平定内乱时那样充分发挥作用。

有关统帅必须概括地了解和正确地判断一切，可参考阅读第一章。军事统帅应该成为政治家，但他不应该成为一个纯粹的政治家，他一方面要概括地了解所有政治情况，另一方面又要明确地知道如何用自己所掌握的军事力量为政治服务。

它们的关系是多种多样的，并没有明确的分界线，要考虑的因素数量很大，而且，这些因素大部分只能按照盖然性的规律来估计。因此，假如一个统帅不能以明察秋毫的洞察力来看透这一切，那么他的观察和思考就会混乱，就不可能做出正确的判断。从这个意义上讲，拿破仑总结得非常正确，统帅需要做出的许多决定，就如需要牛顿和欧拉计算的数学难题一样。

对较高的智力所要求的是综合力与判断力，二者结合发展成为惊人的洞察力，具有这种能力的人能敏锐地抓住所有问题的关键所在，而智力一般的人则需要费很大力气，甚至是殚精竭虑才能搞清各个问题的关系。但是，具有这种较高智力的人，即具有这种天才眼力的人，倘若缺乏我们前面讲过的感情上和性格上的特征，仍然不能载入史册。

仅仅认识真理，并不能产生多大的动力，所以在认识和意愿之间，在知和能之间仍然存在着很大的距离。促使人们采取行动的最直接动力来自感情，而最强大的支持力量则来自感情和智力的"合金"，这种"合金"就是我们前面讲过的果断、坚强、顽强和坚定。

另外，倘若一个统帅的这种高超的智力和感情活动没有在他的全部成就中充分展现出来，人们只是相信他具备这种力量，那么，他是很难载入史册的。

人们所了解的战争事件的过程往往都是非常简单、大同小异的。仅凭简单的叙述，人们不可能了解在整个过程中所克服的种种困难。只有在一些统帅或他们的亲信所写的回忆录中，或是在对历史事件的专门研究中，才可能发现形成整个事件的大量线索的一部分。另外，在某一重大行动进行之前的大部分思考和内心斗争，有些由于涉及政治上的利害关系而被有意省略了。

最后，假如我们对较高的精神力量无法从理论上做出更精确的定义，而是按照语言上的习惯一般概念地承认智力差异，那么我们要问，究竟具有哪种智力的人才最适于称作军事天才呢？通过前面的论述，我们不难看出，这种人与其说是有创新精神的人，不如说是有钻研精神的人，他是一个发展全面的人，既热情洋溢，又沉着冷静，动与静完美地统一于一身，战争中我们愿意把子弟的生命和祖国的荣誉与安全托付给这样的人。

第4节　战争中的危险

当人们在没有亲身经历过战争之前，往往总是把战争想象得不怎么可怕，甚至还带有一些浪漫色彩。在热情激励下奋然冲向敌人——谁还去管它子弹和生命呢？在瞬间把眼睛一闭，走向冷酷的死亡——不知道谁能逃脱它的魔掌。这一切都发生在胜利的桂冠近在眼前，荣誉的美果伸手可得的时候，难道这是艰难的吗？从表面来看，这并不困难，但是死亡的瞬间并不如人们想象的那样像脉搏一跳，而是像吃药那样，必须有一段时间把它冲淡和融化开，这段时间是非常痛苦的，然而就是这样的瞬间也是很少的。

现在，让我们陪同没有上过战场的人到战场上去体验一下吧。我们向战场走近，隆隆的炮声越来越响，其间夹杂着炮弹的呼啸声，此时引起了初来人的注意。炮弹开始在我们周围落下来。我们急忙向司令官指挥高地奔去。这里，炮弹在附近纷纷落下，榴弹不断地爆炸，严酷的现实打破了初来人的天真幻想。转眼间，一个熟人倒下去了——一颗榴弹落在人群中，引起一阵骚乱——人们开始感到不安，就连最勇敢的人也有些心神不宁了。我们继续向前走，来到一位师长那里，激烈的战斗就像戏剧场面一样展现在眼前。这里，敌人的炮弹一个接一个地落下来，再加上我方火炮的轰鸣，愈加使人心神不宁。我们再从师长身旁来到旅长身旁，这位旅长是大家公认的非常有胆量的人，他小心翼翼地隐蔽在小山岗、房屋或树木的后面——很显然，危险越来越大越来越近了。榴弹纷纷落在屋顶上、田野里，炮弹在空中呼啸，从我们的头上和身边飞过，同时还有枪弹的尖叫声。我们继续向前走，来到已经坚持了好几个钟头火力战的步兵部队，这里到处是枪弹的嗖嗖声，短促而尖厉，枪弹近在咫尺，有的就从我们耳边、头上、胸前掠过。看到受伤的士兵，死亡的生命，我们跳动不安的心更加悲痛起来。

接触到上述不同程度的危险，人们无不感到思考之光在这里同凭空臆想时是多么的不同。一个人在接触到最初的危险时，仍然具有沉着镇静、当机立断的能力，他必定是一个与众不同的人。诚然，习惯很快就会冲淡这些印象，三十分钟后，我们可能就会对周围的一切情况无所谓了，这种无所谓的心情有的人多些，有的人少些。无论如何，一般人在这种情况下不可能完全泰然自若。由此可见，一个人只具有普通的精神力量在这里是不够的，如果要求他担负的责任越大，情况就越是如此。在这种艰难的处境中，所有活动要想取得在室内活动时同样的效果，人们就必须具备巨大的、百折不挠的、天生的勇气，以及强烈的荣誉心，或久经危险的经验。

战争中的危险是战争中的一种阻力，对它持有一个正确的态度，是使认识符合现实所必需的，所以我们不得不在这里提到它。

第5节　战争中的劳累

假如让一个人在冻得四肢麻木或渴热难当、饥饿难忍或筋疲力尽的时候来判断战争中的事情，那么要得到在客观上是正确判断的几率就太少了。然而，这些判断在主观上至少是正确的，因为，它们确切地反映了判断者与被判断事物的关系。我们看到，目睹不幸事件的人，尤其是当他还身临其境的时候，对这一事件所作的判断常常是悲观消极的，甚至是言过其实的，这点并不难理解。由此可见，劳累会产生很大的影响，以及在判断疲倦时应受到高度的重视。

在战争中，许多事物根本无法严格规定其使用的限度，特别是体力。倘若体力不被滥用，那么它是一切力量的系数。任何人都无法确切地说出人体究竟能够承受多大的劳累，但是，就像只有弓箭手的强大的臂力才能把弓弦拉得更紧一样，在战争中，只有坚强的指挥官才能最大限度地发挥自己军队的能量。比如，一支军队在大败之后陷于绝境，就像将要倒塌的墙一样濒于土崩瓦解，只有忍受极大的劳累方能脱离险境，这是一种情况；一支胜利的军队在自豪感的鼓舞下，愿意听从统帅随心所欲的调遣，这又是一种情况。同样是忍受劳累，但是，前者至多引起的是同情，而后者使人们钦佩不已，因为要做到这一点更为困难。

因此，没有经验的人也会看出，劳累是暗中束缚智力活动和消磨感情力量的众多因素之一。

尽管这里所讲的只是统帅要求军队、指挥官要求部下吃苦耐劳的问题，即他们是否敢于要求并且善于要求军队和部下吃苦耐劳的问题，然而关于指挥官本人吃苦耐劳的问题也不应忽视。我们对战争认真地进行了分析，对剩下的这一次要问题也应该加以注意。

在此特别讨论劳累的问题，是由于它像危险一样，也是产生阻力的最

182

重要原因之一；同时它没有一定的衡量标准，就像弹性物体一样，众所周知，弹性物体的阻力是非常难以准确计算的。

为了避免滥用上述论点，避免过分强调战争中的各种困难因素，我们天生有一种指导判断的感觉。就像一个人受到诽谤和谩骂时，再讲他的弱点绝不会带来任何好处，只有当他成功地驳斥或回击了这种攻击之后，再提到他的弱点倒好像变成了长处一样。任何一位军事统帅或任何一支军队用描绘危险、困难和劳累的办法是消除不了失败所带给他们的耻辱的；然而在胜利时刻，这些危险、困难和劳累却能为他们增加无限的光彩。由此可见，我们的感觉妨碍了我们得出原本容易得出的表面公正的结论，因为我们的感觉是一种更高的判断。

第6节　战争中的情报

情报是指我们对敌人和敌国所掌握的全部材料，是我们所有计划和行动的基础。只要仔细考虑一下这一基础的性质和它的不可靠性、多变性，我们立刻就会感觉到——战争这座"大厦"是多么危险，多么容易坍塌下来把我们埋葬在它的砖石碎瓦之下。尽管所有的书里都说，应该相信可靠的情报，但又不能不存疑虑，这只不过是著书立说的人琢磨不出更好的说法时想出的一种聊以自慰的遁词罢了。

战争中收集的情报，大多部分是互相矛盾的，还有许多是假的，绝大部分是相当不确定的。这种情况下，就要求军官一定要具有辨别的能力，这种能力必须通过对事物和人的认识与判断才能得到。这里他必须遵循盖然性的规律。当双方真正交战之前，在作战室内拟定最初的作战计划时，对各种情报真假辨别的困难已经不小，而在纷乱杂沓的战斗打响的时候，情报如雪片般接踵而来，这时困难更会无限地增大。假如这些情报互相矛盾，真假难辨，需要人们通过大脑分析加以辨别，那还算是比较幸运的。对没有经验的指挥官来讲，最糟糕的情况不是像上面所说的那样，相反，而是一个情报支持一个情报，证实并补充另一个情报，犹如图画上在不断增加的新的色彩，最后，一切情报都证明该情报准确无误，于是指挥官不得不匆忙做出决定，然而不久就发现这个决定是多么的愚蠢，因为所有情报都是虚假的、夸大了的和错误的，甚至有些是对方设下的圈套、陷阱。

一般而言，人们容易相信坏消息，不容易相信好消息，并且容易把坏的消息加以夸大。以这种方式传递的危险消息尽管像海浪一样会逐渐消失，但也会像海浪一样没有任何预兆地重新出现。这时，指挥官一定要坚定自己的信念，像屹立在海中的岩石，经得起风吹浪打，要做到这一点不是那么容易的。倘若不是天生乐观，或没有经过战争锻炼，判断力不强，那么他最好遵循这样的原则：强迫自己，也就是说否定自己内心的想法，努力克服恐惧，面对希望。只有这样，才能保持真正的镇静。倘若人们能够正确认识形成战争最大阻力之一的这一困难，那么结果就会与人们所想象的完全不同。凭感觉得来的印象常常比经过深思熟虑而产生的观念来得更强烈，而且这种强烈程度还非常深刻，使得司令官在布置任何一项比较重要的军事行动时，都不得不努力克服最初产生的一些新的疑虑。人非常容易受到他人意见的左右，大部分人不能当机立断。他们总觉得实际情况与他们原来所想象的不一致，特别是当他们又听到别人的意见的时候，他们就更不自信了。即使是亲自制定作战计划的人，当他亲眼看到实际情况的时候，也会很容易对自己原来的想法产生怀疑。这时，只有坚定的自信心，才能使他抵挡住暂时的假象的冲击。只有当被命运推上战争舞台，那绘有各种危险景象的前景被拆除，眼前豁然开朗之后，自己原来的信念才能得到最后的证实。这也是制定计划和实施计划之间最大的差别之一。

第7节　战争中的阻力

没有亲身经历过战争的人无法理解，常说的战争中的各种困难在哪里呢？统帅所必须具备的天才和非凡的精神力量究竟起多大作用呢？在他们眼里，战争中的一切都如此简单，所需要的各种知识都如此浅显，各种行动都如此平常。同这些相比，高等数学中最简单的问题也能以其一定的科学价值使人感到惊奇。但是，当他们亲身经历过战争之后，这一切就都可以理解了，不过要详细解释引起这种变化的原因，说出这种看不见却真实存在，而且到处起作用的因素是什么，的确是极其困难的。

战争中的一切的确非常简单，然而就是最简单的事情也是困难重重。这些困难积累起来就形成了阻力，没有经历过战争的人对这种阻力是不可能有正确认识的。假设有一个旅行者计划在天黑以前赶完这一天旅程的最后两站路，这只需要骑着驿马在宽敞的大道上飞奔四五小时就行了。然而，当他到达第一站时，找不到马或者找不到好马，前面又是崎岖不平的山地，天色也逐渐暗下来了；当他经历了许多艰难终于到达目的地，并且找到了一个十分简陋的住处，尽管这样他也已感到非常满足。同样，在战争中，由于受到预先无法考虑到的无数细小意外情况的影响，一切都进展得不顺利，以致既定的目标迟迟不能达到，只有依靠钢铁般的坚强意志才能克服这些阻力，排除各种障碍，当然机器，即军队，必然会受到很大的损伤。这一点我们以后还会谈到。将帅的坚强意志，犹如城市主要街道汇集点上的方尖碑一样，在军事领域中占有非常突出的地位。

阻力大概可以说是区别实际战争和纸上战争的唯一概念。军事机器，即军队和属于军队的一切，概念很简单，而且比较容易理解。但应该考虑到，军事机器的任何部分都不是一个整块，它是由许多独立的个人组成的，其中每个人在各个方面都会有各自的阻力。营长负责执行上级的命令，既然营是通过纪律结成整体的，营长就必然是公认勤勉之人，全营行动起来，才会像轴套围绕轴心转动一样，阻力较小。理论上说，这种讲法听起来不错，然而实际并非如此。这里面包含的许多成分是夸大的或虚假的，待战争爆发就会立刻显露出来。营总是由一定数量的人组织起来的，假如机会凑巧，有时他们中间即使最无足轻重的人，也会造成障碍甚至混乱。战争带来的危险，以及它要求人们忍受的劳累将使阻力大大增加，所以应该把危险和劳累看作是产生阻力的最重要的原因之一。

这种可怕的阻力，不像在机器中只出现在几个固定零件上，而是处处同偶然性接触，并且常常会引起一些事先根本无法预测的事情，这些事情之所以难以预测，是因为它们大都是由于偶然性引起的。比如，天气的变化就是偶然性的产物。有时，大雾会妨碍我们及早发现敌人，妨碍火炮适时射击，甚至妨碍我们向指挥官传递情报；有时，雨天会使这个营不能来，那个营不能按时到达目的地，甚至使骑兵的马匹陷入泥里而不能有效地出击，使战役的胜败受到影响。

在此举这几个例子，只是为了说明问题，帮助读者理解其中的含义，否则这些困难简直罄竹难书。为了让读者对战争中必须克服的许多细小的困难有一个明确的概念，我们尽力作一些生动的比喻，以免使大家感到枯燥厌倦。下面，我们再作一两个比喻，进一步说明其中含义。

战争中的行动，就像是在阻力重重的介质中的运动。人在水中，连走路这样最自然最简单的动作，也不能轻易完成。战争中的情况与此类似，只用一般的力量连中等的成绩也不能取得。所以，一个真正的理论家应该像游泳教练一样，能够教别人在陆地上练习水中所需要的动作，而这些动作在从来没有游过泳的人看来也许是荒诞的或夸大的；然而那些没有实际经验或者不能从自己的经验中总结出一般性原则的理论家，只能教授人人都会的动作——走路。

另外，每次战争都有其自身特点，都有许许多多的特殊现象，就好比是一个未经航行过的、充满暗礁的大海，统帅尽管不能亲眼看到这些暗礁，但可以凭智力感觉到这些暗礁，并且能在漆黑的夜里绕过它们。假如再突然刮起一阵逆风，即再发生某种对他不利的重大的偶然事件，在这种情况下，就要求他具有更高超的技巧和机智，付出更多的努力。然而所发生的一切对站在远处观望的人看来，似乎进行得很顺利。熟悉这些阻力是一个优秀的司令官必须具备的、常常受到赞扬的作战经验的主要部分。诚然，那些充分认识阻力，而又惧怕阻力的司令官——在有经验的司令官中常见的畏首畏尾的人就是这样——不能归入最好的司令官行列。司令官必须做到了解这种阻力，以便在可能时提前做好准备去克服，同时，在行动时不强求达到由于这种阻力而无法达到的目标。人们在理论上不可能完全认识这种阻力，即使能够认清，也仍然缺乏那种经过实际锻炼所具有的判断能力，人们将这称之为随机应变。在充满复杂、细小问题的领域，较之在有决定性的重大问题的场合更需要这种能力，因为在后一场合，人们有思考时间，还有和别人商讨的机会。善于社交的人之所以能够言谈举止适时适度，就是因为他在需要做出判断时的随机应变，已经成为习惯。同样，只有实战经验丰富的军官才能在大大小小的问题上，恰当地做出决定并进行处理；也只有这样，他才可以不假思索地判断出什么是可行的，什么是不可行的。所以，他的短处不容易表现出来。假如一个指挥官在战争中常常暴露其弱点，就会动摇别人对他的信任感，这是极其危险的。

这时，阻力，或者被叫作阻力的那些东西，使看来容易实现的事变得困难起来。之后我们还会提到这个问题，那时就会逐渐明白，一个卓越的统帅，除了具备丰富的经验和坚强的意志外，还必须具备其他人所不具备的非凡的精神素质。

第8节　结束语

以上我们所说的危险、劳累、情报和阻力，是构成战争气氛的因素，是妨碍一切军事行动的介质。这些因素按它们所起的妨碍作用来讲，可以包括在阻力这个大的概念之内。有没有减少这种阻力的润滑剂呢？有，而且只有唯一的一种，它不是统帅或军队某个人头脑中臆想出来的，而是指挥官和军队通过战争锻炼得来的。

锻炼能使身体承受巨大的劳累，使精神承受极大的压力，也能使判断不受最初印象的影响。通过锻炼还能获得一种宝贵的品质——沉着，这是下至士兵上至指挥官所必须具备的品质，因为它能帮助统帅减少在行动中的困难。

当人们进入黑暗的屋子里，眼睛的瞳孔会自然扩大，眼睛会吸收仅有的微弱光线，慢慢辨认出房间里的各种东西，最后可以看得十分清楚。一个经过战争锻炼的士兵在战争中的情况与之相似，而初次参战的新兵，就像刚进入黑房间的人一样只会感到眼前一片漆黑。

战争锻炼是任何一个统帅都无法赐予他的士兵的，平时的实战演习能够补救一些，但与实际战争总还是有差距。这种差距，是同实战经验相比，而不是同以训练机械的技巧为目的的军事练兵相比。假如在平时的演习中安排一些上述的阻力，使军事指挥官的判断力、思考力甚至果断的能力得到锻炼，那么这种演习的意义比没有实战经验的人所想象的要大得多。尤其重要的是，阻力能使军人——无论是哪一级军人，不至于刚上战场就出现第一次看到那些他们初次看到时会产生的惊慌失措的现象。他们只要在战前看到过一次那样的现象，就等于熟悉了一半。忍受劳累的问题，道理也是如此。在这方面的锻炼，不仅要使肉体，更主要的是要使精神习惯于劳累。在战争中，初次走上战场的士兵很容易把过度劳累看成是整个指挥的严重失误或者是束手无策的结果，从而产生沮丧情绪。倘若他们在平时的演习中有过这方面的锻炼，就不会出现上述情况了。

在和平时期获得战争锻炼的另外一种办法就是招聘有实战经验的外国军官，这种办法虽然不能被广泛采用，但却是极为必要的。整个欧洲处于和平状态的时候不多，从其他各洲情况来看，战争从来没有停止过，所以，长期处于和平状态的国家，应该想办法经常从那些有战争的国家招聘一些优秀军官，或者派自己的军官到他们那里去熟悉实际战争的氛围。

尽管同整个军队比较起来这些军官人数显得极少，但他们的影响力却不容忽视。他们的经验、精神，性格上的修养对他们的部下和同僚都会产生影响。即使不能让他们担任指挥职务，至少可以把他们看作是熟悉某一地区某一情况的特殊人才，在许多具体情况下向他们征询意见，为我所用。

第二章 战争理论

第1节 军事艺术的区分

战争就其本质来说就是斗争，在广义上称为战争的复杂活动中，唯有斗争是产生真正效果的要素。斗争是双方的精神力量与物质力量通过物质力量进行的一种较量，精神力量在此不容忽视，有的时候精神状态对军事力量有着决定性的影响。

由于斗争的需要，人们很早就有专门的创造发明，以便使自己在斗争中占据有利的地位，斗争因此发生很大的变化。然而，不论斗争怎样变化，其本质概念并不会因此有所改变，它依然是构成战争的最本质的东西。

上述这些发明，首当其冲的是武器和装备。武器和装备一定要在战争开始之前就制造好，并且为士兵熟悉和掌握，武器和装备还要与斗争的性质相适合。制造、熟悉和掌握武器装备的行为同斗争本身是互相独立的两回事，一个是斗争的准备阶段，一个是斗争的实施阶段。配备武器和装备在本质上不属于斗争的范畴，因为赤手空拳的搏斗也同样是斗争。

斗争决定武器和装备，武器和装备又可以改变斗争的形式。两者之间是相互联系、相互作用的。

然而斗争本身又是一种非常独特的活动，正因为它是在非常独特的条

189

件下，即危险中进行的，因此就显得更为独特。

这里有必要把这两种不同性质的活动区别开来。我们经常会遇到这种情况，在某一活动领域中非常有才能的人，在别的活动领域中却常常表现得很无能，指出这点，就足以说明将这两种活动区别开来所具有的实际意义了。

假如把装备好了的军队看作是现成的手段，只要清楚其主要功能就能够有效地使用它，那么，在研究时把这两种活动区分开来也就没有什么困难了。

可见，狭义的军事艺术就是在战争中使用现成手段的艺术，称为作战方法是再恰当不过了。广义的军事艺术则还包括一切为了战争而存在的各种活动，即包括建立军队的全部过程——征募士兵、装备军队和训练军队。

从理论是否具有现实意义这一角度来讲，区分上述两种活动是十分重要的。假如军事艺术一定要从军队的建立说起，并按照其所规定的军队来制定战法，那么，这种军事艺术只有在现有的军队，恰恰同这种军事艺术所规定的军队正好相一致的场合才能适用。倘若我们需要的是一种在大多数场合都能适用、在任何场合都不至于完全失去指导作用的理论，那么，这种理论就必须以一般的战斗手段作为根据，并且只能以它们最主要的效能为根据。

依上述可见，作战方法就是部署和实施斗争。倘若斗争是一次个体的行动，那就没有必要把它再作进一步的区分了。然而，斗争是由若干本身完整的单个行动组成的整体。在第一章第一节里，我们把这些行动称为战斗，它们是斗争的单位。因此，就产生了战斗和战争两种完全不同的活动，即战斗本身的部署与实施，以及为了达到战争的目的而对这些战斗的运用。前者是战术，后者是战略。

现在，人们实际上已经把作战方法按照战术和战略区分开了，即使这样区分的理由不十分明确，也能够非常清楚地知道哪些现象应该列入战术，哪些应该列入战略。既然这种区分方法已经被广泛地采用了，其中一定有其合理性。我们之所以探讨了这一道理，正是因为大部分人都采用这种区分方法，才使我们找到了这一道理。与此相反，那些个别作家不依据事物的性质任意确定的概念，我们没有必要去考虑，因为它们根本不会在实际中被采用。

按照一般的区分原则，战术是指在具体战斗中使用军队的学问，战略则是指为了战争目的运用战斗的学问。

至于怎样进一步确定单个或单独的战斗概念，以及根据什么条件来确定这一单位，在以后的章节还需要进一步阐述。现在我们要说明的是：所谓空间，是对同时进行的几个战斗而言，一个战斗的范围恰好是个人命令能够达到的范围；所谓时间，是对连续进行的几次战斗而言，一次战斗的持续时间应该以每次战斗都会出现的危机完全解除为界限。

这里也许会有一些难以确定的情况，比如，有时若干战斗被看成是一个战斗，但绝不能因此否定我们区分的理由，因为所有现实事物的类别总是通过逐渐的过渡才形成的，我们这样区分也不例外。所以，即使观点不变，也一定会有某些活动既可列入战略范畴，也可列入战术范畴。把军队像警戒线那样疏散开布置，或某些渡河方针的设计等就是如此。

我们的区分只限于与使用军队有关，并且仅仅是针对使用军队而言。然而，在战争中还有许多活动尽管也为使用军队服务，但却不同于使用军队，其中有些与使用军队的关系较为密切，有些同使用军队的关系较为疏远。所有这些活动都与维持军队有关，使用军队离不开维持军队，维持军队是使用军队的必要条件，这就好比建立军队和训练军队是使用军队的前提一样。但是仔细思考起来，所有这些与维持军队有关的活动还只能算作是斗争的准备。所以，我们有理由把这些活动与其他准备活动一起排除在狭义的军事艺术，即真正的作战方法范畴之外。另外，从理论的首要任务是把不同种类的事物区分开这一点来讲，我们也必须这样做。谁会把给养和管理等一系列琐碎的事务归入真正的作战计划呢？尽管它们与使用军队有密切的联系，然而究其本质还是与使用军队不同的。

我们在第一章第二节里说过，倘若把斗争或战斗视为唯一直接有效的活动，就能够掌握所有活动的线索，因为这些线索最后都要归结到战斗这里。我们想以此表明，正因为有了战斗，其他一切活动才有了明确的目标，当然它们是按照其自身的规律去达到各自目的的。下面我们会较详细地来讨论一下这个问题。

战斗之外的其他活动在性质上都是有很大不同的。

有些活动一方面属于斗争本身，与斗争的性质相同，另一方面又不属于斗争的性质，而是为维持军队服务的；而有些活动则仅仅属于维持军队性质的，才以其结果对斗争发生一定的作用和影响。

一方面属于斗争本身，另一方面又为维持军队服务的活动包括行军、野营和舍营。这三种活动属于军队的三种不同状态，然而，不论军队处于哪种状态，军队存在的地方，就一定存在战斗的观念。

维持军队的活动一般是指给养、伤病员的救治以及武器装备的补充。

行军与使用军队是完全一致的。战斗内的行军，也就是通常所说的展开，尽管还没有真正使用武器，但同真正使用武器有着密切的联系，属于我们称之为战斗的军事活动的不可分割的一部分。而战斗外的行军，则只不过是为了实现战略决定。这种决定指出要在何时何地以何种兵力进行战斗，而行军则是具体地实现这种决定的唯一手段。

战斗外的行军是一种战略手段，但它并不因此就仅仅属于战略，军队在行军中随时都可能投入战斗，因此，行军既要服从战略原则，又要服从战术法则。当我们指示一个纵队在河或山的这一侧行军时，那就属于战略决定，这里包含了一个意图：假如行军中不可避免地要进行战斗，那么，宁愿与敌人在河或山的这一侧作战，而尽量避免在那一侧作战。

当一个纵队不是沿着谷底的道路前进，而是在谷旁高地上前进，或者为了便于行军而分成若干小的纵队，那就是属于战术决定，因为这些决定同发生战斗时如何使用军队有着密切关系。

行军的内部部署始终同战斗准备有关，它是可能发生的战斗的预先部署，因此它具有战术的性质。

既然行军是战略用来部署战斗的手段，既然在战略上只需要考虑战斗的结果，而不必考虑战斗的实际过程，那么，人们在研究中发现有人经常用行军手段来替换战斗这个有效要素的情况也就不足为奇了。比如，人们常说具有决定性的巧妙的行军，指的就是行军所导致的战斗。这种概念的替换很自然，表述的简化也是可取的，所以不必加以排斥，然而这毕竟只是概念的替换，我们一定要记住它原来的意思，不然就会产生错误。

认为战略行动能够不取决于战术结果，就是这样的错误。有人仅仅通过行军和机动，没有进行战斗就实现了自己的目的，于是断言，有一种不必通过战斗也可以战胜敌人的手段。这种错误导致的所有严重后果，留在后面陈述。

尽管行军完全可以被看作是整场战争的不可分割的一部分，然而在行军中的某些活动并不属于战斗，所以这样的行军既不属于战术，也不属于战略。架桥、筑路等等这些便于军队行动的有利措施就属于这类活动，它们仅仅是作为战斗的条件。在特殊情况下，它们也许与使用军队很接近，几乎同它是相同的，如敌前架桥，但是其本身还不等同于使用军队，所以关于它们的理论也不被列入作战理论。

野营相对舍营而言，是一种更为集中、更具战斗准备的军队配置。野营是军队的一种静止状态，也就是休息状态，同时它也可能是在该地进行战斗的战略决定，通过布营的方式，它还包含了战斗的轮廓，即准备进行防御战斗的条件。所以说，野营是战略和战术的重要部分。

舍营是为了让军队更好地休息而替代野营的另外一种休息方式。因此，它和野营一样，从营地的位置和范围来看，属于战略问题，从为了准备战斗而进行的内部部署来讲，又属于战术问题。

野营和舍营除了能够使军队得到休整以外，同时还有其他的目的，例如掩护某一地区或坚守某一阵地，当然有时也许就是为了单纯的休息而已。众所周知，战略所追求的目的很可能是多种多样的，一切有利于战略的都可以成为战斗的目的，包括维持作战工具，也常常会成为某些战略行动的目的。

在这种情况下，虽然战略只是为了维持军队，但我们没有离开主题，说的仍然是使用军队的问题。军队在战区的任何地方做任何配置都属于使用军队的问题。

然而在野营和舍营时，为了维持军队而进行的如修建茅舍、架设帐篷、从事给养和卫生工作等活动，不能算作使用军队的活动，所以它既不属于战略，也不属于战术。

防御工事位置的选定安排应该是战斗部署的一部分，是战术问题；但仅仅就工事的构筑而言，并不能归入作战理论。这方面的知识与技能必须是经受训练的军队早就具备了的能力，战斗理论是以这些知识和技能为前提的。

在单纯属于维持军队而同战斗没有共同之处的活动中，唯有军队的给养与战斗的关系最为密切，因为给养对每个士兵而言，是保障精力与体力的必要条件。所以说，给养在战略范围内对军事行动有着非常大的影响。我们之所以说给养在战略范围内影响很大，是因为在具体的某个战斗中，军队给养的影响程度大到足以改变作战计划的情况虽然有可能存在，但是却非常少见。军队给养一般只与战略发生相互作用，军队给养问题解决的如何，对一场战局或战争的结果，有着非常大的影响。然而，不论这种影响如何多见或具有多大的决定意义，给养就其本质而言，仍然不同于使用军队的活动，它仅仅以其结果对使用军队发生影响。

前面提到的军队其他管理活动与使用军队的关系就远多了。伤病员的救护尽管对军队的战斗力来说十分重要，但它涉及的终究只是一小部分人，对多数人的使用只能起到很小的间接影响。武器与装备，除了军队本身经常进行补充之外，另外只需要定期进行检查；在拟定战略计划时，很少会注意到它。

在这里，我们决不能产生这样的误解：认为上述活动可有可无。其实这些活动在个别情况下，也许还会具有决定性的重要意义。医院和弹药库的远近，很可能是在战略上做出极重要决定的唯一依据。这一点我们不可否认，但也无须遮掩。不过，在这里我们不谈个别的具体情况，只从理论上抽象地谈一谈。当然，上述所说的那种具有决定性影响是很少见的，所以，不能将伤病员救护与武器弹药补充的理论同作战理论相提并论，即不必把这种理论所得出的各种方式方法，连同它们的结论，像给养问题一样一并列入作战理论。

现在，我们再次明确一下我们所研究的结论。战争的活动分为两类：一是属于战争前期准备的活动，二是开战之后战争本身的活动。

战争准备的知识与技能，是为了建立、训练和维持军队。在此，我们不去讨论应该给这些知识和技能起个怎样的总名称，但是我们清楚，炮兵、筑城，以及所谓的基本战术、军队的组织和管理诸如此类的知识与技能，都包括在这个范畴之内。战争理论则是研究使用什么样的手段来实现战争的目的。它所需要的仅包括上述知识和技能的结论，即只需要了解其主要结果。我们将这种理论称之为狭义的军事艺术，或者称为战争理论，或者叫作使用军队的理论，名称虽然不一样，但其实是一回事。

所以，战争理论把战斗视为真正的战争研究对象，把行军、野营和舍营作为或多或少同战争一致的军队的状态来研究。但战争理论没有把军队的给养问题作为战争范围内的活动来研究，而像对待其他既存条件一样，只研究其结果对战争的影响。

狭义的军事艺术分为战术和战略。战术研究战斗的方式，战略研究战斗的运用。行军、野营和舍营指的是军队的状态，它们源于战斗同战略和战术所发生的关系。它们到底是战术问题还是战略问题，这要取决于它们是同具体战斗的方式相关，还是同战斗的意义相关。

一定有读者认为，把战术和战略这样很接近的两个事物作如此细致的区分是不必要的，因为这对作战本身没有任何直接作用。然而，也只有十足的书呆子才会去研究理论区分对作战的直接作用。

无论什么理论首先必须澄清杂乱的、含混不清的各种概念。只有对名称和概念有了共同的认识，才有可能清楚而顺利地研究问题，才有可能同读者站在同一个出发点上。战术和战略在空间与时间上相互交错，又属于性质不同的两种活动，倘若不精确地确定它们的概念，就无法透彻地理解它们的内在规律，以及相互关系。

假如有人认为研究这些毫无意义，那么除非他不进行理论研究，否则，他一定会被那些含混不清、缺乏任何可靠依据、得不出任何结论的概念，并且是时而平淡无奇、时而荒诞无稽、时而空洞无物的概念搞得晕头转向。

第2节　关于战争理论

军事艺术一开始只被理解为军队的准备

最初，人们把军事艺术或军事科学单纯地理解为与物质事物相关的知识和技能的总和。这类知识和技能的内容无非是武器的结构怎样，如何制造与使用，要塞和野战工事的构建，军队的组织，以及行动的机械规定等，所做的一切就是为了准备一支能够在战争中使用的军队。这里人们只考虑物质材料，或只涉及单方面的活动，说到底是一种从手工业逐渐提高转变为精巧的机械技术的活动。这些活动同战争本身的关系就像铸剑术同击剑术的关系没有太大的差别。至于危险时刻，以及双方不断相互战斗时军队的使用问题，智力和勇气的活动等真正的战争问题，在当时还没有被人提到。

在攻城术中首次谈到作战方法

在攻城术中第一次谈到战斗的具体实施问题，即如何运用上述物质的某些智力活动的问题。然而，在大部分情况下这只是一些能够及时体现在接近壕、平行壕、反接近壕、炮台这些新的物质对象中的智力活动。它们的每次发展，都是以出现这样的物质对象作为标志。智力活动，在此只是作为串联这些创造物所必需的一条纽带罢了。由于在这种形式的战争中，智力只出现在这些事物中，所以攻城术能谈到这样的程度已经不容易了。

之后的战术也接触到这一方面

之后，战术也企图按照军队的特性来为军队的一般部署制定某些机械的规定。虽然这已涉及战场上的具体活动，但依然没有涉及真正意义上的自由的智力活动，只涉及到把编成的战斗队形看作一部自动机器，只要下命令就会像钟表那样开始行动。

真正的作战方法只是在谈别的问题时附带谈到的

人们曾经以为，真正的作战方法，就是根据具体情况的需要，使用准备好了的手段，这只能依靠天赋，不能成为理论研究的对象。然而，随着战争从中世纪的相互搏斗厮杀，逐渐形成比较有规则和比较复杂的形式，人们对这一问题才有了新的认识。但是，这些看法大多是在某些回忆录和故事中在谈论其他问题时附带谈到的。

对战争事件的各种不同看法引起了建立战争理论的要求

随着人们对战争的看法越来越多，研究历史越来越需要有批判精神，于是人们迫切地需要一些具有普遍意义的理论依据，以便有个准则来解决战争史中常常出现的争执与分歧，因为不围绕任何中心、不遵循明确的准则的争论，是毫无意义的，也是人们所厌恶的。

建立教条的理论的努力

有了建立理论的要求，人们就努力为作战制定一些原则或规则，甚至是体系。但是，他们提出了这一肯定的目标，却没有认真考虑到这方面将会遇到的无数的困难。就像前面指出的那样，作战几乎在所有方面都没有固定的范围。这样一来，每一种体系，即每一座理论大厦，在进行综合总结时难免会出现局限性。所以，在这种情况下所得出的理论，与实践之间就存在着永远无法解决的矛盾。

局限于物质对象

战争理论家们早就感到，并且认识到理论原则和体系仅仅局限于战争的物质对象上或单方面的活动上是不行的。那么如何摆脱这种困境呢？他们企图像有关战争准备所做的科学研究一样，用计算的方法得出这样或那样十分肯定且死板的结论。采用这种方法，必定使研究范围局限于那些只能够计算的领域。

数量优势

数量上的优势属于物质方面的问题。有人之所以从决定胜利的各种因素中选定了它，是因为通过时间和空间的计算，可以将它纳入数学法则。谈到其他因素的影响，他们认为对双方来说都是一样的，是可以相互抵消的，因此可以不加考虑。假如他们仅仅是为了要弄清数量因素的各个方面而偶然这样做，那也无可厚非；可是如果总是这样，而且认为数量上的绝对优势是制胜的唯一法则，认为在一定的时间和一定的地点造成数量上的优势，是军事艺术的全部奥秘，那么这将成为一种经不起推敲，经不起实践检验的片面的理论原则。

军队的给养

有人企图在战争理论研究中把另一个物质因素，即军队的给养因素发展成为体系。他们从军队是一个现存的物质实体出发，认为给养问题对大规模作战有着决定性作用。

这种方法有时也许会得出某些肯定的数值，但那些数值都是以很多臆测的假定为依据的，在现实中是站不住脚的。

基　地

有位才子曾经试图把军队的给养、人员的配备、装备的补充，以及本国交通联络的安全、必要时退却路线的安全等问题，甚至还有与此相关的精神因素，都用基地这个名词概括起来。最初他笼统地用基地这一概念表述上面提到的各个方面，并且不加以任何细分，而后又用基地的大小来代替基地，最后又用军队和基地构成的角代表基地的大小。这一切的目的不过是为了取得一种纯粹的几何学的结果，其实这种结果没有任何实际价值。基地这一概念对战略来讲确实需要研究。这一概念的提出将是一种奉献。然而像上述那样使用这一概念，是绝对不被容许的，倘若如此必然会得出一些带有片面性质的结论，将这位军事理论家引到荒谬之极的方向上去，以至于过分强调包围的作用。

内　线

之后，与上述基地原则相对立的另外一种几何学原则，即所谓内线原则在理论上占据了上风。尽管这个原则建立在较好的基础之上，即将其建立在战斗是战争唯一有效的手段这一真理之上，可是，由于它具有极其纯粹的几何学性质，因此仍然成为无法指导现实生活的另一种片面的理论。

上述所说的各种理论都应加以驳斥

这些理论，其分析部分，尚可看作是在探索真理方面的进步，而综合部分，即它们的细则和规则，则是毫无价值的。

这些理论都试图求得某种肯定的数值，然而战争中的一切都是不肯定的，是具有盖然性和偶然性的，计算时能够作为根据的往往只是一些经常变化的数值。

这些理论只考察物质因素，对整个军事行动始终离不开的精神力量及其作用没有加以任何研究。

这些理论只注意了单方面的活动，而忽略了战争交战时双方经常相互发生作用的过程。

这些理论将天才排斥在规则以外

这些理论，把它们解释不清，或无法解决的问题都置于科学研究的范围之外，归之于超越规则的天才的领域。

这些规则对天才来讲是毫无意义的，天才可以不予理睬，甚至可以取笑它们。那些在贫乏的规则中爬来爬去的军人是多么的幼稚可怜！实际上，天才的所作所为就是最好的规则，理论要做的最实际的工作，就是阐明天才在关键时刻是怎样做的和为什么这样做。

那些同精神相对立的理论不论它们摆出多么谦逊的面孔，都无法消除这种矛盾，它们越是谦虚就越显得虚伪，就越会受到嘲笑与鄙视，也越会被现实生活所抛弃。

理论只要触及精神因素就会遇到困难

不论什么理论一旦接触精神因素，问题就会无限增多。在建筑和绘画艺术方面，当理论只是涉及物质方面的问题时，还是比较好解决的，比如对结构方面的力学问题，以及构图方面的光线问题不会出现什么分歧。然而，只要涉及到创作物的精神作用，要求在精神上引起印象和感情时，理论的全部法则就显得无能为力了。

医学一般研究的是肉体的现象，涉及的也只有动物机体的问题，动物机体是每时每刻都在发生变化的，这就给医学判断带来很大的困难，这就使医生的实际经验比他的理论知识更为重要。倘若再加上精神方面的作用，其困难程度可想而知，因此，那些能运用精神疗法的人是多么了不起啊！

战争中不能排斥精神因素

军事行为绝对不是仅仅涉及物质因素的活动，它同时涉及使物质具有生命力的精神力量，所以，企图将两者分开是不可能的。

精神因素只有那些具有内在眼力的人才能看到，这种眼力每个人都是不相同的，就是同一个人的这种眼力在不同时候也常常出现不同的认识。

战争中到处都是危机四伏，所有行为都是在危险中进行的。所以，影响判断力的主要因素是精神范畴的勇气，即对自己力量的信心，换句话说也就是自信心。

通过经验可以看出，精神因素无疑有其一定的客观价值。

所有人都知道偷袭、侧翼攻击与背后攻击的精神作用，所有人都知道开始撤退的一方士气是很低落的，甚至勇气都丧失殆尽。任何人在追击时和在被追击时，所表现出的精神状态是完全不同的；任何人都会根据对方的才华、声望、年龄以及经验来判断对方，并根据这些情况来决定自己应该采取什么样的行动；任何人都会非常在意敌我军队的精神状态和情绪。上述这些类似的精神作用在经验中已经得到证明，而且也反复出现过。所以我们有理由认为，它们是的确存在的因素。理论倘若忽视这些因素，那么其价值就会大打折扣。

实践是真理唯一的源泉。理论和统帅，切勿不要陷入心理学和哲学的空谈之中。

作战理论的主要困难

为了弄清楚作战理论中的困难，然后按照这些困难找出作战理论必须具有的特性，我们就要进一步研究军事活动的主要特点。

第一个特点：精神力量及其作用——敌对感情

斗争正是敌对感情的表现，在我们称作战争的现代化大规模斗争中，敌对感情通常表现为双方敌对意图，个人与个人之间一般是不存在什么敌对感情的。尽管如此，并不是说绝对不存在敌对感情。在现代战争中，民族仇恨或多或少地代替了个人之间的恩怨，没有民族仇恨的战争是很少见的。就算没有民族仇恨，最初没有激愤的情绪，在斗争中也会逐渐燃起敌对情感。这是由于，无论任何人只要根据上级的命令对我们实施了暴力，都会使我们在反对他的上级之前，首先直接向他本人进行报复。说这是人的天性也好，是动物的本性也好，事实就是这样。人们在理论上往往习惯于把斗争看成是抽象的、不带任何感情色彩的军事力量的较量，这是由于理论没有看到由此产生的后果而犯下的千百个错误之一。

除了上述感情之外，人类还有其他的感情，如功名心、统治欲以及其他各种激情等等，它们在本质上虽不同于上述感情，但与上述感情的关系十分密切，很容易与之结合在一起。

◎危险的影响——勇气

战争每时每刻都存在着危险，一切军事活动都是与危险相伴而行的，就像鸟儿必然在空中飞翔，鱼儿必然在水里游动一样。危险对人的感情有时是直接起作用，有时是通过智力间接起作用。在前一种情形下，人们总是尽量躲避危险，倘若无法逃避，就会产生恐惧。倘若情况不是如此，那一定是勇气克制住了他们这种本能的反应。勇气不是智力的表现，它和恐惧一样，是一种感情的表现形式；恐惧是害怕肉体受到伤害，而勇气则是为了维护精神的尊严。勇气是一种人类高尚的本能。正因如此，我们不能将勇气视作一种能够预先规定其作用的，没有生命力的工具去使用。勇气不仅仅是抵消危险的平衡物，更是一种特殊的力量因素。

◎危险的影响范围

如果要正确预计危险对指挥官的影响，那么我们不能只看到危险对突发情况的影响。危险对指挥官的影响，不是由于他本人遭到威胁，而是由于他所指挥的军队遭到威胁；危险时刻威胁着指挥官，并且时时通过指挥官本人对它的想象而威胁着指挥官；危险不仅直接影响指挥官，而且通过责任感间接地影响指挥官，使他在精神上承受成倍的压力。当决定一次大会战时，一想到行动所带来的危险和责任，谁不会在精神上或多或少地承受压力与不安呢？可以断言，战争中的所有行动，只要是真正意义上的行动而不是单纯存在的，就永远无法与危险完全分开。

◎其他感情力量

我们把由敌意和危险激起的感情力量看作是战争中所特有的，但这并不意味着人类生活中的其他感情力量与战争毫不相关，实际上，它们也会在战争中发挥不小的作用。战争是人类生活中最严酷的活动，某些细小的激情必须被抑制住。那些职位低的指挥官，不断受到危险的威胁和劳累的折磨，根本没有时间考虑生活中的其他事情，生死关头是不容任何虚伪的，于是这就成为军人所具有的最好标志的简单的性格。然而职位高的人就不同了，职位越高，需要考虑的问题就越多，关心的方面也就越广，激情的活动就更复杂，这其中有好的也有坏的。宽厚与嫉妒、谦逊与傲慢、温和与暴躁，所有这些感情力量都可能在战争这种大型戏剧中发挥作用。

◎每个人的智力不同

除了感情以外，指挥官的智力同样有着非常大的影响。一个喜欢幻想、狂热、不成熟的指挥官，和一个冷静、思维严谨、强有力的指挥官，在其作为上是迥然不同的。

◎由于每人的智力差异，其达到目标的方法也各不相同

达到目标的方法之所以各不相同，其原因是盖然性和运气起着巨大的作用，同时每个人智力的不同起着决定性的作用。这种影响主要集中表现在职位较高的人身上，因为这种影响会随着职位的提高而增大。

第二个特点：活的反应

军事行为的第二个特点是活的反应，以及由此产生的相互作用。在此

我们不讨论活的反应在计算上的困难，因为前面已经谈过，把精神力量作为一个因素来研究必定会有困难，而这种困难已经包括了计算上的困难。我们要讲的是，作战双方在交战时的相互作用就其性质而言是与所有计划性不相容的。在军事行动的过程中，不同的措施对敌人所产生的影响是大不相同的。然而，任何理论所依据的都是类似的现象，绝对不能将纯粹特殊的情况也包含在内。这种特殊的情况，在任何地方都必须依靠判断和才能去解决。在实际军事行动中，按照一般情况所制定的行动计划，往往会被意想不到的特殊情况打乱，同人类的其他活动相比较，军事活动中更多地依靠个人才能，较少会运用理论上的某种原则。

第三个特点：所有情况的不确定性

战争中所有情况都是无法预料的，都是不确定的，这是一种很特殊的情形，因为所有行动都好像是在若明若暗的光线下进行的；而且，所有事物都像是在云雾和月光下一样，轮廓变得很大，样子变得离奇古怪。这些由于光线微弱而无法完全看清的东西，只有依靠才能去推测，靠运气去解决。所以，在对客观事物缺乏了解的情况下，要取得好的成果，就只能依靠才能，甚至依靠运气了。

◎不可能建立死板的理论

鉴于军事活动具有以上所述特点，我们必须指出：企图为军事艺术建立一套固定的军事理论，犹如搭起一套脚手架那样去保证指挥官遇事便有依据可查，那是完全不可能的，也是不现实的。即使出现可能，当指挥官只能依靠自己的智慧和判断力才能取得战斗胜利时，他也会抛弃它，甚至反其道而行之。并且，即使这些死板的理论面面俱到，也会出现我们之前讲过的那种结果：理论和现实对立，才能和天才不受法则的约束。

◎建立理论的出路——困难的大小处处不同

想要摆脱这些困难，其出路有两条：

第一，我们在对军事活动的特点作一般性的探讨时所讲的一切，并不适合于任何职位上的人。职位越低，自我牺牲的勇气就越重要，而智力和判断方面所遇到的困难相对就少，接触的事物也会有所限制，追求的目标，以及所使用的手段就相对简单，但是所掌握的情况却相对确切，因为其中很多情况都是亲眼所见的。而随着职位的升高，困难也就越来越大，到达最高统帅的地位，困难也就达到了最高点，以至于所有问题都必须依靠天才的智慧来解决。

从军事活动本身的区分来看，困难不是各个地方都一样的。军事活动的效果，越是体现在物质的方面，困难就越小；越是体现在抽象的精神领域，成为意志的动力，困难就会越大。因此，战斗的部署、组织和实施制定理论，比为战斗的实际运用制定理论容易得多。在前一种情况下，是用物质手段去进行战斗，尽管其中也包含精神因素，但是终究是以物质为主。而在运用战斗的效果时，即物质的结果变成动力时，人们所接触的只有精神了。总的来说，为战术建立理论，始终要比为战略建立理论简单得多。

◎理论是一种考察，而不是死板的教条

建立理论的第二条出路所依据的观点是：理论不能是死板的，也就是说理论不能是对行动的规定。假如某种活动总是涉及同一类事物，即达到同一类目标，采用同一类手段，那么，即使它们本身变化很小，采取的方式多种多样，它们依然能够作为某种理论的研究对象。然而，这种实际考察是所有理论研究最重要的部分，而且只有这样的考察才能够称得上是理论。这种考察对研究的事物进行仔细的分析与探讨，使人们对事物有一个明确的认识，能够深入地了解它们。理论越是能够使人们深入地了解事物的本质，就越能够把客观的知识变成主观的能动性，也越能在一切依靠智慧才能来解决问题的情况下充分发挥作用，即它对人的才能本身发生作用；倘若理论能够探讨构成战争的各个因素，能够比较清晰地划分初看起来好像混淆不清的东西，能够全面阐述其手段的特性，说明手段可能会产生的效果，明确目的的性质，不断批判地阐明战争中的所有问题，那么这样的理论也就完成了自己的主要任务。人们通过书本学习，使理论成为战争问题的指南针，为人们指明前进的道路，胜利的方向，并且在这一过程中培养他们的判断能力，防止他们误入歧途。

如果一个专家用尽一生的精力，去全面地诠释一个原本隐晦不明的问题，那么他对这一问题的了解，必然要比仅用几个月的时间去研究这一问题的人深刻得多。建立理论的目的，是为了让他人不必从头整理材料、从零开始研究，而是利用已经整理、研究好的现有成果。理论应该培养未来指挥官的智力，更准确地说，应该启发他们自修的能力，而不是陪着他们一起上战场，这就像一位高明的教师，最好的教学方法是引导并促进学生发展智力，而不是一辈子手把手地仅仅教会他们某些具体知识。

假如能够从理论研究中自然而然地得出原则与规则，假如真理能够自然而然地凝结成原则与规则这样的晶体，那么，理论不但不会违背智力活动这种自然规律，反而会像在建筑拱门时最后砌上拱心石那样，将这些原则和规则突显起来。当然，理论这样做的原因，是为了与人们思考的逻辑关系相一致，明确线索的汇合点，而不是为了制定一套代数公式供战场上使用。这些原则与规则，目的就是确定思维的基本线索，而不是像路标一样指出行动的具体道路。

◎建立理论，才能消除理论与实践之间的矛盾

根据上述观点，就能够建立一种让人满意的作战理论，即建立一种有用的、与现实没有矛盾的作战理论。这种理论只要运用得当，就会趋近实际，甚至达到完全消除理论脱离实际的这一反常现象。这种反常现象通常

是不合理的理论导致的，正是因为它，理论才与健全的理智相对立，可惜却常常成为那些智力贫乏、愚昧无知而又天生愚蠢的人的挡箭牌。

◎理论应该考察目的与手段的性质——战术上的目的与手段

在战术中，手段是进行斗争的训练有素的军队，而目的是取得战斗的胜利。至于怎样确定胜利的概念，以后在研究战斗时还会更详细地阐述，在此，只要逼迫敌人退出战场，放弃抵抗就足以成为胜利的标志。这样一来，就达到了战略为战斗规定的目标。这种目标使战斗具有了真正的含义，而这种含义对胜利的性质必然会产生一定的影响。一个以削弱敌军力量为目标的胜利，和一个以占领某一阵地为目标的胜利是不相同的，战斗的目的对整个作战计划的制定、组织和实施有着非常大的影响，因此战争的目标也应该成为战术的一个研究对象。

◎在战术上使用手段时所离不开的相应条件

有些条件是战斗必不可少的，它或多或少会对战斗产生影响，因此在使用军队时必须考虑它们。

这些条件正是地形、时间与气候。

◎地　形

地形可以分为地区和地貌这两个概念。严格地讲，倘若战斗是在一马平川的荒原上展开，那么地形对战斗的影响微不足道。

这种情况在草原地带确实可能发生，但在欧洲地区几乎只是空想。因此，民族间的战斗要想不受地形的影响，那是不可能的。

◎时　间

时间有昼夜之分，然而时间对整个战斗的影响范围，决不仅仅局限于昼夜之分的界线，因为每一次战斗都有自己的持续时间，大规模的战斗甚至会持续很多个小时。对组织一次大规模的会战来讲，战役是从早晨开始还是从下午开始有着重大的区别。当然，也有许多战斗不被时间所影响，一般而言，时间对战斗的影响程度还是比较有限的。

◎气　候

气候对战斗产生决定性影响的情况极为少见，一般而言，只有大雾天气才会带来一定的影响。

◎战略上的目的与手段

在战略上，只有胜负之分。战术成果是手段，导致媾和的因素才是最终的目的。在战略上，运用各种手段来达到目的同时，同样离不开对此发生影响的那些条件。

在战略上使用各种手段时离不开各种条件，这些条件又构成了新的手段。这些条件包括：地区和地貌，其含义应该扩展到整个战区的土地与居民；时间，不仅包括昼夜的区分，还要包括不同的季节和气候，即严寒的特殊现象。

战略将上述条件与战斗的胜负结合在一起，使战斗具有了特殊的目的。然而，这一目的只要还没有直接导致媾和，而只是从属性的，那么它仅仅只是一种手段。而且，我们可以把这些不同意义的战斗成果或是胜利当作是战略上的某种手段。占领敌人阵地就是战斗同地形相结合共同作用而取得的战斗成果。具有特殊目的的某一战斗应该看成是战略的手段，而在共同的目的下进行的一系列战斗，由其所组成的更高的战斗单位，同样也应该被看成是一种手段。冬季战局就是战斗与季节相结合的一种行动。

所以，只有被看作是直接导致媾和的因素才能成为目的。理论所研究的，应该是这些目的与手段的作用以及相互关系。

根据经验确定战略所应探讨的手段与目的

第一个问题是，战略如何才能将这些手段和目的准确、详尽地举出来。假如采用哲学的方法得到一个必然的结果，就会陷入种种困难之中，使我们无法得到作战与作战理论之间逻辑的必然性。因此，只有依靠经验，根据战争史所提供的战例进行分析研究。诚然，用这种方法得出的结论势必带有一定的局限性，因为它只适用于与战史情况完全相同的战斗。这种局限性是不可避免的，因为不论在何种情况下，理论所讲述的问题必然是从战史中抽象来的，至少是和战史比较接近的。与其说这种局限性存在于现实中，不如说存在于概念中。

这种方法最大的优点在于能使理论切合实际，不致误导人们陷入毫无意义的思考，或者钻进牛角尖而流于泛泛的空谈、空想。

◎对手段应分析到什么程度

第二个问题是，理论应对手段分析到何种程度。很明显，只要考虑到它们使用时的各种特性就足够了。对战术来讲，各种武器的射程和杀伤力是最为重要的，至于它们的构造可以说是无关紧要的，因为作战不是用炭粉、硫磺和硝石制造火药，也不是用铜和锡制造火炮，作战运用的是具有效能的现成武器。对战略来讲，所需要的是军用地图，而不是研究三角的测量仪；要想取得辉煌的战果，无需探讨怎样建设国家，怎样教育和管理百姓，只需概括地了解各国社会在这些方面的现状，并注意在不同的情况下，这些因素可能对战争产生的影响就行了。

◎知识的范围大为缩小

作战所需的知识范围大大缩小，理论所需研究的对象也就显著地减少了，这是显而易见的。一支装备充分的军队，在进入战场时所必须具备的，以及一般军事活动所必需了解的大量知识与技能，在最后投入战争使用之前，必须精炼为极少的几条主要结论，这就犹如千条小河在流入大海之前必须先汇成几条大河一样。那些直接进入战争这一大海的主要结论，才是必须被指挥战争的人所熟悉和掌握的。

◎伟大的军事天才可以迅速成长为统帅而不是学者

事实上，我们的研究必须能够得出这样肯定的结论，否则我们的研究就是不正确的。唯有这样的结论才能说明，为什么那些从未接触过军事活动的人能够担任较高的职务，甚至能够胜任统帅的职务，并且在战争中建立丰功伟绩；为什么杰出的统帅很少来源于知识渊博的学者中，而大部分来自那些环境不允许他们获得大量书本知识的人。因此，那些认为培养未来统帅必须从了解所有细节开始，或者认为这样做才是有益的人，一向被视为可笑的书呆子。实践证明，了解所有细节对统帅来说不仅是无益的，甚至是有害的，因为人的智力来源于他所接受的知识与思想。有些大问题的知识与思想可以成就人才，但是有些细微与枝节问题的知识与思想，假如不视为与己无关的东西而接受的话，就只能使人局限自己的才能。

◎以往的矛盾

从前，人们没有意识到战争中所需要的知识是非常简单的，常常把这些知识与那些为作战服务所需要的大量的知识与技能混为一谈，所以，当它们明显与现实世界的现象发生矛盾时，只好把无法解释的一切都推给天才，认为天才不需要理论的指导，而理论也不是为天才所建立的。

◎有人不承认知识的用处，把一切都归之于天赋

有些依靠天赋成就事业的人觉得，非凡的天才与学识渊博似乎有着天壤之别，他们从来不相信理论，认为作战全凭个人的智慧，能力的大小决定于个人天赋的高低，这样一来，他们在不知不觉中就成为了怀疑论者。当然，这种人较之相信错误知识的人要好些，但是，他们这些人的看法确实不符合事实。因为不积累一定的观念，就无法进行智力活动。而这些观念大部分不是先天带来的，而是通过后天学习获得的，这些观念就是知识。现在我们要问，战争需要的是哪一类知识呢？确切地说，战争所需要

的知识，应该是能够帮助人们在战争中直面问题的知识。

◎不同的职位需要的知识也不同

在军事活动的范围内，指挥官的职位不同需要的知识也不同。假如职位较低，所需要的知识则是一些涉及面较窄且具体的知识；假如职位较高，所需要的则是涉及面既广又较概括的知识。让某些统帅去担任骑兵团长的角色，也许并不一定出色，反过来也是同样的道理。

尽管战争中所需要的知识很简单，但灵活运用它们却不那么容易

在战争中所需要的知识是比较简单的，它所涉及的知识面仅限于很少的几个问题，而且只需要掌握这些问题的最终结论就足够了。然而，能够在战争中灵活运用这些知识却不是件容易的事。在战争中常常会遇到各种困难，我们在第一章中已经详细讲过。这里我们不去讨论那些只能依靠勇气才能克服的困难，只探讨通过智力活动才能克服的困难，我们认为在较低的职位上遇到的困难是简单和容易的，随着职位的提高，其困难程度也就增大，到了统帅这样的最高职位，智力活动对他而言，就会成为人类最困难的精神活动之一。

◎战争中必须具备哪些知识

尽管统帅不一定是学识渊博的历史学家，也不一定是政论家，但他必须掌握国家大事，必须对传统的方针、当前的利害，以及可能存在的各种问题，当权人物等均有所了解，并做出正确的评价。统帅不一定是细致的人物观察家，也不一定是敏锐的性格分析家，但他一定要了解自己部下的性格、思维方式、生活习惯，以及优缺点。统帅不一定要知晓车辆的构造、火炮的挽曳法，但是他一定要具备正确估算在不同情况下一个纵队行军时间的能力。所有这些知识，都无法依靠科学公式和机械方法来获得，它只能在平时的观察中，以及在实际生活的积累中，依靠对事物的理解力来获得。

所以，在军事活动中职位高的人所需要的知识，是在观察和思考中经过一种特殊的才能来获得的，作为一种精神上的本能，这种才能犹如蜜蜂采蜜一样，是极其善于从日常生活中吸取精华的。除了观察和研究之外，还可以通过生活实践来获得这种知识。经过具有教育意义的生活实践，人们尽管永远无法成为牛顿或者欧拉那样的人物，但是却可以获得像孔代或是腓特烈那种杰出的推断力。

所以，我们完全没有必要为了获得军事活动中的智力因素而陷入呆板的学究气的沼泽中。历史上没有一个伟大而杰出的统帅是智力平凡的人，然而有些人在较低的职位上表现得非常出色，但是一旦升迁到最高职位却往往会因为智力平平而表现得平庸；而有些人同样处于统帅的位置，但是由于职权范围不同，智力的发挥程度也会出现差异。

◎知识必须变成能力

前面我们讲了战争必须具备哪些知识，现在我们还要考虑另外一个要求，这个要求对作战知识来讲比对其他任何知识都要重要，那就是一定要把知识融会贯通，真正变成自己的东西，而不再是某种客观上的东西。在人类其他领域的活动中，人们即使遗忘了曾经学过的知识，使用时还可以去书本中查找；即使是每天都要运用的知识，也完全可以当作身外之物，不必记在脑海里。当建筑师拿起笔来进行复杂的计算，求出一个石礅的负荷力时，他所得出的正确结果不能算是他自己智力的创造，首先他必须查找很多资料，然后进行计算，而在计算当中所使用的定律也不是他自己的发明创造，甚至有可能他在计算过程中完全没有意识到为什么必须用这种方法而不是那种方法，计算只是单纯的数学运算。但是，在战争中决不会这样。在战争中，人们的思维活动不断发生反应，客观情况也在不断变化，这就要求指挥官必须将知识变成只属于自己的东西，随时随地地加以运用，必要的时候迅速做出制胜的计策。因此，指挥官必须将知识与思想完全融为一体，变成真正意义上的能力。正是这个原因，一个出色的军事指挥官的所作所为在其他人眼里显得那么容易，似乎一切都应该归功于他与众不同的天赋。我们所以说天赋的才能，就是为了将通过观察与研究培养出来的才能和这种才能区别开来。

经过上述 研究，我们已经明确了作战理论的任务，并举出了完成这一任务的方法。

曾经我们将作战方法分为战术与战略这两个范畴，要建立战略理论无疑会有很大的困难，但是战术理论就相对容易一些，因为战术涉及的问题有限，而在战略上，直接导致媾和的目的却是无穷无尽的。当然，只有军事统帅才需要考虑媾和的目的，所以在战略中与统帅有关的部分往往会出现较大的困难。

所以，战略理论，特别是涉及到重大问题的那一部分理论，比起战术理论来说更应只是对事物的考察，是对帮助统帅认识事物的考察。这种认识，一旦与统帅的整个思维融为一体，那么就足以使他顺利地制定作战计划，更有把握地采取行动，而不至于服从客观真理。

第3节　军事艺术或军事科学

用词尚未统一——能力与知识。科学是单纯地以探讨知识为目的，而技术是以培养能力为目的

人们至今还没有考虑好，究竟是采用军事艺术还是采用军事科学来当作术语，而且也不知道应该怎样来解决这个问题，尽管这非常容易。我们在其他地方曾经讲过，知识与能力是不同的。两者的差别非常明显，原本就不易混淆。能力不是写在书本上的，因此技术也不应作为书名。然而，人们已经习惯于将掌握某种技术所需的知识称为技术理论，或者干脆地称为技术，因此势必会采用这种方式加以区分：技术是指以培养创造能力为目的，如建筑术；科学是指单纯地以探讨知识为目的，如数学、天文

213

学。在任何一种技术理论中，都会包含某种独立的科学，这是显而易见、不容怀疑的。值得注意的是，任何一门科学都会包含技术因素，比如在数学中，算术与代数的应用就是技术，不过这并不是两者之间的界限。因为，从人类知识的总和来看，知识与能力的差别虽然非常明显，但体现在每一个人身上时却很难将他们完全分开。

很难将认识与判断分开——军事艺术

思维是一种能力。当逻辑学者画出一条横线，表示前提，也就是认识的结果已经结束，而判断开始时，能力也就开始发挥作用了。除此之外，通过智力的认识也应该算作判断，也是一种能力，同样，通过感觉的认识也是这样。总而言之，一个人倘若只有判断力而没有认识力，或者只有认识力而没有判断力，那都是无法想象的。因为，能力与知识是有一定关联的。越是具体地体现于世界外部形态上，能力与知识的区别就会越明显。我们再讲一遍，技术领域包括以创作和制造为目的的活动，而科学领域则是以研究和求知为目的的活动。由此可见，军事艺术比军事科学这一术语更为恰当、贴切。

我们之所以对这个问题谈论了这么多，是因为这些概念非常重要，必不可少。我们认为，战争既不能称为真正的技术，也不能称为真正的科学，人们往往因为意识不到这一点，才误入歧途，不知不觉中把战争与其他领域中的技术或科学联系起来，因此还进行了许多不正确的推理。

人们感觉到了这一点，于是又把战争说成是一种手艺。这种做法是弊多利少，因为手艺不过是一种初级的技术，它所服从的是既固定而狭隘的规律。实际上，在某个时期内军事艺术确实具有手艺的特性，比如在佣兵队长时期；然而，之所以产生这种倾向不是因为其内在的原因，而是由于外在的因素。战史能够证明这一点。

◎战争是人类交往的一种行为

我们认为，战争既不属于技术领域，也不属于科学领域，它应该属于社会生活的领域。战争来源于一种巨大的利害关系的冲突，这种冲突是用流血的方式来解决的，它与其他冲突的不同之处正是这个原因。与其说战争像某种技术，还不如说更像某种贸易，贸易也属于人类利害关系的冲突。然而，政治是最接近战争的，我们可以把政治看作是一种更大规模的贸易。除此之外，政治是孕育战争的母体，在政治活动中战争的轮廓就已经隐隐形成，犹如生物的属性是在胚胎中形成的一样。

◎区　　别

战争同技术或艺术的本质区别在于：战争这种意志活动与技术不同，只研究毫无生气的对象，也不像艺术那样，研究的是人的精神与感情这一类有生命力的、抽象的，但却是任人摆布的对象，战争所研究的是活跃的、有生机的对象。所以，很容易看出，在技术与科学上所使用的机械式的思维方式是不适用于战争的；力图从战争中找出类似于物质世界所具有的某种固定的规律，将不可避免地会导致错误。然而，在过去当人们确立军事艺术时，正是以技术作为标准的。以艺术作榜样也行不通，由于艺术本身缺乏一定的法规和原则，而现有的几条法规和原则常常又是不完善的或片面的，它们在各种意见、感觉和习惯的巨流下不断地被冲击被淹没。

至于战争中出现或消失的这种活的对象之间的冲突能否遵循一般法则，这些法则是否可以作为行动的有价值的准绳，我们会在本篇中作一些探讨。但是有一点非常清楚，像那些没有超出我们认识能力范围的其他对象一样，用研究精神也是能够阐明战争这个对象的。其内在联系或多或少都能够弄清楚，而且做到了这一点，理论就变成名副其实的理论了，就可以发挥其指导作用了。

第4节　方法主义

为了讲清楚在战争中占据如此巨大作用的方法与方法主义的概念，我们必须大致考察一下支配所有行动的那套逻辑层次。

法则，这一最普遍的概念对于认识和行动都是适用的。就词义而言，显然带有某种主观性和武断性，然而它却恰如其分地表达了我们与外界事物所必须遵循的东西。就认识来讲，法则表明了事物与它的之间的相互作用；对意志来讲，法则则是对行动的一种制约，与命令和禁令有着相同的作用。

原则，同法则一样是对行动的一种制约，但它又不等同于法则，它具有法则的精神和实质，却不像法则那样呆板固定。当现实世界的复杂现象无法被法则纳入死板固定的形态时，原则就会使判断有一定的自由空间。因为在原则不能适用的情况下，必须依靠判断来解决问题，而原则实际上充当的是行动者的指南针。

假如原则是客观真理的产物，就会适用于任何人；假如原则含有主观的因素，只对提出它的人有一定指导意义，那么它通常被称为座右铭。

规则，往往被理解为法则，但却与原则有着同等的意义，所以，人们经常说"没有无例外的规则"，却不会说"没有无例外的法则"。这说明，人们在运用规则的时候自由的空间相对较大。

从另外一个意义上看，规则也是根据外部的个别特征去认识深藏内部的真理，并确定与这一真理完全符合的行动准则。赌博的秘诀与数学上的公式就属于这一规则。

细则和守则，也是对具体行动的规定。它所涉及的范围更为细微、更为具体，而这种情况不但常见还过于琐碎，所以不值得为它设立一般性法则。

最后，是方法与方法主义。方法是从若干个可能的办法中选择一种常用的办法；方法主义则是根据某种具体方法来决定行动，而不是依据一般原则或个别细则。但是，这必须有一个前提，用这种方法去处理的各种情况大体上是相同的，完全相同是不可能的，但相同的部分应该尽可能多些，换言之，这种方法仅适用于那些最可能出现的情况。所以，方法主义的前提是不以个别情况为准，而是根据许多相似情况的盖然性，提出一种普遍真理。假如以同一种形式反复运用这一真理，那么很快就能够达到机械般的熟练程度，最后，甚至可以不费吹灰之力地对事情做出正确的处理。

法则这个概念，对于作战研究来说是多余的，因为战争中的情况瞬息万变，没有规律可循，即使存在某些规律，也不能包罗万象。因此，就战争而言，法则并不比简单的真理更为有用。只要是能够用简单的概念与言词去表达的，倘若用了复杂、夸张的概念和言词，无异于哗众取宠，故弄玄虚。在作战理论中，法则这一概念同样不适用于行动，因为战争中的各种现象变化多端，并且极为复杂，普遍的法则对它而言也是没有意义的。

假如想给作战理论制定出固定的条文，那么原则、规则、细则和方法均是不可缺少的概念，因为在固定的条文中，真理必须以结晶的形式出现。

在作战方法中，最可能成为固定条文的是战术理论，所以，上述概念在战术中最为常见。例如，在不得已的情况下使用骑兵进攻敌人队形完整的步兵；在敌人进入有效射程之前，不能发射武器；战斗中要尽量保存兵力，以备最后使用等等，这些都属于战术原则。虽然这些规定并不是在所有场合都绝对适用，但是指挥官必须把这些战术铭记于心，以便在适当的时候发挥作用，而不致贻误战机。

假如敌人生火做饭的时间异常，就可以推断敌人准备转移；假如敌人在战斗中有意暴露自己的部队，就意味着准备佯攻，这种认识真理的方法就叫规则，因为从这些明显的特殊情况中，就能够推断出敌人的意图。

倘若，在战斗中发现敌人开始撤退，炮兵就应马上开炮猛烈攻击敌人是一条规则，那么，从这一特殊现象中推测出整个敌情，根据这一敌情又能够得出一条行动规则。这个敌情就是：敌人打算放弃抵抗，准备撤退，此刻，他的表现是既不进行充分的抵抗，又不像在撤退过程中那样完全摆脱我方。

说到细则和方法，只要经过训练的军队掌握了它们，并把它们作为行动的准则，那么战争理论就会在作战过程中发挥作用。有关队形、训练，以及野战勤务的所有规定都应属于细则和方法。细则包括有关训练的规定，而方法包括有关野战勤务的规定。在实际作战中，这些细则和方法都是非常有用的现成方法，而这些现成的方法往往被包含在作战理论中。

然而，对于自由使用军队的活动就不能制定细则，也不能制定固定的守则，因为细则是无法自由运用的。方法是执行任务的一般法则，它能够在实际运用中将原则和规则的精神注入进去。只要它保持自己的面目，不成为一套绝对而死板的行动规则，而是一种代替个人决断的捷径，是一般法则中最好的方法，就足以将它列入作战理论中。

在作战中按方法办事，是非常重要的，也是必不可少的。我们可以想一想，在战争中有多少行动是按照完全的假设和在情况完全没有弄清楚的条件下决定的呢？搞清这一点，上述观点就不难理解了。由于敌人会千方百计地阻挠我们去了解那些对我们的战略部署有影响的情况，同时时间也不允许我们有条件充分地了解这些情况，就算我们掌握了这些情况，也会因为范围太广，过于复杂，而无法依据它们来调整所有的军事部署，因此我们经常只能根据某些可能的情况进行部署。我们还明白，在所有事件中需要同时考虑的情况是无穷尽的，我们除了进行大概的估计，根据可能发生的或是一般的情况进行部署之外，就没有其他可行的办法了。最后我们还要讲的是，职位越低，军官的人数就越多，因此无法使他们所有人都具备独立的见解与成熟的判断力。除了从勤务细则和经验中得到的一般见解之外，就不能强求他们再有其他的更高明的见解，因此我们就必须教给他们一些类似细则的方法，作为他们判断时的依据，防止他们超出常规地胡思乱想，因为在需要经验的领域里，胡思乱想是非常危险的。

必须承认，方法主义不但不可缺少，而且从某种意义上说，它还具有很大的好处，即反复使用同一种方法，让指挥达到更加精确、熟练和可靠的程度，从而减少战争中的阻力，使战争沿着预定的轨道顺利进行。

职位越低，能够使用的方法就越多，作用就越大，就越是不可缺少；职位越高，适合使用的方法就越少，到最高职位，方法就完全派不上用场。所以说，方法在战术中起到的作用比在战略中更大。

从战争的最高角度来看，战争的构成不是源于大同小异的、处理得好坏取决于方法好坏的无数细小事件，它是由需要分别进行处理，并具有决定意义的重大事件所构成。战争不像长满庄稼的田野，而像长满大树的土地。收割庄稼时，不必考虑每棵植物的长势如何，而收割的好坏取决于镰刀的锋利与否；而用斧头砍伐大树时，每棵大树的形状与长势都是必须考虑的。

在军事活动中，使用多少方法，不取决于指挥官职位的高低，而是取决于事情的重要性。统帅所处理的事情既全面且重大，所以很少使用某种具体方法。统帅倘若在战斗队形、前卫和前哨方面采取传统方法，不仅部下会有约束感，就他自身而言，在某些情况下也会有一定的束缚力。诚然，这些方法也许是他自己创造发明的，也许是他根据情况借鉴他人的，但是只要这些方法是以军队和武器的一般特性作为依据的，它们就能够成为理论研究的对象。可是，像机器制造产品那样，总是按照同一种方法，固定不变地来制定作战计划是万万不行的，也是要坚决反对的。

在对作战研究还不够完善，还没有令人满意的理论时，职位较高的人有时也需要使用方法主义，因为有些职位较高的人没有机会通过专门的研究，以及上层生活的体验来提高自己。他们在面对那些不切实际，又充满矛盾的理论与批判时总会显得无所适从，他们所接受的书本知识无法认可这些东西，在这种情况下，除了依靠实际经验之外，他们也想不出其他更好的办法了。因此，在必须单独处理问题的场合，他们就会自然而然地运用从经验中得来的方法，即效仿最高统帅独特的行动方式，这样，自然就产生了方法主义。斜形战斗队形是腓特烈大帝的将军们所习惯采用的，而绵长战线的包围战法是法国革命时代的将军们喜欢采用的，而拿破仑的将领们则喜欢集中兵力进行血战，从上述作战方法的反复运用中，我们明显可以看到一套袭用的方法。由此可见，高级指挥官也会仿效别人的方法。假如有一套比较完善的军事理论，有助于研究作战方法，并帮助力图上进的人们提高智力和判断力，那么仿效范围就会相对小一些。而那些不可或缺的方法，也许就是理论本身的产物，而非单纯仿效的结果。一个伟大的统帅不管把事情处理得多么完美，其办事的方法中或多或少会有一些主观的东西，假如他有自己特定的作风，那么这种作风在很大程度上体现了他的个性，但是那些仿效他的将领们，在个性上是不会完全和他一模一样的。

但是，想要在作战方法中彻底摒弃主观的方法主义或作风，既是不可能，也是不正确的。相反，我们应该把主观的方法主义，当作战争特性对若干现象所产生的影响的一种表现。当理论还没有预见，或是研究这种影响时，所能依靠的就只有方法主义了。革命战争有它特殊的战术，这是很自然的。然而，哪些理论可以预先将它的这些特点包括进去呢？但可惜的是，特定情况下产生的方法非常容易过时，因为具体情况总是不断地发生变化，而方法本身却没有任何改变。因此，应该通过明确而合理的批判，防止使用这些过时的方法。1806年，一些普鲁士的将军们，比如路易亲王在扎耳费耳特，陶恩青在耶拿跟前的多伦山，格腊韦尔特在卡佩伦多夫前面，以及吕歇尔在卡佩伦多夫后面，都曾因为机械地使用了腓特烈大帝的斜形战斗队形而导致全军覆没；同样的战术，导致霍恩洛厄的军队遭受史无前例的惨败。原因不仅是这种方法早已过时，而且还因为在那个时候方法主义导致智力变得极为贫乏。

第5节 批判

理论上的真理，更多地是通过批判而不是条文对现实生活产生影响。把理论上的真理应用于实际事件就是批判，所以，批判不仅使理论上的真理与实际更加接近，而且通过反复应用，会让人们对这些习惯产生依赖，从而更加相信这些真理。我们不但要确定用哪种观点建立理论，而且还要确定用哪种观点进行批判。

我们把批判地论述历史事件同单纯地描述历史事件区分开来。单纯地描述历史事件往往是罗列一些具体事实，最多不过是讲述一些最直接的因果关系。

批判地论述历史事件，包括三种不同的智力活动。

第一，考证历史上存有疑问的史实。这是纯粹的历史研究，同理论研究是两回事。

第二，从原因推断结果。这属于纯粹的批判研究。这种研究方法对理论而言是必不可少的，由于在理论中需要用实际经验来确定、证实，或者需要加以说明的论点，都必须用这种方法来解决。

第三，对使用的手段进行检验。这才是真正意义上的批判，既有赞扬，又有指责。在此，理论是用来研究历史的手段，或者更确切地说是用来从历史中吸取教训的。

在后面两种，纯粹的考察历史的批判活动中，最重要的是要探求事物的源头，即弄清毫无疑义的真理，它不能像平时那样半途而废，即不能仅仅满足于某种随意做出的论断或假设。

由原因推断结论时，常常会出现一种难以克服的外在的困难，那就是完全无法了解真正的原因。就实际生活与战争而言，这种困难常会出现在战争中。在战争中，很难完全了解事件的真相，而行动的动机，就更难说清楚了，因为这些动机不是被当事人故意隐藏，就是因为它们出现得既偶然，又短暂，所以在历史上没有任何记载。因此，批判的研究大多要与历史的研究相结合，即使如此，有的时候原因与结果还是会不吻合，也就是说结果不能被当作已知原因的必然产物或唯一产物。这样一来，注定会产生脱节现象，即我们无法从所有历史事件中吸取有益的经验教训。理论所能要求的是，一旦出现这种脱节现象，就必须停止研究，不需再继续推论下去。假如自以为已知原因足以说明结果，并且对它过分重视，那真是最糟糕的了。

批判的研究除了上述外在困难，还存在一种很大的内在困难，那就是战争中的结果极少是只由一种因素造成，大部结果都是由诸多原因共同作用而产生的。因此，只单纯地认真追溯事件的一系列根源往往不够，关键还必须弄清每个原因所起的不同作用。如此说来，就必须深入地对原因的性质进行探讨，这时批判的研究自然就会进入纯粹的理论领域。

批判的研究，就是对所运用的手段进行检验，搞清当时的指挥官所使用的军事手段产生了什么样的结果，这些结果是否实现了指挥官的军事意图。

要想了解手段会产生怎样的结果，就必须研究手段的性质，这时研究就进入了理论的领域。

在批判中，最为重要的是找到与客观事实完全相等的、不会产生疑义的真理，不能凭主观想象做出论断，因为没有事实根据，随意作出的论断不被人信服，同样道理，别人也可以随意提出某种观点来反驳你的论断，如此一来争论就会无休止地进行下去，而且得不出任何结论，甚至连任何教训都得不到。

前面已经讲过，不管是对原因的探讨，还是对手段的检验，都可以进入理论的领域，进入一般真理的领域。假如有一种理论通过实践的检验，已经成为真理，那么在考察的时候就可以把在理论中已经确定的东西作为依据，不必再次去追溯求证。然而，在这种理论还没有成为真理时，在考察时就一定要追溯到底再次求证。如果经常这样，著作家就会感到非常烦恼，因为会有许许多多的事情要做，而且要想对每一个问题都进行研究分析，都从问题的源头开始考证，几乎是不可能的。在这种情形下，为了限定自己的考察范围，著作家就只好满足于自己随意提出的主张，尽管他本人不认为这些主张是随意提出的，然而在别人看来就是带有很强的随意性，因为这些理论本身就不够清晰，而且也没有得到实践证实。

所以，经过实践检验的理论，即真理，才是批判的重要依据。倘若批判不借助合理的理论，一般是无法使人得到教训的，也就是说，它不可能是令人心悦诚服，并经得起考验。

假如认为理论可以把每一个抽象的真理都包含在内，批判的任务只是考察实际情况是否符合相应的法则，这也是一种误解。倘若规定，在批判时决不能一丝一毫侵犯神圣的理论，这简直是可笑的书呆子的做法。创造理论的那种对问题细致分析的精神，同样应该指导批判活动，而且，只有批判具有这种精神，才会进入真正的理论研究领域，从而更进一步说明对它非常重要的问题。相反，假如在批判中只是机械地照搬理论，那就根本不可能达到批判的目的。理论研究得出的所有肯定的结论，比如原则、规则或方法等越是成为呆板的条文，就越缺乏普遍性，就越远离绝对真理的性质。这些理论本来是供人应用的，指导人实际行动的，至于它们是否适用，只能由实际判断来确定。在批判时，决不能将理论上的这些结论用以衡量一切的法则和标准，而应该根据实际情况，把它们当作判断的依据。在总的战斗队形中，骑兵不能与步兵同一战线，而应在步兵的后面，这是战术上的一个常识规定，然而对违背这一规定的任何配置不加分析地加以指责却是愚蠢的。在批判过程中，首先应该探讨违反这一规定的原因，只有在发现违反规定的理由不充分的时候，才可以引用理论上的规定加以反驳。再比如，理论上已经明确指出多路进攻会减少胜利的几率，然而，凡是采取多路进攻而又遭到失败的情况下，不加以分析就认为失败是由多路进攻造成的；或者是采取了多路进攻，并且获得了战斗胜利的情况下，又反过来说理论上的规定是错误的，这两种看法都存在片面性，是不合理的。上述两种观点都是批判时的分析精神所抵制的。理论上经过分析研究所得出的结论，是批判的主要依据，理论上已经确认了的，批判时就没有必要再重新确定了。理论上所以做出明确的规定，就是为了批判时有现成的论据可用。

批判的任务是探讨手段产生了怎样的结果，是探讨采取的手段与目的是否相适应，当原因与结果，目的与手段都很直接时，这一任务就很容易完成。

假如一支军队遭到奇袭，因此无法有条不紊地充分发挥它的作战力，那么奇袭的效果，即奇袭的目的也就达到了。假如理论上已经确定，在会战中使用包围攻击的战术能获得较大的胜利，但获胜的把握较小，那么问题的关键在于指挥官采用这一方法的目的是否为了取得较大的胜利。如果是，他所选择的手段就是正确的；倘若他采用这一手段，目的是为了获得较有把握的胜利，而他又没有从具体情况出发，仍然像以往见到的那样，只是依据包围攻击的一般性质做出选择，那么，他必定会犯下错误，因为他误解了手段的性质。

在此，批判地探讨原因、检验手段其实并不困难，只要将重点放在考察最直接的结果和目的的时候，事情就会变得很容易。假如人们抛开同整体的联系，仅仅考察事物的直接关系，那么当然能够随意地这样做了。

可是，像世界上其他活动一样，在战争中构成整体的各个部分彼此都是相互联系着的，每一个原因，即使是很小的原因，其结果也会对整个战争的结局产生影响，都会使最终的结果发生改变，尽管这种改变很小。同样，每一种不同的手段也必然会影响到最终的目标。

所以，只要某个现象还有存在的价值，就应该继续研究原因所导致的后果；同样，人们不仅可以依据最直接的目的去检验手段，而且还可以视这一目的为达到最高目的的手段来加以检验，由此，对一系列相互从属的目的进行探讨，直到目的的必要性不再存有疑问，不再需要进行检验为止。在很多情况下，特别是涉及到具有决定性意义的重要措施时，应该一直研究到最终的目的，也就是说能够直接导致媾和的目的为止。

很显然，在这样的向上溯本求源的过程中，每到达一个新的阶段，人们在判断时就必须找到一个新的立足点。所以，同样一种手段，从较低的立足点来看也许是适合的，但从较高的立足点来看也许是必须抛弃的。

批判地考察某一军事行动时，研究某些事物的原因常常是与依据目的检验手段配合进行的，因为必须通过对原因的研究，才能找到能够作为检验对象的东西。

当然，这种从下至上、从上至下的追溯，必然会遇到很多的困难。因为事件脱离原因越远，影响它的各种情况就越多，影响力也相对较大，因此人们所探讨的原因离事件越远，需要同时考虑的其他原因也就越多，而且还要分辨这些原因将对事件产生怎样的影响。假如找到了某次会战之所以失败的原因，那么也就找到了此次失败影响整个战局的原因；然而，这仅仅是一部分原因，因为，面对不同的情况，其他因素也会对战争的最终结果产生影响。

立足点的提高，也会增大检验手段时的复杂性，因为目标越高，为达到这种目标所必须运用的手段也会越多。战争的最终目的是所有军队都渴望追求的，所以，为了达到这一目的所必须做的，以及可能做的都应该加以考察研究。

这样一来，考察的范围就会大大增多，而困难也会增大，人们就更容易迷惑、慌张。因为，面对那些还没有发生但极有可能发生的事情，不得不加以考察并做出许多相应的假设。

1797年3月，拿破仑率领意大利军团，从塔利亚曼托河向卡尔大公进攻时，拿破仑的目的是：趁着卡尔大公所盼望的援军还没有从莱茵河方面赶到之前，迫使他决战。倘若仅从直接的目的来看，这种手段应该是选得很正确的，并且结果也证明了这一点。当时，因为卡尔大公的兵力很弱，在塔利亚曼托河只进行了一次尝试性的抵抗，当他发现敌军兵力那么强大，而且行动那么坚决时，就匆匆退出了战场，并放弃了诺里施阿尔卑斯山的山口阵地。利用这一幸运的胜利，拿破仑能够达到什么目的呢？他不但可以直导奥地利帝国的心脏，援助莫罗与奥舍率领的两支莱茵军团的进攻，同时还能取得与他们的紧密联系。拿破仑在制定作战计划时就是这样设想的，而且事实也证明，他的抉择是正确的。但是，假如从较高的立足点——即从法国督政府的角度来看待这次战役，拿破仑选择越过诺里施阿尔卑斯山的行动无疑是一种过于冒险的行动。因为倘若奥地利人在施太厄马克将莱茵河方面调来的援军组成强大的预备军，那么卡尔大公就能够进攻意大利军团，果真如此，意大利军团不仅会全军覆没，而且整个战局也会遭到惨败。当拿破仑到达菲拉赫后，他清醒地意识到了这一点，因此非常痛快地签订了莱奥本停战协定。

假如从更高的立足点进行批判，而且知道奥国人在卡尔大公的军队与维也纳之间没有什么预备军，那么，维也纳也会因为意大利军团的步步紧逼而受到威胁。

拿破仑如果知道奥地利首都并没有军队掩护，而且也知道施太厄马克对卡尔大公仍然占据决定性的优势，那么他急速进攻奥国的心脏就是存有目的的行动了。至于行动的价值，取决于奥地利人对维也纳的重视程度。如果奥地利人非常重视维也纳，甚至不惜以接受拿破仑提出的媾和条件为代价，那么进攻维也纳就可以被看作是最终的目的；假如拿破仑从某种情报中了解了这一点，那么批判就可以到此结束。如果对这一点还存在疑问，那么唯一的办法就是从更高的立足点继续批判，并进一步提出：假如奥地利人放弃维也纳，继续向本国辽阔的腹地后撤，那么情况又将怎样发展呢？很显然，假如事先没有对莱茵地区双方军队可能存在的事件进行研究，那么就无法回答这一问题。在法军兵力占绝对优势的情况下，要取得胜利问题不是很大；但这又会产生一个新问题，法国督政府利用这一胜利会想达到什么样的目的？是想乘胜追击奥地利帝国，从而彻底消灭这个强国，还是只想占领大部分奥地利帝国的土地，作为缔结合约的筹码呢？想要推断法国督政府所做的选择，只有找出这两种情况可能产生的结果。假设研究结果表明，要想彻底打败奥地利国家，法国的兵力还远远不够，以至于这样做的结果必定会造成整个局势的根本变化，即使只想占领奥地利的大片国土，也会让法国人面临兵力不足的困难局面，那么，这种结果必定会对意大利军团的地位造成影响，而且使人们不再对它抱有很大的希望。毫无疑问，这正是拿破仑明知卡尔大公孤立无援，却同他签订坎波福米奥合约的原因所在。这个合约，让奥地利国家丧失了一部分即使在最成功的战役之后也难以收复的地区之外，再没有付出更大的代价。然而，倘若法国人没有考虑以下两个问题，就无法签订这个好处不多的坎波福米奥合约，也不可能将签订这一合约作为进军的目。第一个问题是，奥地利人对上述两种结果的评价；尽管这两种情况都有可能使奥地利人获得最后的胜利，但是在这两种情况下，即双方继续作战的情况下，奥地利人都将付出巨大的牺牲，然而只要签订这一条件并不十分苛刻的合约就可以避免这种牺牲，面对这种情况奥地利人是否认为值得牺牲？第二个问题是，奥地利政府是否会利用自己的有利条件坚持抵抗，直到最后胜利，它是否考虑过对方最后将得到什么，它是否不会因为一时的失利而丧失斗争的勇气？

思考第一个问题，并不是没有任何意义的，反而具有很重要的实际意义。每当人们提出极端的计划时，都会顾虑到这一点，而且正是由于这方面的考虑，人们才常常放弃这样的计划。

第二个问题也必须去思考，因为人们并不是同看不见、摸不着的抽象的对象作战，而是同实实在在的必须时刻警惕的具体的人作战。这一点大胆的拿破仑肯定明白，也就是说他坚信自己的赫赫威名能够先声夺人，正是由于这种必胜的信念促使他在1812年向莫斯科发起了进攻，然而那次他失算了，因为经过数次大的战役他的威名已有所下降。在1797年，他的威名如日中天，而且人们还没有发现他顽强抵抗到底的威力，尽管如此，假如不是他预感到可能失败而签订了受益不多的坎波福米奥合约，那么在1797年他的威力也许会使他得到相反的结果。

对这个战例的考察可以到此为止了，因为作为实例这个考察已经充分说明：当人们追溯最终目的时，即为了达到最终目的而采取的决定性措施时，涉及的范围多么广泛、多么繁杂，遇到的困难将是多么巨大。从这里就能看到，对事物的了解除了理论认识之外，天赋的才能同样有着巨大的影响，要想阐明事物之间的相互联系，并在错综复杂的事件中分辨哪些是真正重要的，主要还是依靠天赋的才能。

批判的考察除了要检验已经使用的手段，还要检验可能使用的所有手段，这也不能缺少天赋的才能。因此在考察中，必须提出可能的手段，假如无法做到，就没有理由指责已经使用的手段。虽然在大多数情况下，这种可能使用的战术很少被提出，但不可否认，提出这些没有在实战中使用的战术并不是对已有事物的单纯分析，而是一种独特的创造，这种创造不能用现有理论加以规定，它只能依靠丰富的实际经验，通过智力活动才能得到。

那些少数可行的、非常简单的战术决不能看作是伟大天才的表现。有人经常把提出"迂回敌人阵地"这一战术视为伟大天才的表现，这种观点，我们不敢苟同；尽管如此，这种具有独立性的创造仍然是必要的，而且这种行动主要表现了批判的考察价值。1796年7月30日，拿破仑决定放弃围攻曼图亚，迎击前来解围的乌尔姆塞尔，集中兵力击破了被加尔达湖和明乔河隔开的所有乌尔姆塞尔军队，他的这种战术可以算是获得辉煌战果的最可靠的有效途径。事实上他也确实获得了他所预想的胜利，而且，当敌人之后再来解围时，他都采用这种手段，并且获得了更加辉煌的胜利。在这一点上，拿破仑受到了人们异口同声的称赞。

当时，如果不是彻底放弃围攻曼图亚的想法，拿破仑就不会在7月30日采取上述行动，因为这种行动无法保住辎重，而且在这一战局中他根本没有办法取得第二套辎重。事实上，后来的围攻已演变为单纯的包围，虽然拿破仑在野战中取得了巨大的胜利，然而只需维持七八天就能攻陷的要塞，却耗费了长达六个月的时间。

曾经因为批判者无法提出更好的对付援军的办法，而以为这是无法避免的憾事。在围攻防卫圈上，迎击前来救援的敌军这一手段，早就被众人批评和轻视，以至于这种方法最后被完全遗忘。这种战术在路易十四时代经常奏效，但是在百年之后竟然无人问津，成为世人所遗忘的角落，喜新厌旧的习俗对人的影响是多么巨大呀！倘若认为这种手段还有使用的价值，那么进一步研究就不难看出，在筑有坚固工事的条件下，拿破仑围攻防卫圈内设置的世界上最精锐的步兵时，完全不必惧怕乌尔姆塞尔所率领的五万援军，因为他们即使是做一次尝试性进攻都是非常困难的。在此我们不打算深入论证我们的观点，但是我们觉得，以上论述足以说明这种手段的价值。至于在当时拿破仑是否考虑过这些问题，我们不想妄加推断，但是依据他的回忆录，以及其他一些已经出版的资料中都没有出现过他曾考虑过这一手段的蛛丝马迹。后世所有的评论中，这一手段也都没有被提到过，可见它已经被人们完全遗忘了。现在，重新提出这一手段并没有什么了不起的功劳，因为只要人们能够摆脱时髦观点的影响，就足以做到这一点。然而，提出这一手段，同时将它与拿破仑所使用的手段进行分析，却是非常有意义的。不管比较的结果如何，在批判中这都是必须分析的。

　　1814年2月，当拿破仑在埃托日、尚波贝尔、蒙米赖这些战斗中打败了布吕歇尔的军队之后，他就不再理会布吕歇尔，而是把矛头指向了施瓦岑贝格，并且在蒙特罗和莫尔芒击败了他的军队。大家非常钦佩拿破仑，因为他声东击西地调动自己的主力部队，巧妙利用联军分兵进攻的错误而出奇制胜。在这些出色的战斗中，尽管没能挽救拿破仑最终的失败，但在多数人眼里，失败并不是拿破仑的过错。至今为止，还没有人提出：假如拿破仑当初继续进攻布吕歇尔，将他一直逼到莱茵河边，又会出现怎样的结果呢？我们可以肯定，在这种情况下，局势必定会发生根本性的转变，联军的主力也许不会进军巴黎，而是退回到莱茵河东岸。我们并不要求别人都与我们的这种见解一致，但是既然有人提出另外一种战术，那么在批判时就应该加以探讨，而这是任何军事家都不会反对的。

较之前一例中提出的战术，在这里提出的战术更易被人想到，可惜人们总是习惯于追随某种现成的见解，缺乏公正的态度，因而将之忽略了。

虽然有些批判者意识到，应该提出更好的战术来替代受到指责的战术，但是他们所提出的战术只是主观意识，却没有指出相应的论据。因此，不是人人都能信服他们提出的战术的同时别人同样也可以提出其他的战术，这样一来就会产生没有任何论据的无休无止的争论。许多军事著作中，都会出现这一类例子。

只要所提出的手段，其优点还没有达到令人信服的程度，就必须加以说明。所谓说明，就是结合目的比较两种手段的特点。假如能用简单、直白的道理说明问题，那么争论必然就会停止，或者从中得出另外一种结论，否则争论将会无休止地持续下去。

倘若我们不满足于在上述例子中提出的一个较好的战术，想要进一步证明不将矛头指向施瓦岑贝格，而是继续追击布吕歇尔更为妥帖，那么我们就必须提出以下理由作为依据。

第一，一般情况下，向一个方向持续进攻要比声东击西更为有利，因为后一种战术比较浪费时间；另外在敌军损失惨重而士气下降的情况下，充分利用已经取得的优势连续发动进攻，更容易获得胜利。

第二，尽管布吕歇尔的兵力比施瓦岑贝格弱些，但是他敢作敢为、果断行事的性格使他成为最重要的敌人，是他们中间举足轻重的人物。

第三，当时布吕歇尔的兵力已经受到非常严重的损失，拿破仑所占的优势非常大，要将布吕歇尔逼至莱茵河边不成问题，因为布吕歇尔在这个方向上的援军都是不堪一击的。

第四，将布吕歇尔逼至莱茵河边会引起很大的恐慌，最重要的是让施瓦岑贝格这样一个以优柔寡断闻名的将领产生更大的恐惧和失败的印象。施瓦岑贝格侯爵一定非常了解符腾堡王太子在蒙特罗，以及维特根施坦伯爵在莫尔芒一带遭受的打击。假如布吕歇尔在马恩河到莱茵河这段完全被孤立的战线上遭到重创，消息一定会犹如雪崩一样传到施瓦岑贝格的耳里。拿破仑为了向联军施加压力，在三月底曾向维特里发动进攻，这一孤注一掷的行动显然是为了恐吓对方的，然而，那时的情况同战争初期相比大相径庭，拿破仑在郎城和阿尔西的两次战役中均遭到了失败，而布吕歇尔正率领十万大军向施瓦岑贝格靠拢。

当然，上述理由并不能使所有人信服，但是那些抱有怀疑态度的人至少不能反驳说：假如拿破仑继续逼近莱茵河，威胁施瓦岑贝格的阵地，那么施瓦岑贝格会转而进攻巴黎，威胁拿破仑的基地。因为上述理由足以证明，施瓦岑贝格绝对不会向巴黎进军。

现在，我们再就上述1796年战局中所引述的例子来讲讲这个问题。拿破仑自认为他所采用的是击溃奥军最有效的战术，即使事实确实如此，他所能够得到的胜利也只不过是徒有虚名罢了，对攻陷曼图亚并没有起到特别的作用。必须指出，我们提出的战术是阻止援助的最有效的办法。即使我们的想法也和拿破仑一样，认为这一战术并不是最可靠的，甚至认为采取这一战术获胜的可能性更小，那么也必须对这两种战术进行比较：一种是夺取胜利的把握较大，但是所获好处较少，也就是说战果较小；另一种虽然夺取胜利的把握较小，但是战果却非常辉煌。假如这样来权衡得失，那么有胆略的人必定会赞同后一种方式，只有看问题肤浅的人，才会持相反的态度。拿破仑当然不是胆小鬼，但是在当时的情形下，他无法像我们现在这样，从历史经验中认清当时战况的实质，并预见事件可能的结果。

考察战术时，往往需要引用战史，这是极其自然的，因为在军事艺术中实际经验比所有的哲理更有价值。当然，这种历史引证是有其特定的条件的，这一点我们将在专门的章节里来论述。可惜这些条件很少引起人们的注意，因此在引用时更多只能增加概念上的混乱。

在此我们还要考察一个十分重要的问题，那就是批判者在评判某一事件时，在多大程度上能够利用对事物已知的比较全面的了解，利用为结果已经证明了的东西，或者说在何时何地完全抛开这些现有的东西，站在当事人的角度来思考问题。

假如批判者想要对当事人进行赞扬或指责，那么就应该尽可能地站在当事人的立场上去看问题，一方面要搜集、了解当事人所掌握的一切情报，以及产生行动动机的所有原因，另一方面又要排除当事人当时根本不可能了解的所有情况，同时还要抛开已知的战争结果。然而，这不过是人们努力追求的理想目标，实际上是完全不可能做到的，因为产生某一事件的具体原因，在批判者眼里和在当事人眼里的反映是不会完全相同的。一些可能对当事人造成影响的细小情况已无从考证，而一些主观的动机也从未被提到过，即使那些被谈到的主观动机也往往夹杂着许多推测。这些主观动机大多是从当事人那里，或与他亲近的人的回忆录中了解到的，但是在回忆录中，有关这方面的资料往往不是很详细，或是故意隐瞒实情。因此，当事人所了解的情况，必然有许多是批判者根本不可能知道的。

另外，批判者要想抛开他们比当事人多知道的材料就更不容易了。假如只是抛开偶然发生的事情，也就是同事件本身没有关联的事情，那还是很容易的；但是，要想抛开所有重大的事情，不但非常困难，甚至是完全做不到的。

这里我们先谈一谈结果。倘若结果不是偶然产生的，那么知道结果以后可采用逆向推理的方法，判断产生结果的原因，这种推论不可能不被已知结果所左右，因为我们是在已经了解了结果的情况下考察这些事物，而且其中某些部分还要参照已知结果才能做出合理的判断并给予正确的评价。对批判来说，战史中出现的所有现象都是教训的源泉。批判者以全面考察历史所得出的结论来阐明其他未知的事物是再自然不过的。所以，尽管有时想抛开结果，但还是不能完全做到。

不仅对事后发生的情况（结果）是这样，即使是对事前发生的情况，即对那些决定行动的情况同样如此。在大多数情况下，批判者所掌握的这方面的资料要比当事人多，有人可能认为抛开多了解的那部分情况是很容易的，但实际上并不是这样。当事人对事前，以及当时的情况的了解并不是只依靠准确的情报，还要依据大量的推测或假设，虽然要了解的情况不都是偶然的，但差不多都是先有假定或推测，然后才有情报的，因此在无法得到确切的情报时，唯一的途径就是用推测或假设来代替了。不难理解，对于已经了解事前或当时情况的批判者而言，当他在考虑当事人所不了解的情况时，就应该不被那些多掌握的材料所影响。然而我们认为，要想彻底抛开多掌握的材料，就如同抛开结果一样，是根本不可能的，其理相同。

因此，要想让批判者站在当事人的立场去考虑某一具体行动时，其可能性往往是有一定限度的。在多数情况下，批判者可以满足实际要求，但是在有些情况下，就不能完全满足，这一点应该注意到。

其实要批判者与当事人完全一致，既无必要，也不可能。在战争中，需要的是经过锻炼的禀赋，像在其他技术或艺术活动中需要的一样，这种禀赋被称为造诣。当事人的造诣有高有低、参差不齐，高的常常比批判者还要高，有哪个批判者敢将自己的造诣与腓特烈大帝或拿破仑的造诣相提并论呢？假如可以对一个具有伟大才能的人进行批判，那么就应该允许批判者利用比当事人了解得多的这个有利条件。因此，在对伟大的统帅进行评论时，批判者不能像验证数学题那样，采用伟大统帅使用过的材料对他进行检验，而是应该依据伟大统帅所取得的辉煌战果，以及他对事件的准确分析，来鉴赏他卓越的才能，了解他智慧的眼光所预测到的事物内在的联系。

另外，不论当事人的造诣如何，就算造诣很低，也要站在较高的立足点上进行批判，从而掌握大量的客观依据，切忌避免主观意识，勿将自己有限的智力作为衡量的标尺。

批判时站在较高的立足点上，根据对情况的全面了解进行评说、赞扬或指责，这本来不会引起人们的反感，但是倘若想借此抬高自己，把经过全面了解之后得来的所有高超见解，都夸张成自己天才的表现，那一定会使人反感的。尽管这种做法很容易被人看穿，但是虚荣心往往诱使人们这样做，所以这种引起别人不满的事情常会发生。更常见的是，批判者并不是故意自我吹嘘，而是没有注意防范，因此让有些读者误以为他在自吹自擂，说他不具备批判能力。

所以，批判者指出像腓特烈大帝或拿破仑这些伟大人物的错误时，并不意味着批判者本人就不会犯同样的错误，他也许还会承认，假如他自己处于统帅的位置，说不定会犯下更为严重的错误。这里只是想说明，批判者根据事物的联系发现了这些错误，那些当事人——即伟大的统帅，原本是可以运用自己的智慧来避免这些错误的。

上述方法就是根据事物的联系，参照结果进行的判断。假如仅凭简单的结果就能证明某种措施正确与否，那么结果对判断而言就会产生一种完全不同的作用。我们可以称这种判断为根据结果进行的判断。乍一看来，这种判断似乎没有什么价值，但实际情况并非如此。

像1807年，拿破仑在弗里德兰会战后逼迫亚历山大皇帝媾和，以及1805年和1809年，拿破仑在奥斯特利茨和瓦格拉姆会战后逼迫弗兰茨皇帝媾和一样，1812年拿破仑进攻莫斯科时，所有一切完全取决于能否通过占领莫斯科，以及从前的辉煌战绩促使亚历山大皇帝媾和。因为，假如他在莫斯科不能逼迫亚历山大媾和，那么他只有撤兵这一种选择了，意思是他将在战略上遭到失败。在此，我们不想讨论拿破仑为了到达莫斯科曾采用了哪些措施，他是否失去过许多促使亚历山大皇帝下决心媾和的机会，我们也不讨论撤退时拿破仑多么狼狈不堪；其实，即使在进军莫斯科的过程中，拿破仑获得多么辉煌的战果，也不能完全肯定亚历山大皇帝会因恐惧而媾和；即使撤退时的伤亡不是那样惨重，但终归是战略上的一次大的失败。假如1812年亚历山大皇帝签订了不平等合约，那么此次战役就可以与奥斯特利茨、弗里德兰和瓦格拉姆会战相提并论了。相反，假如这几次会战都没有签订合约，那么拿破仑就可能会遭到类似于1812年的惨败结果。所以，不论这位世界征服者多么努力、多么机智、多么勇敢，都无法改变战争的结局，决定战争最终命运的因素依然不会改变。人们不能根据1812

年战局的失利，就否定1805年、1807年和1809年的战局，甚至说这几次战役都是不智之举，它们的胜利不是理所当然的；人们不能把1812年的失败看作是战略上理所当然的结果，认为是幸运之神没有发挥作用。假如持有这种看法，也是十分勉强的，而这种判断也是非常武断的，是没有根据的！因为按照事件之间的必然联系，谁也无法看到战败的统帅的决心。

我们也不能说，1812年的战役原本应该像前几次战役一样取得相同的结果，之所以没有取得相同的结果，是由于某种不合理的因素造成的，因为亚历山大的顽强抵抗并不是不合理的。

较为合理的说法是，在1805年、1807年和1809年拿破仑对敌情的判断是正确的，而在对1812年的判断上出现了失误，在前几次的战局中他的作战方针是正确的，而在1812年他却做出了错误的判断，因此导致战争失误。我们之所以这样说，是从战争的结果推导出来的，换言之，是战争的结果这样告诉我们的。

前面提到过，战争中所有行动追求的结果，都不是肯定的结果。那些无法确定得到的结果，就只好依靠运气或者机遇去获得。当然，人们有权利要求尽量少地依赖运气，但是，这只适合某种具体场合，即在具体场合中可以要求尽量少地依赖运气或机遇，但这并不意味着不确实性最少的场合就是最好的。如果一定要这样说，那就会同我们的理论观点产生极大的矛盾。因为在有些场合，冒险越大表现的智慧也越多。

在当事人不得不屈从于命运的安排时，其个人的能力似乎既不存在任何功劳，也可以不负任何责任。尽管这样，当我们看到他的目标实现时，就会抑制不住内心的喜悦，看到他的目标落空时，又会不自觉地替他感到悲哀。我们按照结果对当事人的行为做出的正确与否的判断，就是我们这样一种感觉的具体表现。

不可否认，正是因为存在着一种说不清道不明的感觉，才导致人们对当事人的目标实现时表示兴奋，希望落空时表示不快，就好像当事人的才能与运气之间存在一种微妙的、不易察觉的某种联系一样；而且，我们的潜意识非常乐意去设想这种联系的存在。假如当事人经常经历胜利或失败，那么我们对他的这种感觉就会逐渐加深，甚至成为一种固定不变的看法，这也为上述见解提供了证明。由此也可以看出，运气或者说幸运在战争中的价值要比在赌博中高贵得多。一个幸运的统帅，只要在别的方面没有伤害我们对他的好感，那么我们就愿意考察他的事迹，同时乐意接受命运对他的关照。

所以，在批判时，一切人的智力所能推测和论证的都加以考证后，那些深藏于事物之中的没有通过明显的现象表现出来的神秘联系，就只能通过结果来说明了。批判者一方面要对这些根据结果进行的判断给予支持，使它不被那些粗暴的意见所折磨，另一方面又要注意避免滥用这种判断。

那些人的智力无法确定的东西，只有依据结果进行推断。在确定精神力量以及作用时，所采用的主要是这种判断，原因是智力很难对它们做出可靠的判断，而另一方面它们与人的意志密切联系，很容易就能左右人的意志。倘若决心被恐惧或勇气左右，那么在它们与决心之间就无法找出任何其他的客观理由，因此，凭借智慧与推理来判断某种可能的结果时，是没有任何具体东西作为依据的。

现在我们再来对批判的工具，也就是批判时所用的语言进行考察，因为批判时所用的语言与战争中的行动相一致。批判其实就是一种思考，它与行动之前所作的思考是相同的。由此，我们认为，批判时所用的语言与战争中所进行的思考具有相同的特点。这一点非常重要，不然，它就会失去实际意义，不再成为让批判走向现实的桥梁。

前面已经提到过，理论不应该成为阻碍指挥官发挥的死板的条文，而应该成为培养他们智力活动的工具，或者更准确地说，在培养过程中发挥其指导作用。假如说在战争中判断某一具体情况时，不允许也不必像几何数学那样使用辅助线；假如说在这里真理并不是以体系的形式表现出来；假如说真理只能直接地由洞察力发现，而不是间接地发现，那么在批判的考察中也应该这样。

凡是事物的性质必须用冗长的道理才能说清楚时，在批判时就必须依靠理论上已经确定了的相关真理。当然，在战争中指挥官遵循这种理论上的真理时，必须深刻地领会这些真理的精髓，而不是把它们当作死板的、不可变通的条文。同样，在批判时也不应把这种真理看作外在的僵硬的法则，使用时完全不必重新阐明其正确性，犹如证明数学公式一般，关键是要领会真理的精神，至于准确而详尽地证明这些真理，可以交由理论去完成。这样一来，在批判的时候就可以避免使用晦涩难懂的语言，而采用简洁明了的语言，更加清楚直白地表达自己的观点。

诚然，批判者要想真正地做到这一点，并非那么容易，他们必须经过努力才能够达到这一目标。在表达时，一定要尽可能地避免使用那些复杂的词句和概念，不能把"辅助线"作为万能的工具来使用。只有不受任何体系限制的洞察力才能够准确地阐明一切。

可惜的是，直到目前为止，只能在极少数的批判考察中看到这种虔诚的努力，而大部分的考察中，因为虚荣心的存在，大都充满了炫耀自己博学多才的现象。

在批判中，有一种值得注意的弊病，那就是把某种片面的理论体系当金科玉律，以至于被滥用到让人无法忍受的地步。不难指出这类理论体系的片面性，而且一经指出，它那法官式的威严一下子就失去了威力。在这里我们只涉及一定的对象，毕竟这种片面的理论体系为数不多，造成的危害也并不大。

还有一种较大的弊病就是滥用名词、术语和比喻，它们犹如众多的宫廷侍卫一样，时刻尾随在各种体系之后，有的时候它们又像不法分子一样，到处横冲直撞。尽管有的批判者对任何一种体系都不完全认同，或者说从来没有完整地掌握任何一种体系，因而就不可能完整地运用一套体系，然而他们却常常从这些体系中断章取义，作为指出某一统帅行动错误的理论依据。他们中间大部分人，倘若不从各种军事理论中抓取一些片断当作依据，就无法进行批判了。术语和比喻是这些片断中最微小的，常常

237

被点缀在批判的论述中。所有原属于一定理论体系的名词、术语，一旦被抽出来当作一般的公理使用，或者作为比普通语言更具说服力的真理的小结晶体去使用，那么，它们就会渐渐走样，甚至失去其原有的正确性。

所以发生了下列这种情况：理论书籍和批判书籍不是以朴实、简单的思维方式去论述，至少应该使作者明白自己说的是什么，使读者清楚自己读的是什么，与此背道而驰的是，著作中充满了涵义不明和艰涩难懂的名词术语，以致读者的理解和作者的理解大相径庭。更糟糕的是，名词术语常常是一些毫无实质内容的空话，甚至连作者本人也不清楚到底想用它们表达什么，他们满足于这些模糊的概念名词，而在日常的用语中，又往往流露出对这些概念名词的怀疑。

在批判中，第三种弊病比较常见，那就是滥举史例，以显示自己是多么的学识渊博。之前我们已经说过，历史对军事艺术有一定的作用，下面我们准备用专门的章节对举例和战史谈一些看法。一个历史事件如果没有经过全面深入的研究便加以引用，那是不妥当的，也许别人还可以用同一个事例来证明完全相反的观点呢！假如从年代、国家相隔很远、从情况极不相同的史实中抽取三四个史例拼凑在一起，这种做法只会引起判断上的模糊与混乱，丝毫不能说明任何问题，同样也不具有说服力。因为，只要仔细地把它们研究一下，就能够看出其中的错误，这些批判是完全没有用处的，只是作者以此显示自己博学多才罢了。

这些模棱两可、似是而非、混淆不清、随意编撰的概念对于现实生活没有任何的好处。倘若理论采用这种概念，只会与客观实际相对立，同样也会受到能征善战的将帅们的嘲笑。

然而，倘若理论能够认真地研究作战的各种问题，做出自己力所能及的论证，并用简洁易懂的语言加以表达，能够避免滥用历史引证装扮自己，真正做到重视事实，能够联系战场上的实际运作，那么理论就不会产生以上所说的种种弊病了。

第6节　关于史例

历史上的战例可以说明所有问题，在经验科学中，它是最具有说服力的。特别在军事领域中更是这样。沙恩霍斯特将军写过一本手册，对真正的战争进行了最好的阐述。他认为史例在军事艺术中占有非常重要的位置，而且他在阐述中准确地运用了史例，这非常令人钦佩。假如他没有在那次战役中死去，这时他已经修改完《炮兵手册》第四部分了，这将会为我们提供一个更为出色、更有力量的证据，证明他是以何等的研究精神从历史经验中吸取教训的。

一般的理论著作家很少能够这样巧妙而合理地运用史例，他们运用史例不但不能对读者有所帮助，反而有时会妨碍读者理解问题。所以，我们认为，准确地运用史例和防止滥用史例同样很重要。

毫无疑问，作为军事艺术基础的各种知识都应该属于经验科学。尽管这些知识，大多都是通过对事物的认识而获得的，但是这些事物的性质大部分只有通过实际经验才能真正认识。而且，在不同的具体情况下，这些知识的运用方式也不相同，所以仅仅依靠手段的性质，根本不可能完全认识其作用。

现代军事活动巨大动力之一——火药，它的作用是通过实践才被人们认识到的，而且人们现在仍在不断地进行试验作更深入的研究。由于有了火药，弹丸的速度可以达到每秒一千呎，只要它所触及到的任何生物都将被杀伤，不言而喻，这是不必再经过实验就可以知道的事情。然而，要非常精确地判断这种作用，以及与之相关的数以百计的其他条件，有些条件只能依靠经验才能认识。这里，物质作用不应该是我们唯一关注的问题，精神作用同样应该加以深入探讨，要想认识精神作用并给予恰当的评价，除了依靠经验之外，不存在其他任何方法。在中世纪，刚刚发明火器时，由于构造还不够完善，威力也不大，相对现在而言它的物质作用自然要小得多，但就其精神作用却远远超过现在。要想知道一支在危险中久经考验、取得多次胜利而对自己又有更高目标的军队能够做些什么，就必须看看拿破仑在东拼西杀时所培养和指挥的那些军队，在激烈的战火中所表现出来的顽强性。人们仅仅依靠想象是无法相信这些的。另外，经验还告诉我们：现在在欧洲军队中，仍有一些军队只需几发炮弹就能把它打乱。然而任何一种经验科学，都无法使自己提出的理论总有史例作证，军事艺术的理论同样如此。这一方面是因为假如每一个真理都用史例作证其过程过于繁琐，而且也不可能做到；另一方面是因为只用个别的现象论证经验同样非常困难。如果在战争中发现一种非常有效的手段，那么这种手段就会反复被使用；而且极有可能流行一时。这样一来，此种手段就通过经验得到了广泛的推广和运用，并且在理论中占有了一定的地位，在这种情况下，理论只会靠单纯地引用经验去说明手段的由来，而不必加以论证。

但是，假如要引用经验去否定某种常用手段，或者介绍另外一种新的手段，情况就大不相同了。这时就必须引用史例来加以证明。

现在，我们进一步研究史例的运用，很快我们就会发现有这样四个着眼点：

第一，史例可以帮助说明作者的某种思想。在所有抽象的考察中，作者的思想最容易被人误解或者根本不被人们所理解，倘若作者担心这种情况的发生，就可以引用史例来补充说明自己的观点，以保证读者能正确领会其中的原意。

第二，史例有助于说明某种思想的运用。史例能够指出细节问题的处理情况，而一般在论述某种思想时不可能将所有情况都容纳进去。这正是理论与经验的差别。上述两种情况是单纯的举例，下面两种情况则是用史例作证明。

第三，运用史例能够证明自己的观点。假如想证明某种现象或结果，那么仅仅使用这种方法就可以了。

第四，通过详细叙述某一史例，或者列举若干史例吸取的某种教训，这时，史例本身就为吸取教训提供了有力的证明。

选择第一种方式时，一般只需简单地举出事例就可以了，因为这里只需运用事例的某一方面。在这里，事例的历史真实性并不是最主要的，举一个虚构的例子也不是不可以。不过史例最大的优点是比较真实，它所说明的观点更接近实际生活。

选择第二种方式时，叙述事例要求比较详细，这里事件的正确性仍然是次要的，但同前一种方式一样，也要作必要的说明。

第三种方式，只要举出准确的事实就可以了。假如有人提出一个观点，认为筑垒阵地在一定条件下能够抵挡敌人的进攻，发挥应有的作用，那么只要举出崩策耳维次阵地这一战例就足以证明这个观点了。

假如叙述某一历史事实是为了证明某种一般的真理，那么就一定要准确无误地阐述与这一论点相关的一切，一定要把史实确切而详尽地展现在读者眼前。这一点做得越糟糕，说服力就越弱，就越需要更多的事实来补充说明。因为有理由让人们相信，某一事实的具体情况无法更好地表述时，可以引用一定数量的其他事实来补充说明。

假如想用经验证明在步兵后面配置骑兵比在侧翼配置骑兵更好，那么只举出几次在侧翼配置骑兵遭到的失败，以及在步兵后面配置骑兵获得的胜利是远不够的；假如想要证明，在不具备绝对优势的情况下，不管是在会战中还是在战区内，从战术战略上讲，分兵几路深入包围敌人都是十分危险的，如果只列举里沃利会战或者瓦格拉姆会战，或者只列举1796年奥军向意大利战区进攻，以及同年法军向德意志战区进攻是远不够的。为了说明这点，还必须将当时的具体情况一并叙述，这样更有利于对上述配置和进攻形式的不利加以证明。由此，就能够得出应将这些形式否定到哪种程度，这一点一定要明确，否则一概的否定无论怎样都是有损真理的。

前面我们讲过，当无法详细讲述一个事实时，可以用其他实例补充证明，但是不可否认，这是一种经常被人利用的诡辩方法。有一些人不去弄清楚一个事实，而只满足于肤浅地举出三四个事例，造成一个似乎很有说服力的假象。要知道，对于那些反复出现的事情，即使举出一堆实例也没有任何意义，因为别人也可以轻易地列举一堆相反的实例来反驳。倘若有人举出一堆多路进攻遭到惨败的战例，那么我们也可以举出一堆多路进攻获得胜利的战例。可见，这样做没有任何意义，得不出任何结论。

从上述情况可以看出，滥用实例的现象是非常容易出现的。

假如不是全面详细地叙述一个事件，而只是简单地讲述一番，那么就好像从远方看某一个东西，各个部分都无法分辨清楚，从不同角度来看，其外部形状也都是相同的。事实上，这样的实例对对立的两方都可以加以证明。有些人认为道恩指挥的几场战役是深谋远虑、谨慎周到的成功范例，而有些人却认为这是优柔寡断、踌躇不前的失败范例。1797年，拿破仑跨越诺里施阿尔卑斯山，既可以看作是英勇果断的表现，也可以看作是草率鲁莽的行为；1812年，拿破仑在战略上的失败，既可以说是勇猛有余的结果，也可以说是欠缺勇猛的结果。这些不同意见的出现，其实不难理解，因为这些不同意见是人们看待事物的角度不同而产生的。但是这些对立意见并不都是正确的，有些意见必然是错误的。

我们必须感谢杰出的弗基埃尔，他在回忆录中给我们留下了许多宝贵的历史资料，更为重要的是他不仅给我们留下了许多罕见的历史材料，而且他第一个运用这些材料使抽象的理论概念同实际生活产生了非常有益的联系，他所举的史实能够成为对其论点的进一步解释和说明。尽管这样，他很难在没有成见的现代读者面前达到他通常所追求的目标：用史实证明理论上的真理。所以，尽管他对历史事件叙述得较为详细，但这远远不能说明问题，因为他的这些结论，都是从事件的内在联系中产生的。

此外，史实还有另外一个缺点：假如有些读者对某个历史事件并不十分了解，或者完全没有印象，那么就无法从中领会作者的真正意图。在这种情况下，读者只能有两种选择，要么盲目地赞叹，要么根本不服。

为了用史实证明自己的观点，将历史事件再现于读者面前是非常不容易的，这样一来作者就会被材料所约束，就像被时间与篇幅所限一样。但是我们认为，要想证明一个新的论点，或者阐明一种值得怀疑的观点，详尽地叙述一个事件比概括地提出十个事件更为有益。浅显地引用史实，其主要弊端并不是作者误以为这种方法能够证明某些论点，而是因为作者从未认真地了解过这些史实，他们不知道如此肤浅而轻率地对待史实，只会产生无数的错误观点和杜撰的理论。假如作者意识到，他提出的新的观点，不是用某一历史事件就能够证明的，而应该从事物的紧密联系中自然而然地产生出来，那么就不会再出现错误的观点和杜撰的理论了。

假如人们认识到上述困难，同时意识到上述要求的必要性，那么就会知道，大家熟知的和经过研究的最近的战例，永远都是最好的史实材料。

久远的年代由于条件不同，作战方法也不同，对我们而言那个年代的事件，其教育意义和实际意义都比较薄弱。除此之外，战史也像其他历史事件一样，随着时间的流逝，许多当初还十分清晰的细节也会逐渐湮没；它又像一幅图画，原来鲜艳的色彩和生动的形象逐渐消失，变得暗淡无色、模糊不清，最后只剩遗存的一些颜色和线条，而这些颜色和线条却因为年代久远受到了特别的重视。

假如考察一下现代战争的情况，我们一定会发现，同现代战争很接近的，至少在武器方面很接近的，主要包括从奥地利王位继承战争以来的那些战争。尽管从那时起，战争的各个方面都在发生变化，然而那些战争与现代战争仍然很相似，我们依然可以从中吸取教训。西班牙王位继承战争与近现代战争就完全不一样了，因为当时火器还不十分完善，骑兵仍然是主要兵种。年代越远，战史内容也就越贫乏，记载也不详细，其用处也就很小。关于古代时期各民族的历史，它的用处必然是最小、记载也是最不详细的。

当然，这些被记录下来的史实，并不是绝对不能利用的。它们只是不适用于在必须详细说明的场合，以及在说明促使作战方法改变的条件的场合。不论我们对某些战争了解得多么少，例如瑞士人反对奥地利人、勃艮第人和法国人的战争，我们仍然可以看到，在这些战斗中第一次表现出训练有素的步兵比最优秀的骑兵还要好。当我们大致地看一下雇佣兵时代，就可以了解到，作战计划是如何取决于所使用的工具的，因为在其他任何一个时代中，用于作战的军队都不带有工具的性质，都不会像那个时代一样脱离国家与人民的其他生活。第二次布匿战争中，当汉尼拔在意大利还没有被打败的时候，罗马人就已经开始在西班牙和非洲进攻迦太基人了，这种引起人们注意的方法是一个非常能够使人吸取教训的考察对象，因为当时的国家和军队采用佣军作为间接抵抗的基础的情况，是大家非常熟悉的。

但是事情越是涉及到某些细节，那么，这些细节就越不是一般情况，我们就决不能从历史中来寻找典型的史例和经验，因为我们无法对相关事件做出评价，也无法用它来证明如今已经彻底改变了的手段和情况。

各个时期的著作家都有喜欢引用史例的癖好，这是一件非常遗憾的事。我们不想说在这里面虚荣心和欺骗成分占多少分量，但是在此看不出任何帮助和说服别人的诚意与行为。所以，我们只能把喜欢引用史例看作是一块儿掩盖缺点和错误的遮羞布。

假如能像弗基埃尔那样，用史例教别人学习战争，那的确是一个伟大的功绩。不过，如果首先能想到，只有具有长期的作战经验才能够做到这一点，那么就一定会明白，这是一项需要花费毕生精力才能实现的伟大事业。

假如有谁愿意从事这种事业，那么，希望他能像一个信教徒一样，为了这一虔诚的计划做好一切准备。但愿他不惜时间，不怕艰难困苦，不畏权势，克服自己的自卑心与虚荣心，就像法国法典上所讲的那样：讲真理、只讲真理、完全讲真理。

第三章 战争概论

第1节 战略

为了达到战争的目的，对战斗的运用就是战略。这一概念，已经在第二章第二节中确定了。战略原本只与战斗有关，但是，战略理论却必须同时研究军队本身，以及与军队相关的主要问题，因为战斗首先对军队产生影响，并且是由军队进行的。对战斗本身而言，战略理论研究的是所取得的结果，以及对战斗起着重要作用的智力与情感力量。

战略是战斗的运用，因此，战略一定要为整个军事行动确定一个适应战争的目标，也就是制定作战计划；各个战局的方案和部署计划，都必须把达到这一目标的行动同这个目标联系起来，这一切，要根据那些与实际情况并不完全相符的预想来确立，事先不能对细节做好规定。因此很明显，战略应深入到战场上去，根据当时情况处理各种问题，随时对总的计划进行修改。所以，战略在任何时刻都要不停地运转。

有关这点，人们并不是始终这么认为，但总的来说是这样。过去战略一般由内阁掌握而不是军队掌握。但是，只有当内阁与军队相距很近，可以被看作是军队的大本营时，才适合这样做。

在制定计划时，理论将为战略服务，更确切地说，理论将阐述事物之间的相互作用，并突出某些作为原则或规则的东西。

回忆一下第一章，战争所涉及到的各种问题，就能明白，除非具有非凡的洞察力，否则无法比较全面地考虑问题。

假如一个君主或统帅，善于依据各种手段来达到自己的目的，并做得恰到好处，那他就是一个天才。但是，这种天分表现在整场战争的最后胜利中，而不是表现在那些惹人注目、新颖独特的行动上。值得称赞的是，在最后的结果中我们看到他所做出的假设是那么符合实际，那么协调有序。

如果研究者在最后的结果中看不到这种协调，就会浪费时间在没有天才或不可能产生天才的地方去寻找天才。

由于战略常被反复运用，已为人们所熟悉，而且其中的手段与方法也非常简单，因此，具有一般常识的人听到有些评论者对它们过分夸张地谈论，就会感到非常好笑。例如：被反复使用过的迂回行动，在这里被赞扬为是一种杰出的天才的表现，在那里又被赞扬为是一种最透彻的洞察力的表现，甚至把它说成是一种具有渊博知识的表现，除此之外，世上不会再有比这更荒谬的怪论了。

必须指出，这些评论者以最庸俗的看法，将全部精神因素排除在理论以外而只去论述物质因素，以至于把一切都局限在优势与均势、时间与空间、几个角与几条线的关系上。倘若只有这些，恐怕连给小学生出一道数学习题都无法做到。

在我们看来，这与科学公式和数学习题毫不相关，其实物质事物的联系相对而言是非常简单的，困难的是如何抓住起重要作用的精神力量。不过，精神力量只在战略的最高范围，也就是战略接近政治与治国之道，甚至与它们合二为一时才会显得错综复杂，才会使它们的种类和关系变得多种多样、层出不穷。就像我们曾经说过的那样，它们对军事行动方式的影响是比较小的，而对军事行动规模的影响比较大。在行动方式为主的地方，比如战争中的各种具体行动，其精神力量的影响就减少了。

正因如此，在战略上看似一切都很简单，但是这并不意味着就很容易做到。只要了解了国家的各个方面，并确定了战争计划，例如什么是可以做的，想要找出战争的途径就轻而易举了。但是，想要坚持不懈地沿着这条道路走下去，把计划一直进行下去，绝不因为有一千个原因就动摇，那么不但要有非常坚强的毅力，还要有极其清醒的头脑和坚定的信念。因此，在数千个优秀人物当中，有的可能以智慧超群著称，有的可能以敏锐的洞察力见长，有的可能以勇气或者坚强的意志而出众，但是上述这些优点也许没有一个人能够全部具备，从而成为出众的统帅。

与战术比较，在战略上下定重要的决心，必须具备更加坚强的意志力，这听起来似乎很奇怪，但是只要了解一些战争情况的人决不会怀疑。在战术上，情况始终在变化，而且变化的速度非常快，指挥官就像被卷在漩涡之中，只能冒着生命危险与它搏斗，并且还要克服过多的变化造成的疑虑，勇敢地朝着目标前进。在战略上，情况变化的相对缓慢，自己或他人的疑虑、异议和意见，甚至包括一些不合时宜的懊恼都会产生较大的作用。在战术上，多数情况都是人们亲眼所见的，而在战略上一切都必须依靠情报和推测，相对而言信心也就比较小。这样一来，不少将帅往往在行动时不自觉地被错误的疑虑所阻碍。

现在我们来回顾一下历史，看一看在1760年腓特烈大帝的战局。这是以出色的行军和机动而闻名的战局，曾得到了评论界一致好评，被称赞为战略上的真正杰作。难道使我们佩服得五体投地的是他灵活多变的战术吗？难道我们应该把这种战术视为智慧高超的表现吗？不是，倘若我们想如实地判断问题，我们就不能这样认为。首先，我们应该赞赏的是他的智慧，当他追求一个目标的时候，从来不做力不能及的事情，而是用有限的力量采取足够达到目标的行动。除了在这次战役中能够看到这位伟大的国王知己知彼，百战不胜的智慧，而且在所进行的全部三次战役中都可以看到。

签订一个合约来确保对西里西亚的占有是他当时的目的。

作为一个小国的首脑，他无法成为亚历山大，假如他想仿效查理十二，同样会是被打碎脑袋的下场。我们从他进行的所有战争中，看到他具备的一种能力，那就是他对力量的使用非常有节制；他既不缺乏冲劲又能始终保持冷静，在十分紧迫的时刻，他能使力量发挥到令人吃惊的地步；随后，为了服从政治上出现的小小的变动，他也能保持平稳的心态。无论是虚荣心、荣誉心还是复仇心，都无法使他离开这条道路，正是因为这条道路才引导他走向斗争的最后胜利。

以上几句话是无法恰如其分地评价出这位伟大统帅在这方面的成就的！只有认真分析这场战争所取得的惊人的胜利，探讨促成这种胜利的原因，人们才会从中得知，正是由于他所具备的敏锐的判断力，使他绕过了所有的暗礁，顺利前进。

这正是我们钦佩这位伟大的统帅的主要方面。在1760年的战局中，以及其他战局中都曾表现过这一点，尤为突出的是在1760年的战局中，因为与其他战局不同，在这次战局中只付出了极少的代价，就与占据优势的敌人保持了均势。

使我们钦佩的还有另外一个方面，那就是在实战中他克服了随时随地产生的困难。从左翼或右翼迂回敌人，这种办法是很容易想出来的。集中自己有限的兵力，以便随时抗击分散的敌人，用迅速的行动使自己有限的力量得到充分的发挥，这也是很容易想到的。以上这些并不值得我们钦佩，因为它再简单不过了，没有什么可讲的了。

但是，让一个统帅像腓特烈大帝那样，把这些重新试一次吧！许多见过这一切的作家，在很长时间之后还说他的野营是危险的、轻率的。我们绝不怀疑，当他设置野营时，这种危险是非常大的，甚至比事后看来还要大上两三倍。

腓特烈大帝之所以敢于在敌人的眼前行军，甚至在敌军的炮口下行军，是因为他从道恩的责任感和个性中，以及道恩面对问题时的处理方式和配置兵力的方法中找到了依据，他之所以能够这样做而不被大家在

248

三十年后谈论的那些危险所吓倒，原因是他勇敢、果断、意志坚强。在当时，除了腓特烈大帝，又有几个统帅会相信这样简单的战略手段会如此有效呢？

具体实行中还存在着困难：在这次战局中，腓特烈大帝的军队在不停地运动。在有拉西追踪的情况下它曾两次尾随道恩，沿着艰难的道路，从易北河向西里西亚进军。军队必须时刻做好战斗准备，由于行军必须巧妙隐蔽地进行，军队所要忍受的劳累和风险是极大的。尽管有几千辆辎重车随行，并给行军带来了困难，而军队的给养仍然非常缺乏。在西里西亚，在利格尼茨会战以前，军队曾迫不得已连续夜间行军长达八天之久，在敌人阵地前面辗转不停，这要求军队必须忍受超乎寻常的劳累与困苦。

难道这不会为军队带来巨大的阻力吗？难道统帅用他的智慧调遣军队，能像测量员用手转动测高仪那样容易吗？当元首和最高统帅看到可怜的兄弟们又饥又渴的疲惫模样，能不心疼吗？难道因此而产生的各种流言能不传进他的耳朵里吗？难道任何一个普通人都能有勇气提出这种要求吗？如果不是对统帅有着无比的信任，那么，这种残酷的劳累必然会引起士气的低落和纪律的松散，简单地说，这不正是要破坏军队的武德吗？我们应该尊敬和钦佩的正是实际行动中的这些奇迹。但是，只有亲身体验过，才会充分领会到这些。那些只从教科书上和演习场上认识战争的人，是绝对不能领会这些的。所以，希望他们真诚地，从我们这里接受他们从经验中无法得到的东西吧！

以上这些例子，明确地说明了我们的想法。在这一节结束的时候，我们再来简单地说明一下，在论述战略时，不管是物质的还是精神的，我们先要阐明那些我们认为最重要的战略因素，其方法是先谈部分，再谈整体，最后以整个军事活动的联系作为结束。

在某一地点配置军队，并不代表这里真的会发生战斗，只表明有可能会发生战斗。能不能把这种可能性看作是一种实际的东西呢？当然可以。只要战斗的可能性存在效果，不管效果怎么样，都可以被看作是实际的东西。

战斗的可能性因为存在效果，所以应该被看作是实际的战斗

如果派兵去截断敌人逃跑的路线，而并没有进行战斗敌人就投降了，这说明正是由于我们派去的兵已经做好准备与敌人进行战斗，才迫使敌人做出了投降的决定。

如果敌人某个没有设防的地区被我军某部占领了，从而破坏了敌人的大批补充力量，那么，我军之所以能够占领这一地区，原因在于我们派去的部队已经间接告诉敌人：如果他们准备夺回我军占领的地区，双方势必发生战斗。

在以上所讲的两种场合中，只是有发生战斗的可能，效果就已经产生了，因此这种可能性就产生了实际的东西。假设敌人在这两种场合中，以优势兵力抗击我军，妄图不经过战斗就使我军放弃原来的目的，那么即使我们没有达到预期的目的，但是，我们原先计划在这里进行的战斗，并不是没有效果的，因为它吸引了敌人的兵力。即使在整个行动中失利了，我们也不能说，可能发生的战斗及部署是没有效果的，这只说明效果与一次失败的战斗一样罢了。

因此，消灭和打垮敌军，不管战斗是否已经进行，或者刚部署完而对方并未应战，其效果只有通过战斗才能实现。

战斗的双重目的

战斗的效果具有双重性，直接的和间接的。假如战斗是通过其他活动来达到自己的目的，而不是直接以消灭敌军为目的，那么这种战斗的效果就是间接的。如果战斗的直接目的是占领某一地区、城市、要塞，或者道路、桥梁、仓库，那么，这些活动决不是他最终的目的。这只不过是以一种手段去获取更大的优势，目的在于在敌人无力应战的时候同他作战。因此，它们只能作为中间环节，被当作是通向有效要素的阶梯，而决不能被看作是有效要素本身。

实　例

拿破仑的首都在1814年被占领，于是战争的目的达到了。从巴黎开始的政治的瓦解局面产生了作用，皇帝的权势在分裂中趋于崩溃。但是，这些需要以下观点来进行分析：政治上的瓦解加速了拿破仑的兵力与抵抗力的削弱，因此联军的优势自然也就增长了，拿破仑无力再进行任何抵抗，于是，联军同法国才有可能媾和。如果当时因为外在因素联军的兵力也遭到了同样的削弱而丧失了优势，那么，占领巴黎的重要性，以及所有效果也就不可能出现了。

我们对以上所述进行的一系列探讨，是为了指出这些概念都是非常重要的，因为这些概念是对事物的发展唯一真实而自然的认识。有了这些认识，人们就会经常思考：在战争中，在每一时刻发生的不同的战斗中，敌我双方会产生怎样的效果？只有考虑到这些，才能在制定战局计划或者战争计划时有一个明确的方向，清楚应该采取哪些措施。

假如不这样看问题，那么对其他活动就会做出错误的评价

如果不习惯把战争或者战争中的战局看作是相互连接的锁链，如果认为占领某些地点本身就有某种价值的话，那么，人们就会把这样的占领看作是非常容易得到的成果。假如这样来看待问题，人们就不会考虑到：这样的占领对于今后是否不利？在战史中，这样的错误并不罕见！我们可以肯定：在战争中，不能将某一次的胜利排斥在全局结果之内，就好比商人不能将某次交易所得的利润存放起来不用一样，商人是必须将全部财富投入交易的。因此，在战争中，只有最终的结局才能最后审定以前各次行动的得失。

如果一个指挥官将全部的智慧从始至终都集中在战斗的全过程上，那么他就是向着目标前进，这样，战斗就保持了一种恰如其分的、不受外界影响的力度，换言之，意愿和行动也同样具有了一种恰如其分的、不受外界影响的推动力。

第2节　战略要素

我们把决定战斗如何运用的战略要素分为精神要素、物质要素、数学要素、地理要素和统计要素等五类。

精神素质和作用所引起的一切，都属于第一类；军队的人数、编成、兵种的比例等都属于第二类；战线构成的角度、向心运动和离心运动属于第三类；制高点、山脉、江河等地形影响属于第四类；最后，所有补给等属于第五类。为了明确这些概念，并且能够立刻判定各类要素的价值大小，有必要把这些要素分别加以考察，这样一来某些要素中的虚假成分就自行消失了。比如，即使作战基地只包括作战线的问题，在这里，说作战基地的价值取决于作战线构成的角这个几何要素，倒不如说是取决于作战线所要通过的道路和地区的状况。

其实，上述要素在军事行动中大都是错综复杂并紧密相联系的，因此，倘若有人想依据这些要素来进行战略研究，那么，这种想法是不幸的。他必然会徒劳无益，因为在离开实际的分析中一定会迷失道路，如同在梦中，从抽象的桥墩到现实世界架桥一样。上帝保佑，但愿没有哪个理论家有这样的开端。我们决不想离开现实世界，不想使我们的思想超过读者所能理解的程度。我们的思想是从战争给我们的印象所得来的结果，而不是从抽象研究中得来的。

第3节　精神要素

精神要素贯穿于整个战争领域，在战争中是最重要的问题之一。它们与支配和推动所有物质力量的意志紧密地联系在一起，就像合二为一成为一体，因为意志本身就是一种精神要素。很遗憾，它们在任何书本中都是难以找到的，因为它们只能被看到或是感觉到，它们既不能被表达为数字，也不能被分为等级。

一个军队的武德、统帅的才能，以及政府的智慧、其他精神素质、战区的民心、甚至某一次胜利或失败所带来的精神影响，这一切本身都是各不相同的，并且对于我们当时所处的环境和目的所产生的影响也不相同。

关于这些问题在书本里是难以论述的；但它们如同其他战争要素一样，包括在军事艺术理论的范畴。必须指出的是：如果有人墨守成规，把所有的精神要素都排除在规则或原则以外，当遇到精神要素时，就把它作为特例，"科学地"规定下来，把它当成是超出所有规则之上的天才，实际上这就等于是说，规则是一种可怜的哲学，它本身就是愚蠢的。

军事艺术的理论，已经把自己的范围扩大到了精神领域，让人们注意这些精神要素，只能说明充分估价精神要素是非常有必要的。而且，人们一旦确定了这些观点，也就给那些妄想利用物质力量的关系在理论的法庭上为自己辩护的人首先做了裁决。

就算为了建立所谓的规则，在理论上也不能把精神要素排斥在外，因为物质力量与精神力量的作用是密不可分的，绝不能像化学方法那样，将合金分开。当理论为物质力量制定各种规则时，必须考虑精神要素，否则，规则就会变成枯燥的条文，有时表现得谨小慎微其局限性反而很大，有时表现得过于专断其范围反而会很宽泛。就算一点也不想涉及精神内容的理论，但也会不知不觉地涉及到了，因为不考虑精神要素，任何问题都无法说明，比如胜利的作用正是如此。所以，本篇所要反映的问题，不但涉及到物质的原因与结果，也涉及到精神的原因与结果。如果把物质的原因与结果比作刀柄，那么精神的原因与结果就是锋利的刀刃。

历史才能真正地证明精神要素的价值与作用，统帅正是从历史中吸取精神养料的。但必须指出，同理论研究恰恰相反的是，各种感受、印象和灵感更能播下智慧的种子，结下精神的果实。

本来我们可以详细地考察战争中最主要的精神现象，也可以像勤勉的讲师那样仔细地分析每一种精神现象的利与弊。只是，这样做的后果很可能会陷入平庸的境地，不知不觉在分析过程中忽视最本质的东西，而只注意那些人所共知的东西。因此，我们在这里毫不犹豫地选择了不全面、不完整，但突出重点的叙述方法，让大家能更清晰地注意到这个问题的重要性。

第4节　主要的精神力量

这里所说的主要的精神力量是指统帅的才能、军队的武德，以及军队的民族精神。任何人都难以确定，这几种主要的精神力量哪一种的价值相对大些，这是因为仅仅指出它们各自的价值就已经不容易了，再要进一步地去比较它们的价值大小，那更是难上加难了。最好的办法就是不要轻视它们中间的任何一种。但是问题在于人们在进行判断时，总是摇摆不定，或者轻视这一方，或者又轻视那一方。因此，用充分的史实来说明这三种精神力量的显著作用是一种较为妥当的方法。

众所周知，现代欧洲各国的军队不论是在技能方面，还是在训练方面几乎都达到了相同的水平，作战方法也成为一套各国军队都能通用的方法，用哲学家的话来说就是，已经达到了不可能期待统帅运用任何个人特有的手段的地步，比方说像腓特烈二世那样运用斜形战斗队形。所以不言而喻，从目前的情况来看，能起更大作用的是军队的民族精神和战争训练。当然，经过较长的和平时期后，这种情况可能会有所改变。

能够最明显地表现军队的民族精神——热情、狂热、信念与信仰——是在山地战中。因为这时，从上到下任何一个士兵都必须独立活动。也就是说，民众武装最合适的战场就是山地。

而最能够充分发挥军队的熟练技能，以及经过训练的勇士精神的——军队团结一心，仿佛被熔合在一起的一块金属一样——是在开阔的平原上。

最能发挥统帅的才能的是在复杂的地形上或者丘陵地上。那是因为在山地，统帅指挥单独的部队的情形是很少的，而要指挥所有的部队又力不从心；在开阔的平原上，指挥军队似乎又过于简单，根本就不能充分地施展统帅的才能。

所以在制定作战计划时，不能不考虑上述精神力量的作用。

第5节　军队的武德

必须注意这么一个问题，武德不同于单纯的勇敢，也不同于对战争事业的热情。勇敢的确是武德重要的组成部分，但是，军人的勇敢与普通人的勇敢是两回事，后者的勇敢是一种与生俱来的天赋的品质，而军人的勇敢除了这一点还可以通过训练培养出来。个人勇敢所特有的随心所欲、不受控制地展示力量的倾向，是军人的勇敢所必须摆脱的，因为军人的勇敢必须服从更高的要求，即服从命令、遵守纪律、规则和方法等。而对战争事业的热情，虽然能增添武德的生命力，使武德的火焰越燃越旺，但是它绝对不是武德所必需的组成部分。

战争是一项特殊的事业，即使它所涉及的方面很广，即使一个民族所有能够参加战争的男子都来参加这个事业，它依然是一种特殊的事业，它不同于人类生活的其他各种活动。武德在个人身上的表现包括：深刻了解战争事业的精神实质，激发、锻炼和汲取在战争活动中的力量，将自己的全部智力都运用于战争事业中，然后通过训练使自己准确而敏捷地做出行动，竭尽全力，将自己从一个普通人转变为一个称职的军人。

因此，任人们千方百计地设想将一个人既培养成公民又培养成军人，任人们将战争想象成具有全民的性质，任人们认为战争的发展如何不同于以前佣兵队长时期，也是无法抹煞战争事业的特殊性的。既然这样，那些始终从事战争事业的人，就会始终把同自己一起从事战争的人看作一个整体，战争的精神要素，就是通过这个团体的规章制度完善起来的。事实上也正是这样。因此，我们主张从最高角度来观察战争，绝对不能轻视军队中或多或少具有的这种团体精神。打一个恰当的比喻：在我们所说的武德中，这种团体精神就好像是一种粘合剂把起作用的各种精神力量粘结在一起；而组成武德的那些晶体，需要依靠这种团体精神才能相对容易地把它们凝结起来。

对于一支军队来说，在极其猛烈的炮火下如果它仍然能够保持正常的秩序，不被想象中的危险所吓倒，而当面对真正的危险时也毫不畏惧；在胜利时感到自豪，在失败的逆境中仍能自觉地服从命令，对指挥官一如既往地尊重和信赖；在困苦与劳累中，如果它仍能把这种困境看作是获胜的手段，不但不气馁还像运动员一样继续锻炼自己；如果它只抱有保持军人荣誉这样一个独一无二的简短信念，并能将上述所有的义务和美德牢记于心，那么，毫无疑问，这就是一支富有武德的军队。

但是话又说回来了，一支军队假如没有这种武德，它还是可以像旺代人一样出色地战斗，像瑞士人、美国人和西班牙人一样实现伟大的事业，更有甚者可以像欧根和马尔波罗一样，率领没有武德的常备军并最终取得胜利。所以，并不是说必须具备武德才能使战争取得胜利。我们特别强调这一点，目的是为了使这里所提出的概念更为明了，即既不能忽视武德的重要性，也不能将武德看作取胜的必需因素。事实也确是如此。武德是一种特殊的精神力量，它是可以被单独考虑的，其作用也是能够估量的，就像一件工具的力量是可以计算出来一样。

我们已经阐述了武德的特点，现在还想进一步谈一谈武德的作用，以及获得武德的途径。

如同统帅的天才与军队的整体的关系一样，武德与军队各部分的关系也是如此，统帅指挥的只能是军队整体，而不是军队的各个单独的部分。对于统帅指挥不到的部分，就必须而且只能依靠武德。我们应该以卓越的品质和才能作为选拔统帅的依据，而选拔队伍的主要指挥官则必须经过慎重的考察。一般来说，指挥官的职位越低，这种考察也可以相应少一些，也可以相应地降低对个人才能的要求，但是却必须具有武德。当然，一个奋勇作战的民族所具有的勇气、智慧、刻苦与热情这些天赋品质，是能够起到同样的作用的。也就是说，这些品质能够代替武德，同样，武德也能够代替这些品质。这里就告诉我们两个道理：

（1）只有常备军具有而且也最需要武德。民众武装天赋的品质，如勇敢、机智、刻苦和热情等，可以代替武德，而且这些品质在战争时期更容易养成。

（2）常备军对民众武装作战与对常备军作战相比更需要武德，因为在对民众武装作战时，兵力比较分散，各部队更需要依靠自己单独行动。而当军队能够集中战斗时就可以较大地发挥统帅的天才作用，即使武德不足也可以弥补。一般而言，战争变得越复杂，兵力变得越分散，军队就越不能缺少武德。

结合上述两点可以得到这样一个教训：一支缺乏武德的军队，在组织战争时就应该尽量简单，或者更加注意战争组织的其他方面，千万不要抱有任何不切实际的幻想。

因此，战争中最重要的精神力量之一理所当然是军队的武德。假如缺少这种力量，就应该想方设法用其他精神力量来代替，比如统帅的卓越才能或者民族热情等。否则，所付出的努力很可能是徒劳无益的。无论是亚历山大率领的马其顿军队，或者凯撒率领的罗马军团，亦或是亚历山大·法尔涅捷率领的西班牙步兵，或者古斯达夫·阿道夫和查理十二率领的瑞典军团，以及腓特烈大帝率领的普鲁士军队、拿破仑率领的法国军队，他们都是依靠了这种巨大的精神力量而成就了伟大的事业。对于这一点我们必须承认，否则只能说明他在故意无视一切历史事实。

必须明确：这种精神力量的产生只能有两条渠道，而且必须把这两者密切结合起来才能产生这种精神力量。第一条渠道是军队经历过许多次战争并取得很多胜利，另一条渠道是军队经受过很多超乎寻常的劳累与困苦，因为只有经过磨炼的军人才会认识到自己的力量。一个统帅必须习惯于向自己的士兵提出更多更高的要求。一旦士兵克服了劳累与困苦，他就会感到无比自豪。因此，只有经过无数次劳累与困苦的磨炼，只有在一次次胜利的鼓舞下，才能培养出良好的武德；也只有在胜利的阳光下，武德的幼芽才能茁壮成长，才能够抵抗更多的不幸与失败，甚至能够克服和平时期的松懈状态，在一定时期内至少是这样的。所以，一旦拥有了这种精神力量之后，即便这支军队的统帅平庸无为，或是处在一个和平的环境中，这种精神力量仍然会延续很久。

还必须注意这样一个问题：武德和情绪是两回事，不能等同看待。一支遍体鳞伤、久经战斗的部队所发扬的团体精神，即良好的武德，是不能与那种只靠条令和操典组合在一起的常备军的自负与虚荣相比拟的。苛刻的条令和勤务规则或许能够让军队的武德保持得更长久一些，但是其本身是不会产生武德的，因此，我们虽然承认这的确有价值，但是不应该过高地估价它。和平时期训练出来的军队特色有：严谨的秩序、作战技能、坚强的意志，以及一定程度的自豪感和高涨的情绪，这些是我们必须珍视的，但是它们并不能像武德那样单独发挥作用。整体只能依靠整体的力量来维持，这就如同一块冷却得过快的玻璃一样，稍不谨慎，一道裂缝就可以导致整体的破裂。因此，一支没有经过胜利与失败的磨炼的军队，一支不能适应艰苦环境的军队，即使拥有最饱满高涨的情绪，一旦遇到挫折，就会变得胆怯，甚至变得非常恐惧，这就是法语中所说的"大溃败"。这样的军队只能在统帅的带领下有所作为，否则将一事无成。所以，我们绝不能把武德与情绪混为一谈。

第6节　胆量

胆量是一种难能可贵的精神力量，它能促使人们战胜精神上的极大危险，所以在战争中它也应该被看作是一种独特的有效要素。事实上，胆量只有在战争这个领域里才显得更有地位。

对军人而言，从普通士兵到统帅，胆量都是最难能可贵的品德，它就好像是真正的钢一样，使武器发出锋利的光芒。

我们还必须承认，在战争中胆量所占的地位非同一般。所以在战争中，不但要考虑到时间、空间和数量等问题，还必须考虑胆量所起的作用。当一方的胆量超过另一方时，他的胆量就会因为对方的怯懦而发挥独特的作用。所以胆量是一种真正的具有创造性的力量。在哲学上，想要证明这一点也是轻而易举的。每当胆量大的人遇到胆小怯懦的人，就一定有可能获胜，原因是怯懦往往使人丧失镇静。除非遇到深思熟虑且谨慎小心的人，胆量才会处于劣势，因为谨慎完全有理由被看作是另外一种胆量，它与胆量可以相匹敌。不过，这种现象往往是很少见的。因为，绝大多数谨慎小心的人，也是胆小怯懦的人。

在军队中，培养胆量这种力量，并不会阻碍到其他力量的发挥，因为军队之所以必须服从更高意志，完全以上级的意志为转移，根源在于其置身于战斗队形和勤务规则的约束之中。在这里，胆量就好比压缩待发的弹簧一样。

指挥官的职位越高，就越需要通过智力，以及深思熟虑的奇谋异策来衡量胆量的尺度，使胆量不至于陷入毫无目的和盲目的感情冲动的境地，因为地位越高，牵涉到自我牺牲的问题就越少，牵涉到其他人、甚至全体生死存亡的问题就越多。如果说控制士兵的是已成为第二天性的勤务规则，那么，控制指挥官的就一定是他的深思熟虑与自控力。单凭胆量的指挥官在行动中往往容易出错。但是，这种错误是情有可原的，所以应该与其他错误区别对待。相对而言，那些敢于表现出胆量的军队还是好的；这就如同土壤是否肥沃，可以通过杂草是否茂盛来证明一样。即使是毫无目的的胆量，像蛮勇，也不能轻视它，从本质上说，它与胆量是同一种感情力量，只是缺少了智力的支配与控制。胆量在什么时候会变成一种危害？只有当胆量违背原则，忽视上级明确的意志时，才可以把它看作是一种危害。但是，我们并不是由于胆量本身的缘故而把它看作是危害，其根本原因在于拒绝服从，因为在战争中服从是至高无上的。

在战争中，当指挥官的见解一致时，因小心谨慎而失败比因大胆妄为而失败的事例要多得多，这一点读者肯定会认同我们的看法。

按理说，胆量常常源于合理的目的，所以会削弱胆量本身的价值，但事实上恰恰相反。

当有了明确的作战方针，或者智力占上峰时，一切激情的挥发就会失去原本具有的威力。所以，指挥官的职位越高，胆量会变得越小，因为，虽然智力与理智并没有因为职位的上升而提高，但是他们仍然会受到来自外部的，诸如客观事物、情况、想法的频繁而沉重的压力，他们的个人见解越是缺乏，所受的压力就越重。法国有句谚语："在第二位时大放异彩，上升到第一位时便会黯然失色"，在战争中，这句话所揭示的生活经验也同样适用，基本原因就在于此。在历史上，那些被认为无所作为、优柔寡断的统帅，在职位较低的时候几乎无一例外都是以勇敢和果断著称的。

在这里我们必须指出，必要性诱发了大胆的行动。必要性有程度上的不同。如果是十分迫切的必要性，当事人权衡了利弊得失不惜铤而走险，那么唯有他的果断是值得我们称道的，而果断有其自身的价值。为了表现骑手的本领，年轻人跃过了深沟，那可以称之为胆量，假如被一群土耳其士兵追杀而跃过了深沟，那就只是果断了。相反，行动的必要性并不迫切，那么必须考虑的情况就会很多，而胆量的作用就越不会受到必要性的影响。1756年，腓特烈大帝知道无法避免战争，而免遭灭亡的方法只有先发制人，所以必要性促使他发动了战争，但同时也具备了胆量，因为只有他才能在那样的环境下做出如此大胆的决定，平常人是难以想象的。

虽然只有统帅或最高指挥官考虑战略问题，但对战略而言，各级人员的胆量与武德一样，也是有一定的重要性的。一支军队如果来自勇敢的民族，同时又注意培养勇敢的精神，他们可以做的事情是那种缺乏武德的军队所难以做到的，因此我们涉及到了军队的胆量问题。我们原本要说的是有关统帅的胆量，可是现在也无话可说了，因为我们之前已尽最大的努力阐明了胆量的特性。

指挥官的职位越高，在他的活动中智力、理解力与认识力就越起着主导作用，而胆量这种感情力量就越发显得不重要。因此很少见到那些身居最高职位又具备胆量的，正因为如此，胆量在这些人身上就越值得称道。英雄的标志是具备超常才智做指导的胆量，当然，这种胆量所表现的不是去违背事物的性质与规律，而是表现在决策时对天才，也就是准确的判断，快捷而自然地做出较高肯定，并给予有力的支持。智力和认识力越是受到胆量的鼓舞，能够发挥的作用就越大，也就越能开阔眼界，从而使结论更加正确。不过，请千万要记住，目的越大危险也就越大。一个平常人，我们暂且不谈胆小怕事的人和优柔寡断的人，在没有危险和不需要负责的情况下，可以通过对某种事物的思考而得出正确的结论。可是，当危险和责任从四面八方涌来时，他就无法冷静地去全面观察问题，最伤脑筋的是他会失去决断能力，因为任何人都无法在这方面帮上什么忙。

所以，我们可以得出这样一个结论：只有把一个人的胆量和能力结合在一起，才能成为杰出的统帅；也就是说，胆量这种感情力量是成为杰出的统帅的必备条件。也许，随着一个人职位的提升，这种经过长期修炼而形成的感情力量会减少，但是，总有那么一些人，会把这种感情力量完好无损地保存下来，于是就会有更大的冒险精神，追求的境界也会更高。无论这种精神力量来自必要性，还是荣誉心，也不论是腓特烈的行动，或者是亚历山大的行动，从对批判的考察来讲差不多都是一样的。假如亚历山大的行动是因为大胆而激发了人们的想象力，那样，腓特烈的行动就更多的是因为内在的必要性从而更能满足人们的理智。

接下来我们谈谈大胆的精神。

假如这个民族本来就具有大胆的精神，那么这个民族的军队肯定也具有大胆的精神；如果一支军队本来没有大胆的精神，如果能够有一个有胆量的指挥官，在他的指挥下，通过多次胜利的战争就能培养出这种大胆的精神。

在当今社会，要培养一个民族的大胆精神，那就只有通过战争，而且必须是依靠胆量而进行的战争，只有这样，才能使这个民族克服懦弱和贪图安逸的不良倾向，从而长盛不衰。

对于一个民族来说，想在国际政治舞台上自强自立，就必须使它的民族性与战争锻炼不断地相互促进。

第7节　坚忍

也许读者会感到意外，我们并没有在这里提到一些有关角和线的问题，在这里看到的是每天都能在大街上遇到的普通人，而不是科学世界的公民；虽然如此，我们仍不打算在所研究的论题范围之外加任何一点数学的成分。

在战争中出现的许多事情与人们的想象都大相径庭，从远处看或是从近处看也会产生很大的差别，在这一点上，其他任何事情都没有它那么复杂。建筑师看着建筑物按照他的设计图逐渐建造起来时，他的心态是平静的；医生和建筑师相比，虽然会遇到更多的意外结果或是偶发现象，但他是很清楚自己所使用的手段的作用及用法的。然而在战争中，情形就大不相同了，经常会有各种各样的突发情况使统帅受到冲击，例如情报的真假，由恐惧、大意和急躁而产生的错误，一些正确的或错误的见解，恶意、真假责任感，懒惰或疲乏所引起的不服从行为，以及一些意想不到的偶发事件等等。总而言之，他处在各种各样的感受之中，这些感受除极少数是令人鼓舞的以外绝大多数是令人担忧的。长期的战争经验早已使他具备对具体现象迅速做出判断并想出对策的能力。勇敢的禀性和顽强的意志会使他以坚强的毅力抵御住这些感受。一旦让步就会前功尽弃。因此，在实现自己的意图的过程中，就必须想方设法实现这个意图，用坚忍的精神来同这些感受相对抗。众所周知，在战争中，必须要经受住无数的劳累、艰辛和困苦才能取得丰功伟绩。由于肉体和精神是最薄弱的往往容易使人屈服，所以只有具备并表现出被世世代代所赞颂的坚韧不拔的伟大意志力，才能使他达到成功的彼岸。

第8节　数量上的优势

不论是在战术上还是在战略上，数量上的优势是最普遍的制胜要素。现在，首先就其普遍性加以研究，在此我们作以下阐述。

战略制定战斗的时间、地点与兵力，这对战斗的过程有着很大的影响。战术一旦投入战斗，其结果不论是胜利还是失败，都可以根据战争的目的来运用战略战术。当然，战斗结果与战争目的它们之间的关系是间接的；而且它们之间还存在着其他目的作为一种手段从属于战争目的。这些目的其实是多种多样的，甚至包括最终目的，它们在每次战斗中的表现也是不相同的。关于这些问题，在这里我们不打算逐个地进行讨论，将随着对有关问题的研究而作进一步的探讨，现在不讨论战斗的问题。

在战略决定战斗时，至于那些对战斗产生影响的事物，我们都不能忽视它们，对于它们我们是不易掌握的。当战略在决定时间、地点与兵力时，可以采用很多的方法，这些方法对战斗的开始和最后的结果所产生的影响不同。因此我们只有通过对它们作具体的研究，才能进一步了解它们。

假如不谈军队的质量，不谈战斗的意义，不谈产生战斗的条件所引起的一切变化，那么就只有谈论战斗这一概念，即抽象的斗争了。在抽象的斗争中，除了作战双方的数量不同以外，再就没有其他的东西可以区分。

这样一来，作战双方的数量就非常重要，是首先决定双方胜负的因素。为了进一步证实这一结论，我们只能撇开一系列问题不谈，由此可见：在战斗中，数量上的优势只是制胜的因素之一，有了数量上的优势还远远不够，它并不是取胜的最主要的因素；而且由于受到其他同时起作用的条件的影响，获得胜利的可能性是很小的。

但是，优势就其程度而言是不相同的，它可以是一倍，也可以是两倍或者三倍不等。因此我们每个人都知道，如果数量不断地增加，那么，数量上的优势必然会起作用。

在这种情况下，我们不得不承认，数量上的绝对优势对于战斗的最终结果而言是非常重要的。在一切有利的因素中，数量上的优势尤为重要。因此，必须把尽可能多的军队投入到战斗中。

不管投入到战斗当中的军队是否够用，在这方面我们所采取的一切手段必须符合战略上的原则。就像前面所说的那样，这个原则具有普遍意义，它不但适用于法国人和德国人，也适用于希腊人和波斯人以及英国人和马拉地人。但是，为了使这个问题更加明确，我们不妨对欧洲的军事情况作进一步的考察。

欧洲各国的军队不论是在武器装备或者组织编制、技能等方面，彼此都是非常相似的，只是在军队的武德和统帅的指挥才能方面还存在着一些差别。想要在现代欧洲战史中找出像马拉松那样的战例是不可能的了。

在勒登腓特烈大帝用大约三万人打败了八万奥军，在罗斯巴赫用两万五千人打败了五万多联军，这就是绝无仅有的，与比自己多一倍或更多的兵力优势战斗而取得胜利的战例。我们还不能引用查理十二在纳尔瓦会战的战例，因为俄国人在当时几乎还不能被看作是欧洲人，并且多数人不知道这个战例。在德累斯顿拿破仑曾用十二万人对抗二十二万人，当时对方投入的兵力比拿破仑的兵力多不到一倍；在科林，腓特烈大帝用三万人对抗五万奥地利人，其结果失败了；拿破仑在殊死的莱比锡会战时，用十六万人抗击二十八万多人，同样也失败了。

因此，在目前的欧洲，即使是具有非凡才能的统帅，也很难战胜比自己多一倍兵力的敌军。假如在天平上我们看到具有一倍优势的兵力比最伟大的统帅的还要重的话，那么我们就不该怀疑，在一般条件下进行的各种战斗，我们抛开其他方面的条件不管，只要兵力在数量上具有绝对的优势，甚至不需要超过一倍的量，一般而言就足以取得胜利了。当然，在有些隘口即使使用了比敌方多十倍的兵力也无法取得胜利，但在这种情况

264

下，那就根本算不上是真正的战斗了。

因此，具有决定性的兵力优势，在当时的欧洲是非常重要的，即使在一般情况下，这无疑也是一个非常重要的条件。能够在决定性地点上集中多少兵力，这要由军队的绝对数量和军队的艺术来决定。

我们首要的规则应该是把尽量多的军队投入到战场上。虽然这是老生常谈，但是是很有必要的。

长久以来，军队的数量在大家眼中并不是取得胜利的最重要条件，现在特举如下事例来证明这一点。在十八世纪的战史中，并不是完全没有提到有关军队数量的问题，只不过是捎带提到而已，并没有作为重点详细讨论。最早谈到这个问题的作家是滕佩霍夫，虽然他在七年战争史中也曾一再谈到，只不过谈得很肤浅。

至于马森巴赫，他在许多文章中都谈到过1793年和1794年普鲁士军队在孚日进行的战争，只是他对山脉、谷地、道路和小径描写了许多，但对双方的兵力情况却只字未提。

还有另外一个事实可以证明这一点。某些评论家认为军队对于投入的兵力应该有一个比较理想的固定的标准数量，一旦超过了这个数量不但不能带来好处，反而会是累赘。

最后，还有许多例子可以证明，人们之所以没有把所有能够利用的兵力都投入到战争中去，是因为他们不认为兵力在数量上的优势会在整个战局中起决定性的作用。

如果人们相信集中兵力非常重要，而且这一优势能够取得一切想取得的东西，那么，这种信念就一定会反映在战争的准备上，就一定会把尽可能多的兵力投入到战争中去，以便保证自己在兵力上的优势地位，至少不让敌人在这方面占据优势。关于战争中的兵力的数量问题就谈到这里吧。

绝对兵力的数量是由政府来规定的，这种规定在军事活动中是一个十分重要的战略问题，但在多数情况下，指挥战争的统帅必须把绝对兵力的数量看作是既定数，因为统帅或许是没有参加讨论应该投入多少兵力，或许是条件无法满足他把兵力扩充到足够多的程度。

因此，面对这种情况，即使不能占据兵力数量的优势，也要巧妙地运用军队，以便在决定性地点上利用有利的条件造就相对的优势。

正因如此，空间和时间的计算就显得更加重要了，于是人们开始重新审视战略上的这种计算，他们认为这似乎包括了正确使用军队的全部问题；还有些人甚至认为，杰出的统帅天生就应该在战略和战术上具备这种计算的本领。

无论在什么场合，空间与时间的计算都是最基本的。在战略上，它是绝对不能缺少的，但是它却不是最困难和最具有决定性意义的。

如果我们客观地阅读战史，就一定会发现，这种因为计算上的错误而造成重大损失的事件，至少在战略上是不多见的。如果一个灵活而又果断的军事指挥家，带领一支军队快速迅猛地击败几个敌人这类情况，也要运用空间和时间的巧妙结合来加以计算和解释的话，那么我们只会白费功夫在用词上纠缠不清罢了。为了使概念明确而有用，必须用准确恰当的名称来称呼各类事物。

腓特烈大帝和拿破仑在对敌方的情况做出准确判断时，敢于在一段时间内用很少的兵力与对方保持一种相互对峙的冒险精神。他们最终获取胜利的原因，就是他们有一种急行军的毅力，有一种敢于突然袭击的胆量，还有一种伟人面临危险时所能表现出的冷静，这一切与空间和时间的计算又有什么关系呢？

但是，像在罗斯巴赫和蒙米赖取得胜利之后，又乘势追击以反跳式用兵的方式取得勒登和蒙特罗胜利，这种在防御战中通常被伟大统帅所信赖的方式，确切地说，毕竟只是历史上极其罕见的现象。

为了获取相对的优势，也就是把优秀兵力巧妙地集中在决定性地点上，首先应该准确地选择决定性地点，在一开始时就使自己的军队有一个正确的方向；其次还必须具备为了主要利益而能够牺牲次要利益的精神。在这方面，腓特烈大帝和拿破仑就做得非常好。

我们认为经过上面所讨论的，已经把数量上的优势的重要性说明白了。我们必须把数量上的优势看作是最基本的原则，不管在何地首先要争取的就是数量优势。

但是，倘若因此就把军队数量的优势作为取得胜利所不可缺少的条件，那么，就完全错误地领会了我们的观点。我们想要指出的是，军队的数量在战斗中的重要性。只要能尽最大努力地集中兵力，那就完全符合这个原则了；至于是否要去考虑兵力不足时应不应该作战，那就只能根据当时情况决定了。

第9节　出敌不意

为了做到前一节所讲的尽量争取各方面的优势，那么就应该处处争取出敌不意。显然，所有行动都应该以出敌不意为基础，因为只有它才能获取胜利，否则要在决定性地点上获取优势那是无法想象的。

正因如此，出敌不意是争取优势的一种手段；另外，就其精神效果来看，还可以把它当作是一个独立的因素。成功的出敌不意会给敌人造成混乱，丧失斗志，这样就可以乘胜追击，使战果成倍地扩大，有许许多多的战例可以证明这一点。这里所讲的出敌不意不是狭义的——进攻范围内的奇袭——而是广义的出敌不意，利用各种措施，尤其是采用调整兵力的方法达到出敌不意。在防御中可以采用出敌不意，在战术防御中出敌不意更为重要。

我们认为，出敌不意是一切行动的基础，但是行动的性质与行动的条件是不相同的，所以，以出敌不意为基础的程度固然也不相同。

这种不同是由于军队、统帅甚至政府的特点不同而产生。

出敌不意的两个因素是秘密和迅速，这二者取决于政府和统帅所具有的巨大的魄力，以及军队的严肃性。软弱和松懈是绝对无法达到出敌不意的。虽然应该在任何情况下都去争取出敌不意，它不但是不可缺少的，而且也是会达到一定效果的；但是，在战史中非常成功的出敌不意却不算多，这是由它的性质所决定的。因此，如果认为单靠出敌不意这一手段就可以获胜，那就大错特错了。在人们的头脑中，往往认为出敌不意常常能引人入胜，实际上因为各种原因出敌不意却是很难实现的。

在战术上，因为涉及的时间与空间的范围较小，出敌不意往往就较容易实现。所以，在战略上，越是接近战术范围的措施，就越有机会出敌不意；而越是接近政治范围的措施，出敌不意的机会就越少。

准备一场战争一般需要好几个月，把军队集中起来，迁移到某一地方，首先需要修造一些仓库，还需要部队大规模的行军，这一系列举动往往会被敌方发现。

所以，当一个国家想要出敌不意地进攻另一个国家，或者妄想将大量兵力出敌不意地转向另一个国家，这种战例非常少见。十六世纪和十八世纪中，战略方式主要以围攻为主，人们曾经想采取出敌不意的战术来围攻要塞，他们认为这是军事艺术中至关重要的部分，但是，成功的战例却很少。

相反，若短期内可以完成的活动，采用出敌不意的战术取胜的可能性就比较大。因此，抢在敌人前面到达战斗地点，或者抢先占领某一重要要塞、道路等，这往往并不困难。显而易见，这种出敌不意做起来虽然容易，但是效果很差；反之虽然做起来较难的，但是效果很好。如果有人相信小规模的出敌不意就能取得效果，比如赢得一次大的战斗，夺取一个重要的仓库，那么就说明他相信那些在历史上根本不存在，根本找不到证明的事情，因为这种小规模的出敌不意取得大效果的例子是罕见的。因此可以证明，采用小规模的出敌不意就想收到大的效果是痴人说梦，是很困难的。

很显然，凡是从史例中研究这些问题的人，都不应该只注重评论家们那些华丽的词藻和自以为是的术语，而是应该注重事实本身。比如西里西亚那场战局，1761年7月22日那天，就发生了一件以出敌不意而闻名的事件。当腓特烈大帝向尼斯附近的诺森进军时，比劳东将军抢先一步，以致奥军和俄军没有在西里西亚会师，因此，腓特烈大帝就赢得了四个星期的时间进行备战。但是，如果仔细阅读史学家们对于这一事件的记载，那么，就不难看出，其实7月22日这天的行动是没有道理的。如今，渴望知道真相的人们，怎能容忍那些违背事实的传说呢？

如果在战争过程中，想要采用出敌不意来取得巨大的效果，就必须灵活机动、迅速地决定方案和进行强行军。在这方面，腓特烈大帝和拿破仑是大家公认的天才的指挥家。但是，从他们的战例中我们也能看到，即使他们已经进行了充分的准备，也并没有总是取得预期的效果。在1760年7月，腓特烈大帝曾出敌不意地袭击了拉西将军，接着又转而袭击了德累斯顿，但实际上在整场战斗中他不但一无所获，反而把格拉次要塞丢失了，使自己的部队处于更加不利的境地。

1813年，拿破仑曾经两次突然袭击布吕歇尔，但这两次都没有达到预期的效果，反而使部队扑了一个空，不仅浪费时间与兵力，而且还使德累斯顿陷于非常危险的境地。

因此，想要采取出敌不意的方式在战争中取得巨大的战果，单凭指挥官的胆实、魄力和果断是完全不够的，还必须具备其他有利的条件。在此，我们并不想一味地否认出敌不意可能带来的巨大效果，只是认为效果与其他有利的外在条件是分不开的，而这些条件并不是随时都存在的，指挥官也无法随心所欲地创造它。

有关这一点，腓特烈大帝和拿破仑也为我们提供了其他两个例子。1814年，布吕歇尔离开主力军团带领军队往马恩河下游移动时，拿破仑向它展开了一次非常著名的突袭，他们进行了两天的急行军，把布吕歇尔的军队击破，这完全是出敌不意的效果。因为，倘若布吕歇尔预料到拿破仑会对他进行袭击，他就完全不会组织这次行动了。这次出敌不意的突袭所取得的战果，与布吕歇尔错误的判断是分不开的。当时拿破仑还不完全清楚对方的情况，因此，他的这次战斗虽然成功了，但掺杂着一种幸运偶然性。

1760年的利格尼茨会战，也同样是一次偶然性的战役。在这次会战中，腓特烈大帝取得了辉煌的胜利。在刚刚占领了一个阵地之后，他连夜就转移了，这次行动是劳东没有意料到的，以至于劳东损失了七十门炮和一万名士兵。虽然腓特烈大帝经常采用声东击西的战术，但是14日的夜间转移，却正好不是因为这个原因，而是像他自己所说的那样，因为他不喜欢14日占领的那个阵地，或许这只是搅乱敌人的一个计谋。因此，在这个例子中偶然性也起着很大的作用。如果不是巧遇腓特烈大帝在夜间转移，如果不是遇到那种复杂的地形，劳东进攻的结果也许就不是这个样子了。

当然，在较高的或者最高的战略范围内，也出现了一些采取出敌不意的战术获得巨大成果的战例。为了证实这一点，我们特别举出以下几个战例：一个是在1757年，大选帝侯在对抗瑞典人时，从弗兰肯到波莫瑞，从马克到扑烈哥尔河那两次辉煌的进攻；一个是在1800年，拿破仑率部队跨越阿尔卑斯山的著名行动。1800年的这个战例中，军队投降后交出了整个地区；1757年的战例中，军队同样在投降后交出了整个战区。最后，我们还可以举出腓特烈大帝侵入西里西亚的战例，这也是一场出敌不意的战例。在上述例子中，都是取得了巨大的战果的。可是，这种状况也是同一个国家整体缺乏运动能力和坚韧毅力，并且没有做充分的战争准备而导致的。撇开这些因素，在战争史上是很少出现这种状况的。

下面再谈一下关于出敌不意中的一个关键性问题：只有能够影响对方的人，才能做到出敌不意；而只有行动正确的人，才能影响并支配对方。假如为了出敌不意而采用了错误的方法，那么不但不能获取良好的效果，反而会导致意想不到的恶果，至少敌人无需担心我们的这种措施，他能够吸取我们的教训找出防止不幸的对策。进攻比防御具有更多的积极性，因此，进攻者大都采用出敌不意，正如我们在后面将要谈到的那样，它也不是绝对的。也有可能进攻者和防御者同时采取出敌不意的作战方式，这时，就要看谁的措施最恰当，谁就能占据优势。

道理虽是这样，但在实际行动中并不是严格地遵守这一准则的，其原因并不复杂。出敌不意的精神作用，往往能让坏事变好事，这样一来使得对方不能正常地发挥，这里不光是指对方的高级指挥官，还包括不同层次的指挥官，因为出敌不意会导致部队涣散，所以每个指挥官的个性都会在不同程度上有所表现。

应该说，大多问题都取决于双方总的情况的比较。如果在整个精神方面占有优势，能降低对方士气，造成他们内部的慌乱和不知所措，那么这时采用出敌不意就会取得意想不到的效果，甚至本应该失败的战斗也会取得良好的效果。

第10节　诡　诈

诡诈是以隐藏自己的企图作为前提的，因此它与直率背道而驰，即与直接的行动方式相对立，这就如同双关谐语与直接的表白相互对立一样。所以它与说服、收买、逼迫等手段并不相同，倒是与欺骗颇为相似，因为欺骗也是以隐蔽自己的企图作为前提的。如果诡诈完全得逞，其本身也就是一种欺骗手段，但是从表面看来它并不是直接的言而无信，因而它不同于一般所谓的欺骗。使用诡诈的人要使被骗之人在理智上犯错误，他们所要达到的目的就是使他看不清事物的真相。由此说来，假如双关谐语是在思想与概念上互相变戏法的话，那诡诈就是在行动上变戏法了。

我们可以这样认为，战略这个名称似乎来源于诡诈一词，这样说也不是没有道理的。尽管从希腊时代以来，尽管战争在很多方面都发生了不同程度的变化，可是战略这个名称似乎依然带有诡诈的性质。

如果承认战术是暴力行为的实施，而把战略当作一种指挥战斗的艺术，那么除了各种感情因素之外，其他禀赋好像都不能像诡诈那样来指导和鼓舞战略行动了。上一节所讲的出敌不意就已经包含了这个意思，因为不管哪一次的出敌不意都是以诡诈作为基础的。

即使我们很有必要了解在战争中双方的指挥官是如何在狡猾、机智和诡诈方面进行较量的，可是在战史中对这些内容的记录却很少，而且对相互之间的关系和情况也很少加以说明。

很明显，产生上述情况的道理，与上一节所谈的大体相同。

战略与其他活动不同，它只是采取与部署战斗有关的措施。战略不同于生活，可以在口头和文字上进行活动，例如发表谈话或者草拟声明等。可是，当使用诡诈进行欺骗时，所要利用的却是这些最基本的东西。

战争中也有相似的活动。例如，向敌人透露虚假的方案及命令从而骗取对方的信任，或者故意向敌人泄漏虚假情报等等。但是这些做法在战略范围内通常只起一般作用，只有在个别特殊的场合才能取得事半功倍的效果，因此指挥官是不能随意采取这种做法的。

但是想要通过战斗部署等这样的常规活动使敌人受骗，就要花费大量的时间、精力和兵力，而且活动的规模越大，所要付出的就越多。一般情况下，人们是不愿为此付出这种代价的，所以，所谓佯动在战略上收效不大。实际上，长时间让大量的兵力装模作样欺骗对方是很危险的，这样做很可能发挥不了多大的作用，而在决定性地点上这些兵力也无法正常运作，因此多半会得不偿失。

指挥官应该能够深刻领会这个简单的道理，因此他们不喜欢这种狡猾奸诈的把戏。现实情况不允许指挥官玩弄虚假把戏，他只能采取直接而果断的行动。总之，在整个战略的棋盘上，是不能存在诡诈和狡猾这种灵活性的。

总而言之，诡诈在不妨碍必要的感情力量——往往是有妨害的——所进行的运作不会有多大的危害；但是对于一个统帅而言，具有准确而果断的判断比诡诈更为重要和更为有用。

但是有一点我们需要明白，当战略支配的兵力越少时，就越需要运用诡诈。因此，当兵力情况并不理想的时候，谨慎与智慧就无济于事了，这使任何办法都显得无能为力，而诡诈就成为最重要的手段了。人们越是在绝望的时候，就越想孤注一掷，然而只有诡诈能够帮助他们增长胆量。当把生死置之度外，不再考虑任何后果的情况下，这时诡计和胆量可以相互作用，并把微弱的希望之光集中于一点，或许还可能形成一道引起火焰的光芒。

第11节　空间上的兵力集中

最好的战略应该首先在总兵力方面，在决定性地点上，始终要保持非常强大的军队力量。因此除了尽力去扩充兵力之外，最重要而又最简单的战略准则是有效地集中有限的兵力。除非有特殊任务必须把兵力调开以外，任何部队都不应该与主力军脱离。我们必须严格遵守这一准则，并把它作为一种战争的行动指南。至于分割兵力的合理理由是什么，我们一定会逐步地加以认识。同时，我们也会看到，并不是在每一次的战争中上述准则都能收到相同的效果，由于战争的目的和手段不同，因此，所产生的效果也不相同。

往往有些人只是机械地按照别人的习惯做法把兵力分割或分散，但并不知道这样做的真正目的，这种情况听来似乎难以置信，但是确实发生过，而且发生的次数还很多。

倘若我们承认集中兵力是一个准则，分散或分割兵力都是毫无意义的举动，只有当具备了某种条件，才有实施它的可行性。因此，我们可以完全避免那些愚蠢的行为，而且还可以杜绝那些为了分割兵力而产生的各种荒谬理由。

第12节　时间上的兵力集中

这里所要谈的概念，在实际运用过程中很容易引起各种错觉，因此，有必要把某些概念重新确定一下，由此我们再作一次简单的分析。

战争是不同方向的两种力量的碰撞，由此得出：力量较强的一方不仅可以抵消对方，而且还可以迫使对方改变原有的方向。因此，在战争中绝对不能把力量一点点地分开运用，同时应该明确规定，用于一次碰撞的全部力量是必须遵守的基本法则。

但是，只有在战争像机器一样机械地碰撞时，才能产生上述现象。如果在战争中，双方力量持续不断地相互作用，那么也就可以陆续发挥力量的作用了。在战术上就是这样，这主要因为在战术上火力是最重要的基础，当然也还存在着其他原因。假如在火力战中以一千人对抗五百人，那么双方伤亡的情况和双方参加战斗的人数有直接关系。一千人发射的子弹要多一倍于五百人，而一千人被击中的可能性也要大于五百人被击中的可能性，（因为一千人的队形相比五百人的队形要密集得多）。假设一千人被击中的可能性要大一倍于五百人，那么双方的伤亡情况则相同。这就好比用五百人战斗的一方死亡二百人，那么用一千人战斗的一方相对来说伤亡与前者一样。如果用五百人战斗的一方还有五百人不在火力范围之内，那么，双方都还有八百名可以参加战斗的人。但是，要知道其中一方的八百人中有五百人不但弹药充足而且体力充沛，而另外一方的八百人却都是弹药不足、体力削弱、士气低落的士兵。不过，仅仅是由于一千人比五百人多出一倍，就说它被击中的可能性大一倍，这样的假设是不正确的。因此，保留半数兵力的一方也许在战争一开始就受到另一方强大兵力的打击，因而损失较大。同时还应该承认，在一般情况下，投入一千兵力战斗的一方一开始就占有了主动权：把对方逐出据点或者迫使敌人后退。但是，这之后作战时投入兵力多的一方只有八百名参加过战斗而且精神处于松散状态的士兵，而对方却有五百名体力充沛的士兵，即使参加过战斗的士兵，战斗力削弱的程度也并不是非常严重，这对于它而言是不利的。至于上述两种有利条件能否与这一种不利条件相抵消，这已经不是进一步分析问题就能说清楚的，必须依靠今后的经验才能判定。在这里，凡是具有一点战争经验的人，都会认为在一般情况下，优势在拥有旺盛斗志的一方。

综上所述，那么，在战斗中使用过多兵力的一方将会有很多不利的因素。尽管在最开始使用优势兵力也许会有很大的利益，可是在以后却不得不为此付出相当大的代价。

当然，只有在军队混乱、队形松散和体力不支时，也就是说，当战斗中出现危机时，才会出现上述危险的状况。因此当一方军队处于不利的状态时，对方相当数量的兵力就会起决定性的作用了。

当胜利一方的松散状态逐渐消失，只剩下胜利的愉悦带来的精神方面的优势时，对方再投入生力军就不容易挽回失败的局面了；相反，这支生力军也将会被卷入失败的漩涡中。一支刚刚被对方击败的军队，是不可能在第二天依靠强大的后备力量转败为胜的。从这里我们可以看出，战术与战略之间一个非常重要的区别所在。

战术上的成果，是指在战斗进行中或者战斗结束之前所取得的成果，绝大部分成果是在军队松散或者体力不支时取得的；而战略上的成果，是指整体战斗的成果或者战局最终的胜利，不论这个成果是大是小，却不是在上述所讲的情况下取得的。战略上的成果，是在各部分的战斗成果结合在一起成为独立的整体时才产生的，这时不存在危机了，军队也恢复了原来的状态，损失的只是实际被消灭的那一部分。

根据上述区别可以得出这样的结论：在战术上，投入的兵力可以逐次使用；而在战略上，投入的兵力却只能同时使用。

在战术上，如果前一阶段所取得的成果不能解决问题，因而必须要考虑到下一个阶段，那么，自然就会知道：一开始为了争取成功，只能投入必要的兵力，而必须把其余的兵力安排在战场范围以外，以便用来对付敌方的后备军，或者用来打击快要失败的散兵败将。而这与战略却不同。一方面，就像我们上面所说的那样，在战略上一旦获得了成果，就不要担心敌人的反击，因为战略成果的出现，也就代表危机过去了；另一方面，并不是说在战略上使用了的兵力都会受到削弱。只有在战术上与敌人进行面对面冲突的那部分兵力，也就是进行战斗的那部分兵力，才会被敌方削弱。换句话说，只要不一味地在战术滥用兵力，那么被削弱的就只会是必须被削弱的那一部分，而决不是参加战斗的所有兵力。当兵力占据优势的时候，那些参加战斗不多或者没有参加过战斗的部队，它们的存在就足以和参加战斗的部队一块起决定性作用。当战斗结束以后，这些部队仍然保持着原先的状态，就好像还没有参加战斗的部队一样，这些部队可以用于新的目的中。而这些用来制造优势的部队对最终结果会有多少贡献，是非常清楚的。而且正因为有了这样的部队，在战争中参加战斗的那部分兵力的损失将会大大减少。

假如在战略上增加使用的兵力，损失不仅不会增大，往往还会有所减少，从而使得我们的决战将会有更多的保障。那么，自然可以得出：在战略上投入战争的兵力越多越好，因此必须将全部兵力投入到战斗中。

此外，我们还必须进一步论证这个原则。到现在为止，我们所谈的只包括斗争本身，虽然斗争是真正的军事活动，但是在斗争中所必须的人、时间与空间，以及它们所能产生的效果都应该加以考虑。

战争中人的疲乏、劳累以及物资上的缺乏，是一种特殊的不良因素，这种因素其实并不属于战争本身，但它多少与战争有直接的关系，尤其与战略有密切的关系。在战术上，往往也会存在军队疲乏和物资紧缺等不良因素，而且这些不良因素也许还很严重，但是战术行动的持续时间并不算长，所以对于它所带来的影响我们可以不必做过多的考虑。但在战略上，时间与空间的范围相对很大，因此这些因素所造成的影响往往非常明显，而且还经常起着决定性作用。在一支常胜军队中，伤病减员往往比战斗减员大得多，因此，这种现象不容忽视。

如果像考察上面所讲的战术上的火力战与白刃战那样考察战略上的这种消耗，那么，可以设想：处于这种消耗范围内的任何军队在某个战局或者某个战略阶段结束时，兵力都会在不同程度上处于削弱状态，因此刚刚投入战场的兵力也能产生决定性作用。所以，在战略上就像在战术上一样，应该尽可能投入少量的兵力来获得初期阶段的成果，以便把生力军留在最后发挥作用。

想要对这种在许多实际使用的场合看似很有道理的思想做出准确的评价，我们必须探讨如下一些问题：首先，我们决不能把后来增加的兵力同原来就有的兵力混淆在一起。在一般情况下，当战局接近尾声时，不管是胜利一方还是失败一方，都迫切希望得到兵力的支援，他们认为这些好像具有决定性的作用。我们先不在这里谈这个问题，因为，如果一开始就拥有大量的兵力，就没有增加兵力的必要了。对于新参战的部队，他们的精神价值比长久作战的部队更值得重视，就如同战术预备队要比在战斗中曾受过损失的部队更值得重视一样。失败的战局会导致部队的士气和精神受到某种程度的挫伤，但是胜利的战局能使部队的士气和精神得到同样程度的增强，两者的得失平均起来可以互相抵消。战争锻炼却将有价值的东西保留下来。此外，我们应该更多地以胜利的战局，而不要以失败的战局为着眼点，因为，假如预料失败的可能性相对大些，那么在原本兵力就不足的情况下，更不可能还要把一部分兵力保留到以后再使用。

其次还要考虑另外一个问题：军队因劳累和物资的缺乏造成的损失，是否也会随着兵力的增加而增加呢？对于这个问题，我们的回答是否定的。

劳累多数是因危险而引起的，而每一次军事行动都必然存在着危险。军队要想时刻避免这种危险，实施安全又有把握的行动，就必须进行大量的准备活动，准备活动包括战术上和战略上的勤务。如果在兵力不具优势的情况下，这种勤务就会非常繁重，而兵力的优势越大，这种勤务就越发显得轻松，这一点不容置疑。所以，在战局中，对抗兵力小于我们的敌军，比对抗兵力与我们相等或者大于我们的敌军，其劳累程度要小得多。

以上讲的是关于劳累的问题，与下面要谈的物资缺乏问题是两个不同的概念。物资缺乏主要有两个方面，一是给养品的缺乏；二是宿营条件的缺乏（包括舍营和野营）。在同一地点集合的部队越多，这两方面的问题就越发严重。但是，对于向外扩展，取得更大的空间和更多的给养以及宿营条件而言，具有兵力上的优势不也同样是一种取得战局胜利的最好手段吗？

1812年，拿破仑进军俄国时，曾经把大量军队集中在一条大路上，因而造成了史无前例的物资缺乏的情况，这完全要归结与他的那条原则：在决定性地点上，集中的兵力越多越好。我们不在这里讨论，拿破仑是否过分强调了这条原则，但是可以肯定一点，他如果想要避免物资缺乏的问题出现，那么只要选择空间较大的地方就可以了。在俄国缺少空间的情况一般是不存在的。因此，我们在这里找不出任何理由去证明同时使用优势兵力，就必然会导致军队在较大程度上被削弱的情况。也许有人会这么认为：把原本打算留待必要时刻使用的多余的兵力，同时都用上去，可以减轻整个军队的负担，但是，随时都会出现的恶劣天气和劳累同样会使兵力减少。在此我们认为，应该把所有因素都联系起来，进行全面性的考察分析。试问，减员所带来的不利是否可以和优势兵力所取得的利益相抵消呢？

现在还有一点需要着重说明一下。在部分战斗中为了取得某个较大的成果，于是大致要分清楚哪些兵力是应该投入战争中的，哪些兵力是多余的，了解这些并不困难。但是要想在战略上做到这些就很困难了，因为想要在战略上获取的成果并不是死板固定的，它是没有明显的限度的。因此，那些在战术上被看作是多余的兵力，而在战略上却应该被看作是能用来乘机扩大战果的手段。其受益大小是随着战果的大小而增减的。因此，运用优势兵力就能很容易地得到谨小慎微地使用兵力所永远无法得到的东西。

1812年，拿破仑利用自己比较大的优势，成功地将军队推进到莫斯科，并很快占领了这个首都。如果他当时马上利用这一优势也就能够完全粉碎俄国的军队，那么，他也许可以在莫斯科缔结到一份即使利用其他途径都很难签订的合约。举出这个例子，只是用来说明上述观点，而不是用来证明它的。假如要证明它，那就需要更加详细的阐述，但是目前这样做是不合时宜的。

上面是针对逐次使用兵力的观点讲的，而不是针对预备军队本身说的。虽然我们已经不止一次地谈到预备队这个概念，但是，它同其他一些概念也互有联系。

这里必须指出，在战术范围，军队实际使用的时间延长，就会导致军队力量受到削弱，因而时间的长短是削弱军队的一个因素；但在战略范围内，时间一般不是通过自身的延长而对军队产生影响的。虽然在战略范围内，时间的长短对军队也起损耗作用，但是这种损耗作用，一部分是因为兵力众多而被抵消了，而另一部分是通过别的途径获得补偿。因此在战略上不能单纯地利用时间，企图通过逐次使用兵力的方法而达到使时间对自己有利的局面。

这里说的单纯为了时间，是因为通过时间与它相结合的其他条件，而可能对作战一方产生或必然产生的影响，与时间本身所产生的直接影响是彻底不同的；前者并不是无足轻重或者无所谓的，对于这个问题我们会另作研究。

我们所要阐述的准则是：必须同时使用用于某一战略目的的全部兵力，而且能够把所有兵力集中用于一次行动或一个时刻就更好了。

但是在战略范围内，也存在着长久地或逐次地发挥兵力的作用的问题，特别是当生力军是夺取最后胜利的主要手段时，更不能将这个问题忽视。这一点将在另一章讨论，在这里提到它，只是为了让读者不至于误解。

现在我们来考察一下，与上面的论述密切相关的另外一个问题，即战略预备队的问题，只有确定了这一点，才能将整个问题充分说明白。

第13节　战略预备队

预备队有两个不相同的使命：一个是延长和恢复战斗；二个是应付意外情况。第一个使命是以陆续使用兵力以此来获取利益为前提，因而在战略范围内是不会出现的。把一个部队派到马上就要失守的地点去，这很明显是属于第二个使命的范畴，因为在此不得不进行的抵抗，只是没有充分料到。假如当一个部队只为了延长战斗而被留下来，被安排在火力范围之外，但仍然是受这次战斗的指挥官指挥，很显然它就是战术预备队，而不是战略预备队。

但是，在战略范围内，也许需要准备一些兵力防止意外情况的发生，因此，也许要准备一定的战略预备队，不过这只是在可能出现意外情况的条件下才这样做。在战术范围内，人们大都只能通过观察来对敌人的措施进行了解，任何一个小树林或洼地都可能会把敌人的措施隐藏起来，因此人们应该随时做好准备，以防止意外情况的发生，以便在以后随时可以加强整个部署中比较薄弱的环节。总之，我方的兵力部署应该随时根据敌人的情况来进行调整。

在战略范围内也一定会有这种情况发生，因为战略行动与战术行动有着直接的联系。在战略上，有些战略部署也必须根据每日每时的观察，以及所获得的不准确的情报和战斗时所产生的实际效果来确定。因此，由于有些情报不够准确，必须保存一部分兵力以防意外情况的发生，这样做也是符合战略需要的。我们深知，在防御中，尤其是对江河或者山地这一类地形的防御中，一定会不断地出现这种情况。但是，当战略活动与战术活动离的距离越远，这种不准确性就会越小；当战略活动与政治领域接近时，这种不准确性就几乎不复存在了。

敌人把军队派到什么地方去进行战斗，这只能通过观察和分析去了解；而敌人将在什么地方过河，这可以根据敌人事前做准备措施时所暴露出来的蛛丝马迹来了解。至于敌人会从什么地方入侵我国，这常常还在一枪未发以前，就会在所有的报纸上透露出来。准备措施的规模越大，人们就越不容易做到出敌不意。时间如此之长，空间如此之大，而产生行动的各种情况又如此明显，但变化又非常少，以致让人们有充足的时间来了解它，或者可准确地判断它。

另外，当措施越是涉及到整个局面，战略预备队——如果有的话——其作用也就相应变得越小。我们深知，局部战斗的结局其本身是没有任何意义的，只有在整个战斗的最后结局中才能看到所有局部战斗的价值。

然而，即使是整体战斗的最后结局，也只有相对而言的意义，它们意义的大小，完全取决于被击败的敌军在全部兵力中所占的数量是多少，所占比重是多少或者产生的效果有哪些。当一个军团失利后，可以用另一个军团所取得的胜利来弥补，甚至还可以用一个更大的军团所取得的胜利来抵消，也许还能转败为胜（如1813年在库耳姆的两天会战就是典型的例子），这是任何人都不能去怀疑的。但是，失败的那部分敌军如果是很重要的话，那么，胜利（整体战斗的胜利）的重要性也就越发具有独立的意义，敌人想要通过今后的战斗来挽回失败，这种可能性也就变得越小，这一点我们应该是很清楚的。关于怎么进一步明确这一点，我们将在以后的章节中进行研究，目前，读者只要懂得这种关系也就够了。

如果说在战术上，对于兵力的逐次使用总会使决定性行动推迟到整个战局的尾声；在战略上将兵力按其准则投入使用，那么就会使全部主力在一开始行动时就进行了。因此我们根据上述理由可以这么认为：战略预备队的使命越宽泛，其必要性也就变得越小，而相应的危险也就越来越大。

战略预备队的存在是从什么时候开始不合理的？想要找出这一问题的答案并不困难。主力决战就是划分这个问题的界线。在主力决战中，必须将全部兵力都投入到战斗中。把部分军队组成的预备队，保留在主力战以后再使用那真是太荒唐了。

假如把战术上的预备队看作是对付意外的一种手段，是战术上的一种策略，而且能够在战术失利时起到挽回的作用，那么，在战略上，在进行大规模的决战时就不能使用这种手段。在战略上，某个地方的失利通常可以通过其他地方取得的胜利来弥补；在个别情况下，还可以把其他地方的兵力调来挽救败局。但是，决不应该、也决不允许，为了挽回失败的局面而预先保留兵力的做法。

我们认为，建立战略预备队让它不参加主力决战这种思想是错误的。这一点本来已经非常清楚，假如不是被某些思想或某些东西掩盖的话，这里我们就不必要再用两章来分析它了。有人称赞这是战略上智谋与谨慎的精髓，有人则贬低它，甚至把它连同所有的预备队全盘否定。这种混乱思想往往反映在现实生活中。如果人们想知道关于这方面的典型例子，那么我们可以回顾一下，1806年发生的战败事件。当时符腾堡欧根亲王指挥的二万人被普鲁士当作预备队留在了马克，结果这支预备队没能及时赶到扎勒河去实施援救；另外，他还在东普鲁士和南普鲁士留下了二万五千人作为预备队，准备以后使用。

指出这些例子，人们就不会责备我们胡编乱造、不切实际了。

第14节　兵力的合理使用

前已说过，人的思路很少严格按照某些原则和条理直线发展的，它总有空间能够自由活动。在实际生活中，也是这样一种规律。想要用横坐标与纵坐标描出美丽的线条是不可能的，要想用代数公式画出圆和椭圆也是不可能的。因此，在有的时候指挥官必须具备高度准确而迅速的判断能力，在不知不觉中就已经查明真相；有时应该把规律概括成明确的要点，指导人们的行动；有时还应该把习惯用法加以总结，作为行动的依据。

必须注意，让所有兵力都发挥作用，换句话是说，要随时注意不要浪费一兵一卒，这就是通过总结而得出的真理。谁在不需要的地方安排过多的兵力，谁在敌人攻击时不能将所有军队力量投入战斗，也就是让一部分军队没有发挥其应有的作用，那么谁就是不善于合理地运用兵力。从这个意义上而言，有而不用，比用而不当更为糟糕。如果马上需要战斗，首先就应该让所有的军队都行动起来，因为即使不是最好的迎战，也往往可以牵制或击败一部分敌人，而完全搁置不必需的兵力，在那时却往往是起不到任何作用的。很显然，这个观点同前三章所阐述的原则是有直接关系的，讲的是同一个道理，我们只不过是从另外一些角度进行论证，将它归纳成一个单独的概念罢了。

第15节　兵力的配置形式——几何要素

几何要素究竟能在多大程度上成为战争中的重要因素呢？在筑城术中，我们看到几何学几乎支配着建筑过程中的所有问题。在战术上，几何学所起的作用也很大。在狭义的战术中，也就是在关于军队战斗的理论中，几何学成为战斗理论的基础。在野战筑城中，包括在关于确定阵地，以及对阵地进攻的学说中，几何学上的角和线犹如具有决策权的立法者一样占据统治地位。在这里，许多几何要素被人们滥用了，而其他一些也是毫无意义的。但是，在目前战争中要求我们对敌人采用包围战术，这时几何要素又重新表现出了它的特殊作用。尽管如此，现代战术与要塞战比较起来，它的一切都表现得不那么死板，精神力量与个人特性，包括偶然性都起着很大的作用，所以几何要素不像在要塞战中占据统治地位。在战略范围内，几何要素的影响明显更小了。在这里，兵力上的安排和国土的形状虽然存在着密切的关系，但是几何要素与建筑术不一样，它不起决定性作用，也不如战术中那样重要。至于这些影响是以哪种方式表现出来的，当以后几何要素再次出现，并值得我们加以思考时，才能进一步进行阐明。在这里我们只想让大家知道：在战术范围与战略范围内它是不同的。

在战术范围内，时间与空间总是很容易变得很小。如果一个部队的侧翼和背后都遭到敌方的袭击，就会很快处于无路可退的局面。这是一种相当于再也无法继续进行战斗的困境，应该尽快想办法来改变这种局面，或者之前就应该考虑到避免陷入这种境地。因此一开始采取的行动就具有重大的作用——重点是让敌人对后果产生顾虑。因此，几何形式在兵力安排上是很重要的，是避免产生上述作用的一个非常关键的因素。

但在战略范围内，空间非常大，时间也非常长，因而这些只能产生很小的影响。人们从这个战场不能射击到另一个战场，实现一个预定的战略计划通常需要几个星期，甚至几个月的时间。而且空间是如此广阔，即使是制定出了最好的措施，要想准确无误地达到目的的可能性也是很小的。

因此，在战略范围内，这类行动所起的作用很小，正因为如此，在某一地点实际所取得的胜利，其作用就很大。取得的这一胜利如果没有被某些地方的失败所抵消，那么，它便可以有充分的时候发挥其作用。因此，我们可以肯定地说：在战略上战斗胜利的次数和规模是最重要的，而联系这些战斗的几何形式则并不重要，这是一条已经被确定的真理。

但是，在现代理论中，与此相反的观点却成为人们热衷讨论的话题。他们认为，具备了这种观点就可以让战略体现出更大更重要的作用。他们又把战略看成是高层次的智力体现，认为这样就能够使战争显得更加高贵，用时髦的话讲，就是使战争更具备科学性。我们认为，一个完善的理论所能体现的重要作用，就在于它可以揭穿谬论的迷惑性。现代理论研究由于常常以几何要素这个概念来入手，因此我们就应该着重强调这个问题。

第16节　军事行动中的间歇

如果把战争看作是相互对抗、相互消灭的行为，那么，就应该承认，双方都是在前进的。但是也同样应该承认，针对某一时刻而言，只有一方在前进，而另一方则是在等待。因为双方的情况决不会是一样的，而且随时随地都在变化着。因此在这里同一时间对这一方有利，就会对另一方不利。假定双方的指挥官都完全明白这一点，那么，一方前进的根据同时也是另一方等待的根据。所以，在同一时间双方不会都认为前进是最有利的，也不会认为等待更有利。在此，双方不可能同时抱有同样目的，其原因不是一般的两极性，而是双方的指挥官依据的是同一种情况做出的判断。

就算双方的情况完全相同，或者由于指挥官对对方情况不太了解，错误地认为双方情况是完全相同的，这样还是不可能产生间歇，因为双方的政治目的也不相同。从政治上看，其中一方必然是进攻者，如果双方都是防守型，那就不会发生战争了。进攻的一方具有积极的目的，防御的一方不免带有消极的因素；进攻的一方必然要采取积极的行动，只有这样才能达到进攻的目的。所以，如果双方的情况一样的话，而积极的目的也能促使进攻的一方采取果断的行动。

正因为如此，军事行动中的间歇，严格地说它与战争的性质是相矛盾的，因为两支军队是互相敌对的，任何一方都应该在不停歇的运动中消灭对方，就像水与火永远不能相容一样，一方不被完全消灭，它们之间的斗争就决不会停止。但是，对于两个摔跤的人长久地扭在一起保持长时间的僵持状态，我们又作何解释呢？军事行动本来就应该每时每刻不停地进行，就如同钟表一样，把它上紧发条，它便会不停地运动。但是，不管战争的性质多么残酷，它总是不能摆脱人的制约，人们一方面害怕危险，但同时又制造危险，战争中就是存在着这种矛盾，人们不会为此感到吃惊。

回顾一下战史，往往可以发现与以上所说的情况相反的例子，在战争中为了达到目的并不是总在不停地前进，军队的基本状态就是间歇和停顿，而前进却是例外。这不得不让我们怀疑上述观点的正确性。但是，尽管战史上所记录的大量事实证明情况的确如此，但是最近发生的一系列事件却恰好证明了前面所讲的观点。革命战争就充分表明了这一观点的真实性，同时也充分证明了它的必然性。在革命战争中，特别是在拿破仑发动的每次战争中，整个战争的进行已经达到了发挥最大力量的程度，我们认为这是战争所带来的规律。因此，战争想要达到最大限度地发挥自己的力量是可能的，同时也就说明它是必然的。

假如不是为了前进，那么在战争中所付出的那些力量又作何解释呢？为了要烤面包面包师才会烧热炉子；为了要用车用车人才会将马套在车上。如果只是想让对方付出与自己一样的力量，而不想获得其他任何利益，那么又为什么要付出自己巨大的努力呢？

总体上有关这一原则，我们就谈这些。现在我们再来说一说它在现实中有哪些变化。当然，这里只是指由事物性质所引起的变化，而不是指某些具体情况所引起的变化。

引起变化有三个原因，它们是内在的牵制力量，它们可以阻止战争这个钟表的行走速度。

原因之一是人本性上的怯懦和优柔寡断。它使行动经常存在停顿的倾向，因而它起到一种抑制的作用，它给精神世界带来压力，但这不是由引力引起的，而是由斥力引起的。换言之就是，由惧怕危险或者害怕负责任所引起的。

在战争的烈火中，人往往会显得很笨重，因此要连续不断地运动，就必须具有很大的动力推动他。只有战争目的是不能克服掉这种重力的，如果不具备善战和敢作敢为的精神，就容易产生停顿，而没有来自上级的压力，那么，前进只是一句空话。在战争中，这种精神就像鱼儿在水中一样适得其所。

原因之二是人的认识与判断都不是很完善的。在战争中，这一点要比在任何其他地方都更为突出，因为人们很难每时每刻都非常确切地了解自己的情况。而敌人的情况，由于他们具有隐蔽性，因此只能依靠一些观察到的东西去推测，然而却常常发生这样一种情况：双方都认为等待对自己有利，实际上只对一方有利。于是就像我们之前所讲的那样，双方都认为等待是明智的选择。

原因之三是防御比较强而有力。它就像钟表里的制动装置一样，随时会使行动停顿下来。也许甲方觉得自己太弱而无法向乙方进攻，但是不能因此就做出乙方有足够的力量向甲方进攻的结论。防御可以使力量得到增强，所以，假如一方不是采取防御而是采取进攻，那么他就会把这种力量转给对方从而失去它。做个形象的比喻，就好像是a+b与a-b之差等于2b一样。所以，不仅双方同时觉得没有力量再去进攻对方，而且事实上也正是这样。

由此，在军事艺术中人们就为小心谨慎，以及害怕巨大危险找到了立足点，证实它们都是合乎情理的，因此战争所特有的暴烈性得到了抑制。

不过，这些原因还不能够充分说明，在以前那些不是重大利害冲突所导致的战争中为什么会有一段长时间的时间间隔，在这些战争中，有十分之九的时间是毫无作为地度过的。这主要是因为一方的要求，以及另一方的状况和情绪导致战争出现了这种现象。有关这一点，在论战争的性质和目的那一节中我们已经做过详细的讨论了。

可能这一切会产生十分巨大的影响，使战争变成不伦不类的东西。这样的战争通常只是一种武装监视，也许仅仅是为了支持谈判而做出的威胁的姿态，也许是一种缓和的行动其目的是使自己先处在比较有利的地位再见机行事，也许仅仅是不自愿的勉强履行的同盟行动。

在所有这样的场合，没有大的利害冲突，敌对因素也不强，任何一方都不想对敌方采取过激的行动，双方也不是非常的害怕对方，简而言之，没有太大的利害关系强迫和促使他们采取行动。在这种情况下，双方政府所投入的赌注也不会很大，自然而然也就出现了这种温和的战争，而真正的战争其仇恨情绪被束缚住了。

越是这样不伦不类的战争，就越缺少必然性，而偶然性就会越多，那么就越缺乏建立理论所必须的依据和基础。

但是，即使是在这样的一种战争环境里，才智仍然有它充分发挥作用的地方，而且和其他战争相比较，它的表现形式更具有多样化，它的活动范围也更为广泛，就如同赌博变成了小买卖一样。在这里，将作战时间都用在了装模作样的小动作上，即长时间的而没有任何效果的战略部署上，以及被后人认为大有学问而实际上毫无意义的布阵与行军上（之所以被认为大有学问，是因为这样做的一些细小原因不得而知，而人们又无法想象出来）。正好就是在这里，真正的军事艺术被某些理论家发现了，他们找到了所有理论研究的对象：古代战争中所运用的虚刺、防刺、防右下刺以及防左上刺，并发现智力因素要比物质重要得多。他们研究认为最近几次战争是一种野蛮的搏斗，是没有任何可以学习的地方的，而且只能把这种战争看作是向野蛮时代的倒退。这种观点就像它所探讨的对象一样，毫无价值。在缺乏巨大的力量，以及伟大的激情的场合中，小聪明在这个时候很自然地发挥了作用。但是，当指挥一支庞大的军队作战时，就像在狂风暴雨中掌舵一样，难道不能说是一种更为高级的智力活动吗？难道真正的作战方法就不包括上述所说的击剑术式的作战方法吗？难道前者与后者的关系与人在船上的运动和船本身的运动的关系不一样吗？其实，只有在对方比我方不利的时候才能够采用这种击剑术式的作战方法。但是，我们难道知道这种条件会保持多长时间吗？难道法国革命不是我们还在采用老式的作战方法时袭击的我们，并把我们赶到了莫斯科的吗？难道腓特烈大帝不是用类似的方式让习惯于老式战争的奥地利人大吃一惊，并震撼了奥地利王朝的吗？在对付一个不受其他任何法则约束，而只受内在力量限制的野蛮敌人时，一个政府倘若不尽快采用坚决的对策，还运用老式的军事艺术，那就太可悲了！这时，思想上和行动上的一切懈怠，都会使敌人的力量得到增强。一个击剑运动员使用击剑的架势去摔跤往往是行不通的，只要被对方稍微用力一推，他就会摔倒。

总结上述内容可以证明，在一场战斗中，它的军事行动是有间歇的而不是连续不断的；因此，战争中的每一次流血行动之间，双方都有一个相互观望，相互防守的阶段；但一般而言，抱有较高目的的一方所采取的原则主要就是进攻，它所处的状态是前进，所以它的观望态度是积极的。

第17节　现代战争的特点

对于现代战争的特点人们必须加以考虑，这种考虑对所有的作战计划，尤其是对战略计划有着很大的帮助。

拿破仑的运气与胆识，使过去人们常用的所有作战手段都变得毫无价值，许多第一流的强国在他面前都变得不堪一击。从西班牙人顽强的战斗中我们可以看到，民众武装和起义固然在个别方面存在着缺点与不足，但是我们不能否认它所起到的重大作用。1812年的俄国战争也告诉我们：首先，想要征服一个地域辽阔的国家是很困难的（其实人们早就应该知道这一点的）；其次，会战的失利、首都的沦陷和局部地区的失守，并不意味着不可能取得最后的胜利（以前，所有外交官都把这种情况会减少取胜的可能性看作是千古不变的真理，所以一旦遇到这种情况，就会被动地暂时接受一个不利于自己的合约）；最后，这场战争又同时告诉我们，当敌人的进攻力量已经消耗殆尽时，原本是防御的一方却成为最强大的，在这种情况下，转守为攻就是一种十分明智的做法。此外，1813年的普鲁士也进一步表明，火速建立民兵能够使军队迅速增加相对平时六倍的兵力，在国外这些民兵照样可以使用，就像在国内一样。综上所述，我们可以得出这样一个结论：在国家力量、军事力量和作战力量中民心和民意是一个极其重要的因素。当各国政府已经知道这些辅助手段的优点后，他们在未来战争中就很可能会使用这些手段，他们之所以会这样做可能是因为危险威胁了他们的生存，也可能是因为强烈的荣誉心驱使他们这样做。

不言而喻，双方是按照不同的原则来组织的战争，即依靠全国力量进行战争，或者只依靠常备军进行战争。以往的常备军就像舰队一样，陆军与国家其他方面的关系和海军与国家其他方面的关系几乎没有什么区别，所以，海军战术中的某些原则曾经也被陆军的军事艺术采用过。然而，这种做法现在已经不适用了。

第18节　紧张与平静——战争中的力学定律

本篇第16节中已经提到，几乎所有的战局，间歇和平静的时间远远多于行动的时间。虽然我们在前一节中又谈到现代战争所具有的崭新的特点，但是，毫无疑问，真正的军事行动总会出现或长或短的间歇。所以，我们必须进一步探讨一下这两种状态的实质。

假如军事行动中出现了间歇，即双方都抱有消极的态度，那么可能会出现平静的局面，最终出现均势。不过，这里指的是普遍意义上的均势，这个均势不只包括军队的物质力量和精神力量，它还包括所有的关系与利害。然而，假如双方中有一方重新抱有积极的目的，而且为此采取行动（哪怕只是一些准备活动），那么对方也会采取相应的对策，于是双方之间的局势就会重新紧张起来。只要决战不结束，这种紧张状态就会一直存在，也就是说直到一方放弃自己的积极目的，或者另一方做出退让为止。

在作战双方考虑到各自利益的基础上所进行的决战结束之后，就会出现新的运动。

假如这一运动出现必须克服的困难，例如内部阻力，或者出现最新的对抗力量而衰竭下来，那么，不是再一次出现平静，就是产生新的紧张和新的斗争；接着再次出现一个全新的、在多数情况下相反方向的运动。

对实际活动而言，从理论上区分均势、紧张和运动比最初看起来更加重要。

在均势或平静的状态下，也有存在某些活动的可能，不过这些活动仅仅是偶然的原因导致的，并不是可以产生重大变化的目的引起的。也许这些活动是很大的战斗，甚至有主力会战的可能，但是正因为它们具有完全不同的性质，所以经常产生不一样的效果。

在紧张状态下，决战往往具有更大的效果，这一方面是由于人们的意志在当时能发挥更大的力量，而环境也可能会产生更大的压力；另一方面是由于如此大规模的行动在各方面都已经做了准备。这样的决战就像火药在密封状态下爆炸，但是如果在平静状态中发生同样规模的事件，却好像是火药在散放着燃烧。

另外，不说自明，紧张的程度一定是不一样的，所以，紧张状态从最紧张到最弱之间存在许多不同的程度，而最终的紧张状态几乎与平静状态没有多大区别。

从上面所讲的情况来看，我们可以得出以下结论：

在紧张状态中，一样的措施比在均衡状态中的重要性更大、效果更好；而在最紧张的状态中，其重要性就更加突出。

例如，相比霍赫基尔希会战，瓦尔密炮击更有决定性的意义。

在敌人无力防御被迫放弃的地区驻防，与在敌人为了等待更好的决战时机而暂时退出的地区驻防，应该采取截然不同的方式。在抗击敌人的战略进攻时，如果阵地不合适，或者在行军中犯了错误，都会导致极其不良的后果。然而在均势状态中，除非这些缺点特别突出，否则不可能促使敌人行动。

如前所述，在过去的许多战争中，有很大一部分时间是在均势中消耗掉的，或者是在程度较轻、间隔时间较长和作用不明显的紧张中消耗掉的。在这种情况下发生的事件不可能产生很大的效果，因为有时它们仅仅只是为了庆祝女皇的诞辰，例如霍赫基尔希会战；有时只是为了获取军人的荣誉而战，例如库涅斯多夫会战；而有时则简单到只是为了让统帅的虚荣心得到满足而战，例如弗赖贝克会战。

在我们看来，一个统帅必须能够清醒地分辨这两种状态，然后对这两种状态对症下药，合理地安排行动。这一点务必做到。可事实是1806年的战争经验不得不让我们认识到，人们离这个要求还有很长的一段距离。当时的情况要求把所有的注意力都集中在主力决战这种高度紧张的状态中，统帅原本应该把全部力量都用在这个至关重要的主力决策上，可是，他只是提出了一些措施，而付诸实施的也只是一些只能在均势状态中引起小小振动的活动而已。人们只是避重就轻地意识到了造成混乱和浪费精力的措施与意见，偏偏把唯一能够挽救大局的重要措施抛置脑后了。

为了让读者更加明白我们的理论，对理论加以区分也是有必要的，因为无论是进攻与防御的关系，还是实施进攻与防御，这一切都与危急时刻密切相关，也就是各种力量在紧张与运动时所处的状态相关；而在均势状态中进行的所有活动，我们只看作是节外生枝的东西，其原因是危机是真正的战争，而均势状态充其量只能是危机的反射。

第四章 战 斗

第1节 引 言

前一章我们所考察的是那些在战争中起作用的因素，接下来我们所要研究的是真正的军事活动——战斗。这种战斗通过物质与精神的效果，可以直接地，或者间接地体现战争的最终目的。所以，在论述这种活动及其效果的过程中，必然又会出现前面所讲的战略因素。

关于战斗的部署属于战术范畴，要了解战斗的概况，只需要对它进行一般的考察。然而在实际运用的过程中，由于每次战争的直接目的各不相同，所以每个战斗也就不可能千篇一律，我们以后会谈到这些直接目的。可是，相比之下战斗的一般性质又比战斗的特殊性质来得重要，因为大部分战斗都非常相似。在谈论战斗的具体问题以前，我们先来考察一下战斗的一般性质，这样可以避免到处重复叙述战斗的一般性质。

所以，在第二节中我们先从战术角度简单地分析一下现代会战的特点，请记住我们是以现代会战为基础来讨论战斗的概念的。

第2节　现代会战的特点

根据我们所说的战术与战略的概念，很显然，战略会随着战术的变化而变化。也就是说，在这种或那种情况下战术的特点完全不同，那么战略必然也会随之发生变化，这才是合情合理的。所以，在我们进一步探讨如何在战略上运用主力会战之前，有必要先明确一下现代主力会战的特点。

那么，一般是如何进行一次大的会战的呢？首先是把大批军队前后左右从容地配置妥当，然后按照相关比例将其中的一小部分兵力投入到火力战中，让它进行几小时的搏斗，另外还要经常穿插着进行小规模的冲锋、格斗或者骑兵攻击，并且形成拉锯状态。等到这一小部分兵力在这一阶段中逐渐消耗完战斗力时，就将它撤回，以另一部分兵力取而代之。

打个比方，会战就像受潮的火药一样慢慢燃烧，有序地进行着。等到夜幕降临，天空漆黑一片的时候，谁都不会在这个时候盲目出击，于是就会中止会战。这个时候，就得估计一下，敌我双方还剩下多少兵力可以使用，即还剩下多少充满生气和活动的兵力；此外还要估算阵地的得失情况，以及背后的安全情况；最后，将这些估算结果，与敌我双方在勇敢和软弱、机智和愚蠢等方面的表现概括起来形成一个总体印象，根据这些就可以判断出是立刻撤出战场有利，还是明天早晨重新开始战斗有利。

要注意上面所描绘的并不代表现代会战的全貌，只是勾勒出现代会战这幅图画的基本色调，它无论是对进攻者还是对防御者都是适用的。在这幅图画上，我们添上其他一些特殊的色彩，如预定的目的、地形等等，这并不会改变它的基本色调。

其实，现代会战具备这种特点是必然的。其原因是，在军事组织和军事艺术方面，敌我双方的水平基本上是相同的；另外，现代战争主要是由重大的民族利益所导致的，战争要素已经冲破了种种束缚，沿着自然方向发展。只要存在这两种情况，会战的这种特点就会始终具备。

有关现代会战的一般概念，在我们今后说明兵力与地形等各种条件的价值时，在许多地方都是适用的。不过，上述情况只适用于一般的、大规模的、甚至具有决定意义的战斗，或者类似的战斗；至于那些小规模的战斗，其特点虽然也在向这个方面发展，但是相对大规模的战斗而言，变化的程度就微不足道了。关于这一点已经属于战术研究的范畴了，以后我们会适当地做些补充，把它说得更明白、具体些。

第3节　战斗概论

只有战斗才是真正的军事活动，其余的所有活动都是为战争服务的。这一节我们要对战斗的性质加以认真地研究。

战斗即斗争，目的是通过斗争来消灭或制服敌人，而敌人是指在具体的战斗中与我们敌对的军队。

这就是关于战斗的简单概念，以后我们还要谈到它。现在，我们必须先谈一谈其他一些概念。

我们如果把国家与它的军事力量看成是一个整体，毫无疑问，战争也会被看作是一场大规模的战斗。不过，现代战争却比较复杂，它是由大的和小的、同时发生的或者先后发生的许多战斗组成的。军事活动被分割成许多单个行动，其原因是现代产生战争的情况是极其复杂的。

现代战争的最终目的，即政治目的也总是十分复杂的。因为许多条件和企图与军事行动联系在一起，因此它会把原本十分简单的目的变得复杂化，这就使得这一政治目的，无法通过一次单个的大规模的斗争来达到，只有通过组成一个整体的许多大大小小的活动才能达到。每一次活动都是整体的一部分，而且它们都有各自的特殊目的，然后通过这些目的同整体紧密地联系在一起。

如前所述，所有的战略行动都可以归结到战斗这一概念上，因为所谓的战略行动就是运用军队，而运用军队必须以战斗这一概念为基础。所以，在战略所涉及的范围内，一切军事活动都可以归结到战斗上，而且只研究战斗的一般目的即可。当然关于战斗的特殊目的，只要我们一谈到与它们相关的一些问题时，就会详细地加以阐述。要知道，无论是大的还是小的战斗，都有它的特殊目的，而且是从属于整体的。由此可见，消灭敌人和制服敌人只不过是达到这一目的的手段。实际上也的确如此。

必须指出，这个结论从表面上来看是正确的，其目的是为了使各个概念在逻辑上相互联系，这一点非常重要。我们之所以对这一点加以阐述，正是为了避免这样看待问题。

怎样才算把敌人制服了呢？答案只有一个，即消灭他的军队。不管采用的是杀伤方式或是其他方式，也不管是彻底地消灭对方或是只消灭对方的一部分，使对方无法继续作战。所以，当我们抛开各个战斗的特殊目的，答案就变得很简单了，所有战斗的唯一目的就是全部地或者部分地消灭敌人。

在一般情况下，尤其是在进行大规模战斗的情况下，那个特殊目的——即让战斗具有特殊性质，并且让它与更大的整体相互联系——充其量不过是战斗的一般目的的一种变化方式，或者只是一种从属于一般目的的特殊目的。从让战斗具有特殊性质方面来说，它的确是重要的，但与一般目的相比，它就显得次要了；换句话说，实现了特殊目的只不过是完成了战斗的次要任务。假如这一论断是正确的，那么很显然，认为消灭敌方军队只是手段而不是最终目的，这从表面上看是正确的，而实质上是错误的。事实上，战斗的特殊目的同样包含消灭敌方军队，而特殊目的只是消灭敌方军队的一种微小变形。如果不这样看，就很容易导致错误的结论。

在最近几次战争之前，正是因为人们不能正确地看待这一问题，所以出现一些错误的见解、偏见和残缺不全的理论体系；理论越是认为不需要真正的工具，也就是说越不要求消灭敌人，才使得这种理论变得越来越糟。

之所以会产生上述那种理论体系，是因为提出了某些错误的前提，并将一些误以为是有效的手段替代了消灭敌方军队。所以只要以后有机会，我们必须继续同这种错误作斗争。我们要研究战斗，就必须强调消灭敌方军队的重要性，以及它的真正价值，防止那种纯粹表面上的真理而导致的错误。

然而，如何证明在一般情况下和在最重要的情况下，最主要的是要消灭敌方军队呢？我们又将如何对待下面这种美妙的想法呢？这种想法是这样的：认为通过一种比较巧妙的方式直接消灭敌人的部分兵力，然后间接消灭敌人更多的兵力；或者采用一些规模较小但极其巧妙的攻击，使敌人陷入瘫痪的状态，以此挫败敌人的锐气，而且把这种方法看作是最好的捷径。是的，在不同的地点进行战斗可能有不同的价值。从战略的角度来讲，的确存在着巧妙地部署战斗的问题，战略是一门进行战术部署的艺术。我们承认这一点，但是又必须指出，最主要的事情还是直接消灭敌方军队。在这里，我们就是想要努力阐明消灭敌方军队这一基本原则的极其重要的意义。

同时还要指出，我们谈的不是战术而是战略，即谈论的并不是在战术上可能会出现的、不费吹灰之力就能消灭敌人大量兵力的手段。在我们看来，直接消灭敌人属于战术成果，所以我们认为，重大的战略成果是由重大的战术成果引起的，就像我们之前详细地谈论过的那样，在战斗中战术成果具有非常重要的意义。

想要证明这一论点并不是一件很难的事情，现证明如下。任何复杂的或者巧妙的行动都需要较长的时间。究竟是简单的攻击效果更大呢？还是比较复杂、巧妙的攻击效果更大呢？假如把敌人当作是被动的，那么当然是后者的效果大。但是话又说回来，任何复杂的攻击都需要消耗较长的时间，而要赢得充裕的时间又非常困难，只有在这种情况下——即我们的部分军队遭到敌人的攻击，但并没有破坏军队整体的准备工作的效果时——才有可能。假如在准备过程中，敌人决定在短时间内展开一场极其简单的进攻，那么就会让敌人占据优势，这就会使我方的宏大计划失去用武之地。所以，当我们衡量复杂的攻击的价值时，务必考虑准备期间内可能发生的一切危险。想要采用复杂的攻击手段，除非敌人的简单进攻不会使我们的准备遭到破坏；一旦敌人的简单攻击使我们的准备遭到破坏，我们也只能被动地采用比较简单的行动，同时还要根据敌人的特点、状态，以及其他情况尽量采取更简单的行动，否则会使自己更加不利。如果认真考虑实际情况，避开那些抽象概念所带来的模糊的印象，我们就会发现，一个动作灵敏、勇敢而又果断的敌人，肯定会千方百计地阻止我们去计划大规模的巧妙攻击；而要对付这样的敌人，军事天才才显得尤其重要。说到这里，事情已经变得很清楚，简单和直接的行动效果与复杂的行动效果相比，前者显得更为重要。

当然简单的攻击并不是最好的攻击，但是攻击的准备时间必须在指定范围之内，而且敌人越具有尚武精神，就越需要采用直接的攻击。可以这样说，要求以复杂的计划战胜敌人，还不如采取简单的计划，以至于始终走在敌人的前面。

在上述两种以智慧作基础的打法和以勇气作基础的打法中，人们总是认为，超群的智慧加上普通的勇气，比出众的勇气加上一般的智慧具有更大的作用。然而，从逻辑的角度考虑这两种因素，毫无疑问，在勇气起主导作用的危险领域中，勇气比智慧更加重要。

通过这些抽象的考察，我们还必须进一步指出，通过实际经验只能得出上述这一合乎逻辑的结论，不会得出相反的结论，而我们的考察就是依据实际经验进行的。

能公正地阅读历史的人，都知道在所有武德中，要使军队获得荣誉和成功必须依靠作战的魄力。

在所有战争中，都必须把消灭敌方军队看作是最重要的事情，这是我们应该坚持的原则。至于怎样贯彻这一原则，以及如何使这一原则适应于产生战争的各种情况所必须的一切形式和条件，留待以后研究。

通过之前的论述，我们基本上说明了这一原则的一般重要性；接下来，我们根据上述结论继续讨论战斗。

第4节　战斗概论（续）

前一节谈到战斗的目的是消灭敌人，并且想通过专门的考察来证明，在一般情况下几乎都是这样的，因为在战争中消灭敌方军队永远是最主要的。对于那些同消灭敌方军队这个最主要的目的夹杂在一起的，或者多少有一定重要性的其他目的的，我们将在下一节中先作简单的论述，以后再进一步阐明；而在这里，我们是撇开战斗的其他目的，而只把消灭敌人看作是战斗的唯一的目的来加以研究的。

应该怎样理解消灭敌方军队这句话呢？答案应该是，使敌方军队的损失远远超过我方。假如我方军队在数量上占绝对的优势，那么，当双方损失的绝对数量一样时，就可以证明我方的损失比敌方小，因而，这是有利于我方的。前面说过，在此我们是撇开战斗的其他目的来讨论战斗的，因此，关于那些用来间接地消灭更多的敌方军队的其他目的，也应该排除在外。这样一来，就应该把相互杀伤和进攻过程中直接取得的利益看作是唯一的目的，因为只有这种利益才是真正的利益，才能永远保留在整个战局的账本上，并且在最后的结算中它始终是一种纯利。在这里，有必要举一个例子来说明其他各种胜利，例如通过在这里不想涉及的其他目的取得的，或者只是提供了一种暂时的相对利益等等。

比方说我们以巧妙的部署使敌人失利，以至于他要继续战斗就必须冒很大的危险，最后权衡利弊稍作抵抗就撤退了，这就说明，我们把他制服了。

可是，假如在制服敌人的过程中，敌我双方军队的损失差不多，那么这次胜利（假如把这种结果称为胜利的话）在战局的总结算中就没有任何价值。所以，这种制服敌人的方法（使敌人无法继续战斗），不在这里所要考察的问题之列，因此消灭敌人这一目的的定义中也就不包括它。也就是说，只有相互杀伤和进攻过程中直接取得利益的这一目的才能包括在这个定义中。这种直接取得的利益，既包括敌人在进攻过程中所遭受的损失，也包括敌人在撤退过程中直接遭受的损失。

大家都知道，在作战过程中，胜者与败者在物质损失方面几乎没有差别，有时候胜利者的损失甚至还会大于失败者。失败者最惨重的损失是在开始撤退以后才出现的，而胜利者就不可能有这种损失。幸存的精神沮丧的部队被骑兵冲散，疲劳的士兵倒在地上，抛弃了已经被损坏的火炮和弹药车，没损坏的也因道路不好不能迅速前进，结果被敌方的骑兵追获。到了晚上，小部队迷失了方向，轻而易举地落入敌方手中。这种胜利的结果，大多是在胜负已经确定之后才出现的。对于这种情况，必须作如下的解释，才能明确理解。

其实，在双方战斗过程中除了有物质方面的损失，还包括精神方面的损失，如精神受到刺激、挫伤，甚至全线崩溃。所以战斗是否能够继续下去，要考虑的不仅有兵力、马匹和火炮的损坏情况，更重要的是要考虑秩序、勇气、信心，以及内部联系和部署等方面的受损情况。在这种情况下，精神力量起着决定性作用，尤其是在双方物质损失基本相等的情况下，就更是这些精神力量在起决定性作用。

想要在战斗过程中对比双方物质力量的受损情况是非常困难的，但是要对比精神力量的受损情况就容易多了。以下两点能够阐明这种对比：首先，作战地区是否丧失；其次，敌人的预备队是否具有优势。我方预备队少于敌方预备队，这就说明我方使用了更多的兵力去保证战争的胜利，从而导致敌人在精神方面占据优势，这种情况常常使统帅感到苦恼，从而低估自己部队的力量。但主要问题是，经过长时间作战的部队差不多都会像烧尽的煤渣一样，子弹用尽了，队形散乱了，体力与精力也都消耗殆尽了，甚至连勇气也大大受挫。对于这样的部队，别说人数上的减少，就是作为一个有机的整体，也已经大不如前。因此，我们可以根据预备队的消耗程度去衡量精神力量的损失。

决定撤退的两个主要原因是地区的丧失以及预备队的缺乏。当然，除了这两大原因外，其他因素也会导致部队撤退，例如部队与部队之间的联系，以及整个作战计划遭到破坏等。

任何战斗都是一种较量，它们是以双方的物质与精神力量通过流血的方式和破坏的方式在进行。哪一方剩下的力量最多，他就是胜利者。

在战斗过程中，决定胜负的主要原因是精神力量的增加与损失。决定胜负之后，精神力量还会继续受损，直到整个行动结束才会达到极点。所以，使敌人精神力量受损也是消耗敌人物质力量从而获得利益的一种较好的手段，而战斗的真正目的就是为了获得这种利益。当军队队形混乱，不能协调行动时，个别部队的抵抗也就失去作用了。当整个军队的勇气受挫，原来那种不怕危险力争得失的紧张情绪就会变得松弛，这时对于大多数人而言危险不但不能激发勇气，反而会变成一种令人发疯的惩罚。因此，一旦军队看到敌人取得胜利，他们的力量就会受挫，锐气就会大减，想再依靠危险来激发自己的勇气简直就是天方夜谭了。

胜利者必须利用这个有利时机，众而获取真正的物质利益。因为只有这样的物质利益才是最真实可靠的，要知道失败者的精神力量可以逐渐恢复，队形也可以重新建立起来，勇气还会再度高涨；而胜利者只能保留极小一部分在精神方面取得的优势，甚至有的时候连极小一部分也无法保留下来。尤其在极个别的情况下，由于失败者强烈的复仇心和仇恨心，反而会使胜利者感到畏惧。而另一方面，在杀伤、俘获敌人，以及缴获敌人武器等方面，胜利者所获得的利益是谁也抹不掉的。

如果说在会战过程中最主要的损失是人员伤亡，那么会战后的损失主要包括火炮的损坏、丢失，以及人员被俘。前一种损失存在于胜败双方，只是数量不同罢了，而后一种损失就完全不同了，它通常只存在于失败的一方，至少失败一方的损失比胜方要大得多。

因此，不论在什么情况下缴获的火炮和俘获的人员才是真正的战利品，同时还可以作为衡量胜利的标尺，因为根据它们可以清楚地看出胜利的大小。就连胜利者精神优势的大小，也能从这方面看得一清二楚，如果将它与伤亡人数作比较，看得就更加清楚了。所以，有时候缴获的火炮和俘获的人员也能产生一种新的精神力量。

前面谈到，在战争中和在战后的撤退中，受挫的精神力量是能够逐渐恢复的，有时甚至能够恢复得完好无损。但这只适用于整体中的一小部分，至于整体中的大部分，那就又另当别论了。即便对军队的大部分来说还有这样的可能，但从军队所属的国家和政府这一角度而言，就几乎没有这样的可能。对于国家和政府来说，他们判断问题时是从全局出发的，所做的评价几乎不带任何个人偏见，根据对方获取的战利品的数量，再把这些战利品与伤亡人数作个比较，不难发现自己军队软弱无力的程度。

总之，精神力量的削弱虽然没有绝对价值，而且在最后的战果中也不一定会表现出来，但是我们还是必须引起重视，有时精神力量的削弱会成为非常重要的因素，凌驾于其他一切因素之上。所以，在军事行动中常常把削弱敌人的精神力量作为重要目标，我们将在其他章节论述这一点。但是在这里，我们有必要研究一下它的几个基本方面。

随着被击败的军队数量的增多，胜利的精神效果也会增大，但是精神效果会以更大的比例增大，即既在范围上增大，又在强烈程度上增大。一个被击败的师是比较容易恢复秩序的，如果让它与更大的军队依靠在一起，就容易恢复它的勇气，这就如同冻僵的手脚与身体靠在一起容易温暖过来一样。失败的精神效果尽管还没有完全消失，但是对敌人而言，已经看不到这种效果了。当然，整个军队如果在一次会战中失败，那就无力回天了。因为它会导致全军每一环节相继崩溃。所以，一堆大火所散发的热度与几堆小火散发的热度是不能相提并论的。

双方的兵力对比也可以影响胜利的精神效果。以少胜多，不仅一举两得，而且由此可见胜利者有一种更大的、更全面的优势，使战败者望而却步。但事实上这种影响非常隐蔽。在刚开始行动时，往往不能准确地估计敌人的实际兵力，对自己兵力的估计也可能出现误差，此外兵力占据优势的一方还可以否认这种兵力上的差距，或者长期隐瞒兵力占据优势的全部真相。这样，他就可以防止由于这一点而产生不利的精神影响。当时这种被虚荣心、谋略所蒙蔽而产生的以少胜多的精神力量，大多是时过境迁之后才被人们从历史中发现的。于是，这无疑为这支以少胜多的军队，以及它的指挥官增加了光彩；但是，对早已成为往事的历史事件本身而言，这种精神力量已经毫无作用了。

应该这样说，俘获的人员和火炮是体现胜利的主要标志，是胜利的最终结晶，所以在组织战斗时也就要特别重视这一点。在这里，用杀伤的办法消灭敌人仅仅是一种手段而已。

这一点对战斗部署能产生怎样的影响，不属于战略范畴；但是，这一点与战略对战斗的决策是密切相关的，这主要表现在如何保护自己的背后，同时又能够威胁到敌人的背后这一问题上。如果既能保障自己的背后，又能对敌人的背后造成威胁，那么肯定能够俘获更多的敌人、缴获更多的火炮。在很多时候，离开完善的战略而只依靠战术是很难做到这一点的。

被迫同敌人两面作战，无疑是危险的；假如没有退路，就会造成更严重的危险。这两种情况都能导致军队的运动瘫痪使其抵抗力削弱，从而影响胜负。特别是在战败时，这两种危险会大大加重军队的损失，甚至会使损失达到极限，即全军覆没。因此，背后受到威胁会造成非常严重的令人不堪设想的后果。

所以，在整个作战过程中，尤其是在各个部分的战斗中，人们自然而然地就会想到要保障自己的背后并威胁敌人的背后。这种本能是求胜防袭之必然，而这里胜利的概念，不能等同于单纯的杀伤敌人。

我们认为，努力保障自己背后并想方设法威胁敌人背后是战斗中非常紧迫的任务之一，而且是一个务必努力争取实现的任务。无论哪一次战斗，除了单纯的硬冲以外，必须采取上述两种或者其中一种措施，否则，后果不堪设想。哪怕是最小的部队也必须先考虑自己的退路然后再去攻击敌人。而在多数情况下，人们考虑得更多的是去切断敌人的退路。

虽然这是一种本能的要求，但是在复杂多变的情况下经常不能顺利实施，而且在遇到困难时又往往必须牺牲这一点，而去服从其他更重要的考虑等等，如果我们对这个问题加以具体研究的话就会离题太远，在这里，我们只要让人们清楚，这种本能的要求是战斗中的普遍法则就可以了。

这种本能的要求无处不发生作用，常常使人们感到它的压力，所以它毫无疑问地成为了所有战术机动和战略机动必须围绕的中心之一。

接下来再来探讨一下关于胜利的总的概念，至少包括以下三点：

（1）敌人物质力量的损失大于我方；

（2）敌人精神力量的损失大于我方；

（3）敌人完全败下阵来，被迫承认以上两点。

双方关于人员伤亡的报道肯定带有一定的水分，真实的不多，在很多情况下都是故意虚报的，连公布的战利品的数目也不是很真实。由此可以推断，如果报道的战利品的数目较小，有可能根本就没有获得胜利。如果要衡量精神力量的损失，那就只能把战利品当作尺度了，除此以外再没有适当的尺度可以衡量了。所以，在许多时候，一方获得胜利的唯一确凿的证明就只有另一方放弃战斗。所以降下军旗就等于告诉人们在这次战斗中自己是错误的，而敌人是正确的，并且甘拜下风。失败一方的这种屈服和耻辱不同于失去均势所引起的其他一切精神后果。它是构成对方胜利的一个重要组成部分，因为恰好是这一部分对公众舆论，以及对交战国和所有盟国的民众与政府产生极大的影响的。

　　同时，我们必须搞清楚，退出战场不见得就是放弃意图，哪怕是经过一场顽强且持久的战斗之后退出战场也同样如此。如果一个前哨通过一番顽强的抵抗最终退却了，我们肯定不会说它放弃了自己的意图。包括在以消灭敌方军队为最终目的的战斗中，也不能随便认为退出战场就意味着放弃意图。比方说，事先计划好的撤退就不是单纯意义上的撤退，而是一边撤退一边还在消灭敌人。这些问题都是我们在研究战斗的特殊目的时将要谈到的。在这里我们只是想告诉人们，在很多情况下，放弃意图和退出战场很难区分，在军内和军外退出战场引起的印象必须引起高度重视。

　　对于一些普通的统帅和军队而言，在必须决定撤退的情况下，也常常不愿意这样做。因为假如在一系列战斗中持续撤退，即使事实上并没有失败，别人也肯定以为你是节节败退，这种印象带来的影响非常不利。因为，退却者不可能向所有人表明自己的特殊意图，从而消除这种精神影响，除非他公开自己的全部计划，否则就难以避免这种影响。毫无疑问，这与他的根本利益是完全违背的。

　　通过回忆索尔会战，大家就能注意到这种胜利概念的特别意义。在这次会战中，取得的战利品很少，大约只有几千名俘虏和二十门火炮。当时在腓特烈大帝对整个局势加以考虑后，就改变了向西里西亚撤退的计划，故意在战场上停留了五天，并借此宣告胜利。就像他自己说的，他认为利用这种胜利的精神效果，对缔结合约非常有利。尽管合约是在劳西次的卡托利希-亨内斯多夫战斗中，以及克塞耳斯多夫会战中又取得了几次胜利之后才缔结的，但我们必须承认索尔会战所产生的精神效果。

　　如果胜利导致了敌人精神的崩溃，那么夺得的战利品就会大大增多。对另一方来说，失利的战斗便成为悲痛的惨败。在此种时候，失败者的精神往往会被瓦解，使抵抗能力完全丧失，最终结果只能是撤退，再撤退。

耶拿会战和滑铁卢会战就是这种惨败的最好例证，而博罗迪诺战役却并非如此。

惨败与一般的失败的区别只在于失败的程度不同，我们没有必要去寻找为它们划分界限的标志。但是，认清概念是弄清理论观念的重要环节，这一点必须清楚。如果我们用同一个词来表达在敌人惨败时所取得的胜利，以及在敌人一般失败的情况下所获取的胜利，那只能证明我们术语上的缺陷，留待以后慢慢解决。

第5节　战斗的意义

前一节我们研究了战斗的绝对形态，即把战斗当作整个战争的缩影进行了研究；接下来，我们从广义的角度来研究战斗与其他部分的关系，首先我们要探讨的是战斗的直接意义。

许多人都这样认为，既然战争是敌对双方相互消灭的行为，那么双方只要集中自己的全部兵力，然后通过一次大规模的战斗来解决所有问题。在理论上是这样，在现实中似乎也是如此。我们并不否认这种看法的确有许多正确的地方。假如我们坚持这种看法，把最初的一些小战斗单纯地看作是一种必要的耗损，也不是没有道理。但是，问题并没有想象的那么简单。

如果把兵力区分开，战斗数目自然会增多，所以我们必须一并讨论各个战斗的直接目的和兵力的区分情况。但是，这些目的和具有这些目的的战斗，大多都是可以分类的，为了阐明我们的论点，现在很有必要弄清它们的类别。

毫无疑问，消灭敌方军队是所有战斗的目的，但是，其他一些目的往往同消灭敌方军队结合在一起，有时甚至还占主要地位。因此，有两种情况我们必须区分清楚：一种是把消灭敌方军队作为主要目的；另一种是把消灭敌方军队当作一种主要的手段。作为一次战斗的总的任务，除了消灭敌方军队以外，也有可能是占领一个地方或者取得一个目标。这种总任务有时候较单一，可能只是这三者中的一项，但有时候也可能不止一项。就后者而言，往往有一项是最主要的。在我们将要谈到的，进攻与防御这两种主要作战形式中，前面三项中的第一项是一样的，其他两项却不一样。现列表如下：

进攻战斗	防御战斗
（1）消灭敌方军队	（1）消灭敌方军队
（2）占领一个地点	（2）防守一个地点
（3）取得一个目标	（3）防守一个目标

必须指出，上面这一图表并没有把所有目的包括在内，侦察与伴动就排除在外，因为图标中的任何一项都明显不是这类战斗的目的。所以，我们只能承认还有第四种目的存在。仔细考察一下就不难发现，侦察是为了让敌人暴露，骚扰是为了让敌人疲惫，而伴动是为了让敌人留在某一地点，或者将其引到另外一个地点。所有这些目的必须借助上述三种目的中的一种（一般是第二种），才能间接地实现。为了进行侦察就只能假装进攻，或者表现出驱逐对方的样子。当然这种假借的目的并非真正的目的，但是我们在这里所要讨论的恰恰是真正的目的。所以，我们不得不在进攻者的三种目的中再加上第四种目的——企图引诱敌人采取错误的措施。换言之，就是伴攻。这一目的具有的性质只能是进攻，这是事物的性质决定的。

此外必须明确，防守一个地点一般有两种方式。一种是硬性的，也就是必须坚守那个地点；另一种是软性的，即只需要防守一个时期就可以了。后一种情况在前哨战和后卫战中经常出现。

众所周知，战斗任务决定战斗本身的部署。比如，把敌人的哨兵从他们的所在地引开时所采用的方法，与全部歼灭他们所使用的方法肯定不一样。再打一个比方，牢牢死守一个地点所使用的方法，与暂时打击敌人所使用的方法也不可能一样。就前者而言，不可能考虑撤退；而对后者而言，撤退却成为主要的事情。

上述这些问题均属于战术范畴，在这里是为了说明问题才列举它们的。关于如何在战略上看待各种不同目的的战斗，将在有关章节中分别予以论述。这里只想说明以下几点。

第一，这些目的的重要性是按照上述图表所列的次序依次下降的；第二，第一种目的在主力会战中占首要地位；第三，防御战斗的后两种目的完全是消极的，不能带来真正的利益，除非有利于达到其他积极目的，否则不会带来任何利益。因此，如果这样的战斗越多，就预示着战略形势的恶化。

第6节　战斗的持续时间

当我们开始研究战斗与军队各个方面的关系时，那么它的持续时间就有了特定的意义。

战斗的持续时间可以被看作是战斗的一种次要的、从属的结果。在这个问题上，胜利的一方和失败的一方就感觉而言是截然不同的。对胜利的一方而言，决定战斗的胜负越快越好，因为胜利来得越快，效果也就越大；而对失败的一方而言，战斗时间拖延得越长越好，因为失败越晚，损失就越小。

尤其是在相对防御战斗中，这一点显得特别重要。

在相对防御战斗中，战斗的持续时间可以决定战斗的全部成果。因为这一原因，我们可以把战斗的持续时间也当作一个战略要素。

战斗的持续时间与战斗的主要条件之间存在着不可分割的内在联系。这些条件包括：兵力的绝对数量而非相对数量，双方兵力的实力对比，兵种的比例，还有地形的性质等。比方说，两万人不会像两千人那样很容易就消耗掉；抵抗兵力比自己大一两倍的敌人不会像抵抗兵力相等的敌人那样持久；骑兵战斗与步兵战斗相比，更容易决定胜负；单纯用步兵作战的战斗相对有炮兵的战斗决定胜负更快些；在山地和森林作战，前进的速度就不如在平原上的速度。这些都是显而易见的。

由此可见，要想利用战斗的持续时间来达到预定目的，就得考虑到兵力的数量、兵种的比例，以及配备的情况。我们对这一问题进行专门的探讨，不是为了得出这条规则，而是为了能把经验在这方面所得出的主要结论同这条规则联系起来。

一个由各个兵种组成的八千人到一万人的普通师，即使是去对抗兵力占很大优势的敌人，而且是在比较不利的地形上，也能抵抗数小时；假如敌人的优势不明显，或者根本不占优势，那么抵抗时间可以延长到半天。一个由三四个师组成的军，比一个师的所能抵抗的时间要多一倍；而一个由八万到十万人组成的军团它的抵抗时间则更可以延长两、三倍。也就是说，这些军队在上述的时间内完全可以单独作战，而不需要依赖援助。如果在这一段时间内有其他军队增援，这些军队发挥的作用就可以立即同已经进行的战斗所取得的成果合并起来，那么这仍然算是一个战斗而不是两个战斗。

上述数字是我们通过经验得来的。但是，我们认为有两个重要的问题必须进一步阐明，即决定战斗胜负的时刻和结束战斗的时刻。

第7节　决定战斗胜负的时刻

任何战斗的胜负都不可能一下子在某一个时刻决定，在所有战斗中都有一些极其重要的时刻，对胜负的决定起着举足轻重的作用。一次战斗的失败往往不是突如其来的，而是逐渐形成的。但是，在所有战斗中肯定有一个重要时刻，可以被看作是决定这次战斗胜负的时刻，在这个时刻之后再进行的战斗，只能算作是一个新的战斗而不能看成是原先那个战斗的继续。如果能对这个时刻有一个明确的概念，那么在战斗失利时考虑是否能够利用援军有效地将这个战斗持续下去，就显得至关重要了。

由于没有明确地把握好决定战争胜负的时刻，使得人们有时在一些无法挽回的战斗中无谓地消耗了生力军；相反，在还存在转机的战斗中，有时却又错过了利用生力军挽回败局的大好时机，这些都是无法挽回的损失。以下两个例子最能说明问题。

1806年，霍亨洛黑侯爵在耶拿附近用三万五千人的兵力与拿破仑率领的六七万兵力进行会战，结果败得很惨，几乎是全军覆没；可就在败局已定的情况下，吕歇尔将军企图以一万二千人的兵力让会战起死回生，结果只能是异想天开，以毁灭告终。

另举一例，就在那一天，大约二万五千名普军同达乌率领的二万八千名法军在奥尔施塔特附近一直战斗到中午，结果失败了，可是兵力尚存，遭受的损失与完全没有骑兵的对方差不多。而普军却错过了大好时机，这时完全可以利用卡耳克洛伊特将军带领的一万八千名预备军来扭转局势，可他们没有这样做。假如当时这样做了，那么这次会战也许就不会失败了，甚至还会转败为胜。

所有战斗都构成一个整体，每一部分战斗的结果在这个整体中汇合成总的结果。这个结果可以决定战斗的胜负。这个总的结果也许不是我们在第四节中所讲的那种胜利，因为有的时候可能根本无法预料会取得那样的胜利，而有时则会因为敌人提前撤退打破了自己原有的计划。在许多时候，哪怕是在敌人顽强抵抗的战斗中，决定胜负的时刻总是早于构成胜利概念的主要成果出现的时刻。

我们不禁要问：一般情况下到底什么时刻是胜负已定的时刻，即从什么时刻起用一支势力较大的生力军去扭转局面完全是一种无为的消耗呢？

如果把无所谓胜负的佯攻排除在外，那就是：

（1）假如战斗的目的是夺取对方的一个目标，那么当对方失去这一目标时就是胜负已定的时刻。

（2）假如战斗的目的是占领一个地点，那么胜负已定的时刻也就是对方丧失这个地点的时刻。但并非总是千篇一律，当所要占领的地点特别难以攻克时才会这样。假如是一个非常容易攻占的地点，那么无论它有多么重要，敌人都会不冒任何危险地把它重新抢夺回来。

（3）在上述情况除外的其他所有场合，尤其是在以消灭敌方军队为主要目的的场合，决定胜负的时刻取决于胜利一方有很强的凝聚力，斗志也很旺盛，而失败的一方即使再增加兵力（有关这一点，在第三章第12节中我们已经讲过）也于事无补。基于这个道理，我们在战略上就把这一时刻作为划分战斗单位的依据。

在战斗过程中，假如敌人的军队只有极少一部分秩序混乱或者丧失战斗能力，而我方在很大程度上完全处于散乱状态，那么我们就无法恢复战斗；假如敌人完全失去战斗能力，但很快又恢复了，那么我们仍然无法恢复战斗。

所以，实际作战的那一部分兵力越小，也就意味着留作预备军的那一部分兵力越大（只凭这一点，就可以影响胜负），那么对方想利用生力军扭转局势的可能性就越小。任何能在战斗中合理使用兵力，以及随时都能充分利用预备军的精神效果的统帅和军队，都能更大限度地取得胜利。我们不得不承认，在现代战争中，法国军队，尤其是在拿破仑的统率下作战时，往往在这方面做得非常出色。

另外，胜利的一方参战兵力越少，消除战斗的危急时刻和重新恢复作战能力的时刻来得就会越早。比方说一小队骑兵在迅速追击敌人以后，短短几分钟内就能够重新恢复原来的队形，危机也能够很快消除，而整个骑兵团要恢复原有的秩序就需要较长的时间；成散兵状态的步兵想要恢复原有队形所需要的时间就更长了。如果是多兵种组成的部队，由于它各个部分的前进方向不同，战斗一开始时队形就会发生混乱，相互之间又不可能都明确地知道对方的位置，队形就会变得更加混乱，所以恢复队形无疑需要更长的时间。胜利的一方要重新组织和集合军队，并稍加整顿，安置适当的地点，重新恢复战场秩序，这些需要的时间也是很长的。可以这么说，队伍越大，恢复秩序的时间也就越久。

显然，当胜利者还没有调整好状态时，黑夜的到来自然就会推迟恢复秩序的时间。另外，复杂的地形和隐蔽地也会延缓这一时刻的到来。但是话又得说回来，黑夜对胜利者同时又是一种有效的掩护手段，因为失败者想要利用黑夜进攻而取得良好结果几乎是不可能的。像1814年3月10日，在郎城约克进攻马尔蒙那样成功的例子是很少见的。同样，隐蔽地和复杂的地形对于长期处于危急时刻的胜利者也能起到掩护作用，使敌人无法反击。所以，黑夜、隐蔽地和复杂地形，对想恢复战斗的失败者来说，会更加困难。

我们前面所谈的失败者的援军，特指单纯增加的兵力，即从自己后方调来的援军，因为这种情况一般比较常见。当然，如果援军出其不意地攻击对方的翼侧或背后，那就又另当别论了。

我们将在其他章节讨论，战略范畴内的翼侧攻击与背后袭击的效果。我们在这里讨论的，为使战斗恢复而采取的翼侧攻击与背后攻击属于战术范畴。我们之所以讨论它，是因为我们必须谈到的战术效果，以及必须使概念涉及到战术范畴。

军队攻击敌人的翼侧与背后，有可能大大提高攻击的效果，但并非始终如此，有时也可能适得其反。这一问题取决于战斗的各个条件，我们不想在这里深入地讨论它。但下面两点有助于我们当前研究的问题。

第一，翼侧攻击与背后攻击对决定胜负后的成果的影响，通常大于对决定胜负本身的影响。在战斗恢复时，首先应该去争取胜利，而不是避重就轻地去计较成果的大小。至于这一点我们认为，一支赶来试图恢复战斗的援军，应该同原来的军队会合，而不应该直接去攻击敌人的翼侧与背后。在多数情况下的确如此，但是，我们也不得不承认，有时并不是这样，究其原因，下述第二点可能起着很重要的作用。

第二，赶来恢复战斗的援军可能会带来意想不到的精神效果。

出其不意地攻击敌人的翼侧与背后，会产生很大的效果，因为处于危急时刻中的敌人往往是散乱的，很难抵挡这种攻击。如果是在战斗初期，由于敌人的兵力集中，对翼侧攻击和背后攻击肯定有所防备，所以这种攻击在战斗初期不会起到多大作用，但是在战斗接近尾声的时候，就完全不同了，情况变得让他们有机可乘。

因此，我们只能坦然地承认，在许多时候，援军突袭敌人翼侧或背后，能产生意想不到的效果，就如同相同的力作用于力臂较长的一端就会发挥更大的作用一样。一支从正面进攻对恢复战斗毫无希望的军队，如果出其不意地去攻击敌人的翼侧或背后，就能重新恢复战斗。在这里精神力量起着主要作用，它的效果是无法估计的，于是大胆和冒险就显得极为重要了。

在能否挽回一个失利的战斗还是一个未知数时，必须考虑到之前提到的各种相互影响的力量的作用。

在战斗还没有结束的情况下，援军所进行的新的战斗完全可以与原来的战斗合而为一，取得共同的战果，那样原来的失利就可以轻而易举地从账本中一笔勾销了。但是，在战斗的胜负已确定无疑的情况下，那就是另一回事，援军所进行的新的战斗会产生新的结果。假如援军兵力很少，难以和敌军对抗，那么新开始的战斗几乎不可能获得有利的结果。相反，如果这支援军实力强大，能独立进行下一个战斗，而且最终取得了胜利，甚至还有意想不到的收获，但尽管如此，前一个战斗的失利也无法从账本中勾销。

以库涅斯多夫会战为例，腓特烈大帝的第一次进攻就占领了俄军的左翼阵地，并缴获了七十门火炮，但在这一天的战斗结束时又都失去了，因此第一次进攻所取得的全部成果就从账本中勾销了。如果他把会战的后一部分进攻推迟到第二天进行，那么即便是失利了，也不会把第一次战斗所取得的胜利从账本中勾销。

如果在战斗还没有结束之前，就能预料到战斗的不利情况，并且设法扭转战局，这样就可以把不利的结果从我们的账本上一笔勾销，甚至能够成为更大胜利的基础。意思也就是，如果人们认真考察一下战斗的战术过程，就会很容易发现，在结束战斗以前，各部分的战斗结果都只是暂时的，在总的结果中有被抵消掉的可能，甚至还可能向相反的方向转变。假如我方军队被击溃得越多，同时也意味着敌人消耗的兵力越多，因此敌人的危急时刻肯定也越严重，而我方在生力军方面的优势也就越大。如果这时总的结果突然变得对我方有利，战场和战利品都被我们从敌人手中夺回，那么敌人以前在夺取战场和战利品时所消耗的所有力量都转化为我们的纯利，相反我们以前的失败倒成为走向更大胜利的阶梯。于是，敌人在短暂胜利时觉得值得为之做出牺牲的辉煌战绩就被一笔勾销，余下的只有对牺牲了的兵力的懊丧心情了。胜利的魅力和失败的灾难在战场上就是这样变化无常。

总之，如果我方占有绝对优势，完全可以以更大的胜利来击溃敌人，那么，最好的办法是在战斗（假如它真的很重要的话）还没有结束之前就扭转战局，千万不要等着发动第二次战斗。

1760年，劳东将军在利格尼茨进行决战时，道恩元帅曾有援助他的想法。可是当劳东失败的时候，道恩虽然有充足的兵力，却没有给予应有的援助。

这就告诉我们，在会战以前进行艰苦的前卫战，其实是一种下策，如果不是不得以而为之，就应该尽量避免。

此外，我们还得研究另外一个问题。

如果一次战斗结束了就等于完结了一件事情，那么进行一次新的战斗时就不能以此为理由，而必然是以其他情况为依据。可是，这一结论与我们必须考虑的一种精神力量，即复仇心是相互抵触的。从最高统帅，到地位最低的鼓手都具有这种感情，所以，复仇心最能激起军队的斗志。当然，在这里必须记住一个前提，即被击溃的不是整个军队，而只是其中不太大的一部分。要不然复仇心肯定会由于整个军队都灰心丧气而淡化了。

由此看来，为了补救损失，尤其是在其他条件许可的情况下展开第二次战斗时，就会很自然地利用到上述精神力量。在多数情况下，这种第二次战斗肯定是进攻，这是事物的性质所决定的。

在许多非主要的战斗中，这种利用复仇心的例子是很多的。但是，规模较大的会战通常不是取决于复仇心，而是由许多其他原因决定的。

在蒙米赖，令人尊敬的布吕歇尔，当他的两个军被击溃以后的第三天，于1814年2月14日再次率领第三个军奔赴了同一个战场，这完全是复仇心驱使他这样做的，假如他知道与他相遇的可能是拿破仑本人，那他肯定不敢去复仇；但他当时以为遇到的是马尔蒙，结果他那种高尚的复仇心带来了悲惨的结局，最终由于失算而遭到再一次失败。

几个负有相同作战任务的部队之间的距离，是由战斗的持续时间和决定胜负的时刻来决定的。这种配置如果是为了进行同一个战斗，那就属于战术部署。但是，有一种情况必须指出，那就是当它们的距离很近，无法进行两个独立的战斗，即在战略上它们所占的空间被看作是一个据点的时候，这种配置才被看作是战术部署。可是，在战争中常常出现这样的情形，即便是负有相同作战任务的部队之间，也必须保持相当的距离，虽然它们的主要意图是进行同一个战斗，它们也可能会分别进行战斗。所以，这种配置就被看作是战略部署。

属于这类战略部署的有：军队被分成几个部分或者被分成几个纵队进行行军；派出一些前卫和侧方部队，或者确定支援一个以上战略点的预备军；把分散宿营的军队集中等等。人们可以发现，这类战略部署是经常出现的，如果说它们在战略上被看作是辅币，那么主力会战，以及具有相同性质的会战则被看作是金币和银币。

第8节　战斗是否需要经过双方同意

"不经双方同意，就不会发生战斗"，搏斗就是以这一点作为思想基础的。许多历史作家，就是依据这一思想，提出了一系列高见，然而却得出了许多模糊和错误的观念。

这些作家在论述中总要重复这样一种观点：一个统帅向另外一个统帅挑战，可被挑战者却未应战。

我们认为，战斗源于搏斗，但是与搏斗有很大的区别。战斗基础的构成包括双方对斗争的欲望，也就是说双方都同意战斗；以及产生战斗的目的。这些目的始终从属于更大的整体，相应地，如果把整个战争看作是一场斗争，那么其政治目的和条件也从属于更大的整体。所以，想要战胜对方的这一目的本身也是处于从属地位的，说得更明白些，这种目的是不能独立存在的，而只能被看作是更高的意志赖以生存的神经。

"白费工夫地向敌人挑战"这一说法，在古代民族中，哪怕是在常备军出现的初期，都还是存在一些意义的。古代各民族进行的战斗，是在没有任何障碍的战场上进行的，所有部署都以此为依据，因此军队的部署和编组是当时全部军事艺术的表现，即表现在战斗队形的好坏上。

那时，军队一般都驻扎在营寨里，通常情况下是不会去侵犯营寨驻扎地的，当在敌人离开营寨来到开阔地方以后，会战才可能进行。

假如有人说，汉尼拔向非比阿斯挑战是白费，这对非比阿斯而言，无非表明这一会战不属于他的计划之内，而并非证明汉尼拔在物质或者精神方面占有什么优势；但是对汉尼拔而言，这种说法是有道理的，因为至少汉尼拔是真心希望进行会战的。

常备军刚出现时进行的大战斗和会战的情形，同古代战争极为相似。即一支庞大的军队要想进行战斗就必须编成战斗队形，然后指挥它进行战

315

斗。这样的军队往往是一个庞大的、笨拙的整体，只有在平原上才能作战，一旦遇到复杂或隐蔽的地形，以及山地时，就无法展开进攻和防御。因此，防御者就会很容易地找到一种避免交战的手段。这样的情况虽然已不多见，但却在第一次西里西亚战争中出现过。等到七年战争时期，才开始在复杂的地形上进攻，并且逐渐朝这个方向发展。到了现代，就那些想利用地形作战的人而言，虽然地形可以使他的力量增强，但已经不可能像以前那样影响战争的进程了。

近三十年中，地形根本就无法再束缚战争的发展了，那些想真正通过战斗决定胜负的人，肯定能够想方设法地找到敌人并展开进攻。要不然，只能说明他不想进行战斗。所以，这种向敌人挑战而敌人不接受挑战的说法，在今天只能说明他认为战斗的时机对他不利。也就是说，这种说法无非是他的一种托辞，只是想借此隐瞒事情的真相罢了。

不过，哪怕是在今天，防御者虽然已经无法拒绝战斗了，但是还有一个办法可以避免战斗，那就是放弃阵地继而放弃防守阵地的任务。这样，对进攻者来说只是取得了一半的胜利，我们不得不承认他暂时占了上风。

所以，现在向敌人挑战而敌人没有应战这种说法已经过时了，它只能用来证明进攻者想掩饰自己停滞不前的状态。如果防御者没有退却，那就说明他并没有拒绝会战，只要他还没有受到攻击，我们也可以这样认为，他是在以另一方式挑战，事实也确实如此。

现在，只要是想或者可以逃避战斗的人，他肯定不会选择被迫进行战斗。当然对进攻者而言，他也不希望轻而易举地从敌人的逃避中获得利益，而总是希望获得一次真正的胜利。所以，他就会想方设法去寻找和利用极其少见的，但又是可行的手段，逼迫对方应战。

逼迫对方应战的最主要的手段有两种，第一种是包围，也就是使敌人无路可退，而宁愿选择接受战斗；第二种是奇袭，不过，这种手段在现在运输很方便的时代已经起不了什么作用了。现代的军队灵活性和机动性很大，哪怕在敌人眼前他也敢于退却，除非地形极其不利，才会对退却造成很大的困难与危险。

内雷斯海姆会战就是这样的例子。1796年8月11日，卡尔大公在劳埃阿布山对莫罗发起了这次会战，他的目的就是为了让自己更容易退却。不过，直到现在我们还没有充分理解这位著名统帅和著作家当时为什么要采用这一行动。

在罗斯巴赫会战中，假如联军的统帅的确不想进攻腓特烈大帝的话，那么这次会战就只能另当别论了。

而在索尔会战中，腓特烈大帝承认，他接受会战是因为他觉得在敌人面前退却非常危险；另外，腓特烈大帝同时告诉我们他之所以接受这次会战的其他理由。

总而言之，除了真正的夜袭以外，奇袭并不多见。就是选择包围战术逼迫敌人应战，也只能是对单独的军队，比方说马克森会战中对芬克军就是这样。

第9节 主力会战——决定主力会战胜负的时刻

什么叫主力会战？它是指双方主力之间的斗争。显然，它不是那种为了一个次要目的而进行的次要的斗争，也不是那种一察觉目的不容易达到就想放弃的纯属尝试性的活动，而是为了获得一次真正的胜利而进行的倾注全力的斗争。

就一次主力会战而言，次要目的与主要目的也可能混杂在一起。由于主力会战产生的情况不同，也肯定各具特色，因为一次主力会战往往是同更大的整体紧密地联系在一起的，它充其量只是整体的一部分。战争的实质是斗争，而主力会战恰恰又是双方主力之间的斗争，所以，主力会战必须永远被看作是战争的真正重心。总而言之，主力会战最明显的特点在于，相对其他战斗而言，它的独立性最大。

这一点直接影响主力会战怎样决定胜负，以及主力会战的胜利的效果；同时还决定着理论应该对作为达到目标的手段的主力会战以怎样的评价。

所以，我们选择主力会战作为专门研究的对象，并且在谈到与此相关的特殊目的以前，要对它先进行一般的研究，因为一次真正意义上的主力会战，不是一些特殊目的就能改变得了的。

正因为主力会战具有较大的独立性，所以它的胜负肯定取决于它本身，换言之，只要有一线胜利的希望，就必须在主力会战中倾尽全力争取胜利，除非双方兵力相差悬殊，否则绝不能因为个别原因而放弃主力会战。

那么，怎样才能正确地判断决定胜负的时刻呢？

按照现代军事艺术的一般规律，军队某种特殊的编组和队形，是军队发挥勇敢精神和争取胜利的主要条件，那么，一旦这种队形被破坏就意味着到了胜负已定的时刻。如果一翼被击溃，就意味着还在战斗中的其他队伍的命运也已经被决定了。要是在以前，防御的实质在于军队同地面障碍以及地形紧密结合，军队和阵地仿佛融为一体，那么，占领这一阵地的主要地点的时刻就是决定胜负的时刻。所以人们常说：主要阵地丢失了，整个阵地也等于丢失了，会战也就无法继续。在这种时候，被击败的一方就如同断了弦的乐器一样，再也不能弹奏美妙的音乐了。

是前一种几何学原理也好，是后一种地理学原理也罢，有一点肯定是相同的，那就是使作战军队像结晶体那样，不可能用到最后一个人为止。这两种原理现在已经几乎失去作用，至少不可能起主导作用了。虽然现代的军队在进入战斗时也讲究一定的队形，但队形已起不了决定性作用了；尽管现代战争中的复杂地形还起着一定的抵抗作用，但不再是唯一的决定性因素了。

在本章第二节中，我们曾对现代会战的特点展开了概括的论述。根据这一论述，战斗队形只是一种便于使用军队的方式，而会战过程就是一方消耗另一方兵力的过程，谁先耗尽对方的兵力就说明谁获胜了。

所以，与其他任何战斗相比，谁会在主力会战中放弃战斗，取决于双方所剩余的预备军的兵力情况，因为只有这种预备军的全部精神力量还保留着，而那些被战火燃烧殆尽的部队，其精神力量已所剩无几了，是无法与之相比的。之前已经说过，地区的丧失也可以作为衡量精神力量受损的尺度，所以也被列在我们的考察范围之内，不过它常常被当作是损失的标志，而不被看作是损失本身。由此可见，双方统帅最关心的问题是尚未投入战斗的预备军的人数。

会战的发展趋势开始时可能不明显，但往往是早已确定了的。有时在会战的部署中这种趋势往往就已经基本上确定了。假如一个统帅看不到这种趋势，而在非常不利的条件下进行了会战，这就意味着他是缺乏这种认识能力的。假如这种趋势在会战的部署中和会战开始时还没有被确定，但在会战过程中均势肯定会逐渐地发生变化，正如我们前面所说，这种变化最初可能不明显，但随着时间的推移，变化就越来越明显。在会战过程中均势的变化，并非像那些不了解战斗的人所想象的那样，是变化无常的。

尽管可能在某段较长时间内均势不会受到破坏，或者一方失利后均势还能恢复，结果反而使对方失利，但是毫无疑问，在很多时候，在退却以前战败的统帅早就觉察到了这种变化。假如有人说，个别情况出其不意地对会战的整个进程产生了根本的影响，那么，这绝大多数是战败者有意掩饰自己在会战中的失利的一种托辞。

我们在这里不得不求助于公正而富有经验的人做出判断。他们肯定会同意我们的论点，并且在读者面前为我们辩护。如果一定要我们说出为什么会战过程必然是这样的，那肯定会过分地涉及到这个问题的战术领域。这里我们只需要知道这个问题的结论就可以了，没有必要去研究这以外的别的东西。

虽然我们说，大多战败的统帅在做出放弃会战的决定以前，就已经觉察到这种不利的结局，但是我们也承认有截然相反的情况，以免造成我们的论点自相矛盾。如果因为会战已出现失败的趋势，就认定这场会战非败不可，那么统帅肯定不会再拿出兵力去挽回败局，所以肯定是在会战的失败趋势出现以后就立刻退却了。可是我们不得不承认也存在这样的情况：起初一方的失败趋势已定，但结果反而是另一方失败了。这种情况虽然不多见，但出师不利的统帅总把希望寄托在这种例外上，只要还有一线胜机，他就不会马上选择退却。只要自己的勇气和理智合二为一，他总是设法通过吃更多的苦、利用剩下的精神力量，以及通过创造奇迹或者借助运气，使自己反败为胜。关于这一点我们还想补充几句，但在这之前，先要说明均势变化的征候是什么。各个部分战斗的结果组成整体战斗的结果，而在各个部分的战斗中，均势变化的征候表现在以下三个方面。

第一，体现在指挥官内心世界受到的情感影响上。假如一个师长亲眼看到他的各个营惨败的情况，那么这无疑会对他的行动和报告产生影响，而他的报告又会对统帅的措施产生影响，所以，对于有些失利来说，即使是有办法补救的，也会产生非常不利的影响，最终无法抗拒地涌进统帅的心里。

第二，体现在我方部队的消耗比对方更快上。这种消耗在具有缓慢而有秩序特点的现代会战过程中是不难估算的。

第三，表现在地区的丢失上。

这一切就好像一个罗盘，根据它统帅就可以辨别会战这只船的航向。假如自己损失了全部炮兵，也没有夺取敌人的火炮；假如敌人的骑兵冲垮了自己的步兵营，而敌方的步兵营却牢不可破；假如自己的战斗队形的火力线迫不得已从一个地点退到另外一个地点；假如为了占领某些地点而徒然地损失了力量，并且向前进军的步兵营每次都正好被敌人雨点般的榴霰弹击溃；假如在炮战中我方的火力开始减弱；假如随着伤员的后撤大批没有受伤的士兵也跟着逃跑，导致火线上的步兵开始迅速地减少；假如会战计划遭到破坏，以至于部分军队被阻隔或被俘；假如退路开始受到威胁等，那么从这一切情况中统帅必然会看出这次会战的趋势。这种发展方向持续得越久，趋势就更加明显，想要挽回败局就越困难，被迫放弃会战的那一刻也就越来越近。我们现在就来谈谈这个时刻。

曾经我们不止一次地说过，最后决定胜负的主要根据，往往是双方留下的预备队的对比。统帅是否决定退却，取决于在预备队的对比上对方是否占有决定性优势。现代会战的特点是，可以通过生力军来补救会战过程中的一切不幸与损失，因为，现代战斗队形的编组和部署，使预备队在任何地方、任何情况、任何时间下都能使用。只要还有占据优势的预备队，一个看来就要遭到不利结局的统帅，是不会放弃会战的。可是，一旦他的预备队比敌方的预备队弱，那么胜负基本上已经确定了。至于他还会采取什么措施，这既要看当时的具体情况，又要看他勇气与毅力的大小，当然，这种勇气与毅力有可能变成不理智的顽固。统帅如何正确估算双方预备队的优劣程度，这属于实践中的技能问题，决非这里要谈的问题。在这里我们只谈论他经过判断得出的结论。然而，得出结论的时候并非是决定退却的时候，因为一个逐渐形成的结论不足以使统帅做出退却的决心，它只不过是统帅下定决心的一个一般依据，要下定决心还需要有一些特殊的因素。这些特殊因素主要有两种：退却的危险和黑夜的到来。

随着会战的向前推进，如果退却受到越来越大的威胁，而且已经大大消耗掉了预备队，已经不足以重新打开局面，那么，只有听天由命或者有秩序地退却了，除此之外没有别的出路可以选择。在这种情形之下，长时间地耽搁很可能使他陷入溃败，甚至是覆灭的危险之中。

通常战斗会随着黑夜的到来而结束，因为只有在特殊的条件下夜间战斗才是有利的。黑夜比白昼更利于退却，所以，所有必须退却或者可能退却的军队，都会选择利用黑夜向后退却。

不用解说就可以明白，促使人们定下退却的决心除了这两种常见和主要的因素之外，还可能存在其他比较特殊、比较细微，但又必须重视的其他因素，因为在会战当中越是接近趋势发生决定性改变时，每个部分战斗的结果就越会对这种改变造成影响。因此，一个炮兵阵地的损失，敌方骑兵团顺利突入阵地等，都能促使统帅实现正在形成的退却决心。

在结束这一论题的时候，我们就统帅身上所具备的勇气与理智，这两者之间的斗争问题探讨一下。

一方面，屡战屡胜带来的骄傲情绪，天生倔强养成的坚强意志，由高尚激情激发的顽强的抵抗精神，都要求统帅要把光荣的英名留在那里，而不退出战场；而另一方面，清醒的理智却在警告他不要把力量消耗殆尽，不要孤注一掷，而要保留必要的力量，以便有秩序地进行退却。在战争中，尽管应该给予勇气和顽强最高的评价，尽管没有倾注全力争取胜利的人大多不会取得胜利，但是必须得有一个限度，如果超过这个限度，顽固地干下去，那么只能被看作是绝望的挣扎，是不明智的行动，任何评判者都不愿意原谅他。在最著名的滑铁卢会战中，拿破仑用尽了最后的兵力，企图挽回一场已经没有希望的会战，他拿出了最后的本钱，最终像乞丐一样逃离了战场，逃离了他的祖国。

第10节　主力会战（续）——胜利的影响

由于不同的立足点，对某些大会战获得的特大的效果人们可能会感到惊讶，对另外一些大会战没有获得任何效果同样也可能感到惊讶。现在我们就来谈一下，一次大的胜利带来的影响。

在这儿，我们很容易分辨以下三种影响：第一，胜利对统帅及其军队，即对战争工具本身的影响；第二，胜利对参战国的影响；第三，在以后的战争过程中，上述两种影响所起到的真正的作用。

在战场上，胜利者和失败者的伤亡、被俘人数，以及火力损失等方面的区别，通常是不明显的。如果有谁只看到这种差别不明显的一个方面，那么谁就会对这个差别所造成的后果感到不可理解。但实际上，这是非常自然的事。

我们在第四章第4节中曾经提到，一方的胜利是以较大的比例，随着另一方被击败的数量的增多而增大。一场大规模战斗，其结局都会给失败者和胜利者带来很大的精神影响。这种影响将使物质力量遭到更大的损失，而物质力量的损失又会对精神力量造成影响，这两者是相互作用，相互增长的。因此，精神影响应该受到人们的特别重视。对胜利者和失败者而言，这种精神影响起到的作用正好相反：它对失败者来说，能破坏各种力量；对胜利者来说，却能加强各种力量与活动。但是，它主要还是对失败者产生作用，因为对失败者来说，造成新的损失的直接原因正是它。此外，这种影响同战争中的一切困难因素，诸如危险、劳累和艰难有相同的性质，因而与它们紧密联系在一起，并且会受到它们的影响而不断增大。而这一切对胜利者来说，却能够促使它的勇气进一步高涨。我们认识到，为什么当我们谈到胜利的影响时，主要是针对失败者所受的影响，这是因为相对最初的水平线而言，失败者下降的程度要比胜利者上升的程度大得多。如果说在一次大规模的战斗中这种影响比在一次小规模的战斗中强烈，那么，在主力会战中肯定更要比在一次从属性的战斗中强烈得多。具有独立性的主力会战，应该以最大的努力获取它应得的胜利。在进行主力会战的这个地点、这一时刻战胜敌人正是主力会战的意图，它体现着所有战争计划和所有实施方法，以及对未来的所有遥远的憧憬和朦胧的愿望。

对这个大胆的问题做出回答，是命运攸关的问题。精神必然会在这种情况下紧张起来，不仅是统帅，他的整个军队包括最基层一级的辎重兵都是这样。当然，职位越低，紧张的程度就越小，产生的影响自然也就越小。无论在什么时代，从事物的性质来看，主力会战始终是一种规模庞大的军事行动，而决不是一种没有准备、盲目地进行的例行公事。这种行动无论相对本身的性质来说，还是相对指挥官的意图来说，与一般的战斗活动相比更能增强所有人的紧张情绪。人们越是紧张地关注会战的结局，会战结局带来的影响也就越大。

在现代会战中，胜利带来的精神影响比在战史初期中要大得多。现代会战既然像我们之前讲过的那样，是双方力量的真正较量，那么真正起决定性作用的，当然应该是物质力量与精神力量的总和，而不会是个别的措施，更不会是偶然性的原因。

人要是犯了错误，可以在下次改正，如果幸运的话，在下一次还可能会得到更多的好处。但是，精神力量与物质力量的总和，往往不是马上就可以改变的。因此，对整个未来而言，一次胜利所带来的变化都会有更加重要的意义。在所有参加会战的人当中，虽然这种变化只有极少数的人考虑到，但是，会战过程本身将让每个参加战斗的人感受到这种变化。尽管可以用一些牵强附会的特殊情况，来掩饰会战过程中的真相，但人们仍然隐隐约约地看出：总的情况决定会战的胜负，而不是个别特殊情况。

从来没有亲身体验过大会战失败的人，很难对失败有一种完全真切的感受。因此，永远也无法从各种小失败的抽象概念中构成一种大会战失败的真正概念。现在让我们来观察一下，失败的大会战的情景吧！

在一次失败的会战中，能够左右人思维的，即人的智力，首先是兵力的减少；然后是丧失地区——这是极其常见的现象，就算是进攻者在不顺利的时候也会丧失地区；其次是队形的破坏，部分军队的混乱或者退却的危险——这一切经常出现，只是程度不同罢了；最后是退却——这通常在夜间进行，甚至在整个夜间持续进行。一旦开始退却，大批疲惫不堪的士兵，或者跑散的士兵，就不得不被军队丢弃，而丢弃的这部分兵力，往往是那些冲得最远、坚持得最久，最勇敢的士兵。本来失败的感觉只有高级军官才有，到此时就会波及到各级军官，甚至最普通的士兵。尤其是当他们想到，那么多真正被大家所敬佩的勇敢的战友在这次会战中，落入敌人手里时那可怕的景象，就会更强烈地感觉到失败与沮丧。同时，每个人在不同程度上都会认为是上级指挥官的失误造成了这种失败，因而对上级指挥官产生埋怨与不信任，这样一来失败的感觉就更加强烈了。这种失败的感觉并不是随便想象出来的，它证明敌人已经占据优势。对方占据优势这一事实，最初也许会被某些原因所掩盖，不容易为人们所发现，但到会战结束的时候，总会明显地呈现出来。人们也许早已清楚了这一事实，但在缺乏确凿依据的情况下，必然希望能够有偶然的情况出现，必然会相信幸运和机遇，以至于进行大胆的冒险。最后，当所有一切都证实已经无济于事的时候，摆在人们面前的就只剩下冷酷的事实了。

这些情况还远远称不上是惊慌失措。一支训练有素的军队之所以惊慌失措，决不是因为会战失败；而另外一些军队的惊慌失措，也仅仅是在个别情况下才是会战失败的结果。但是，上述那些沉闷失落的情况，即使在最优秀的军队中也可能产生。假如说长期的严格锻炼和经常取得胜利的心态，以及对统帅的莫大信任，有时可以抑制这些情况，但这种情况在失败初期却是无法完全避免的。导致这些情况的并不是火炮的丢失或者人员的损失，因为通常是到后一阶段才会出现火炮的丢失和人员的损失，而且大家也不会很快就知道。因此，就算均势变化极其缓慢，而且是逐渐形成的，也会产生这种情况，正是这些情况使胜利在任何场合都会产生影响。

前面已经说过，战利品的数量可以增加这种影响。处在上述情况下，作为战争工具的军队将要遭受多么强大的削弱呀！一支军队处在这种削弱状态下，连作战中很微小的困难都会感到难以应付，因此，怎么还能够指望它做一番新的努力，重新夺回已经失去了的阵地呢！交战双方之间，在会战之前有一种真实的或者想象的平衡状态，当这一平衡状态遭到破坏时，要想重新恢复它，就必须依靠外力的帮助。假如缺乏这样的外力，那么，任何新的尝试都只会导致新的失败。

因此在这种情况下，主力取得的最细微的胜利，也会使平衡状态像天平一样向一边倾斜，除非新的外在条件使它发生改变。假如这种新的外在条件不存在，而胜利者又是一个荣誉心十分强烈，并且想要追求更大目标的人，那么，要想使他那上扬的优势不致像洪水泛滥一样，要想通过小规模抵抗阻挡这股洪流，直到胜利的洪水沿着一条新开设的渠道消失，对方就必须有一个具备杰出才能的统帅，以及一支久经考验并具备高度素养的军队。

我们现在来谈谈，对方的胜利会对我方的民众和政府产生什么样的影响。这种影响包括，他们的迫切愿望化为泡影，自尊心遭到毁灭性的打击，取而代之的恐惧情绪则会四处蔓延，最后导致他们完全陷入瘫痪状态。这是主力会战，对交战一方的中枢神经最致命的打击。尽管在不同的环境中这种影响也不同，但完全没有是决不可能的。面对这种情况，人们非但不去积极地发挥自己的作用以便扭转败局，反而担心自己的努力会徒劳无益，于是在本来应该前进的局势下踟蹰不前，甚至束手就擒，听凭命运的安排。

在战争过程中，这种胜利的影响所产生的成果，除了统帅的性格和才能决定之外，还包括促成胜利的各种条件，以及胜利带来的各种优势所决定。当然，假如统帅不具备相关的才能和敢作敢为的精神，那么即使是最辉煌的胜利也无法带来最大的成果。但是，即使统帅具备相关才能和敢作敢为的精神，而这些精神力量受到各种条件的严重限制，那么它们也会很快地丧失。假如利用科林会战的胜利的是腓特烈大帝，而不是道恩元帅；假如进行勒登会战的是法国，而不是普鲁士，那么结果会大相径庭！

至于各种促使胜利产生成果的条件，在讨论与此相关的问题时我们再做研究。那时才能解释清楚，胜利与它的成果之间为什么会有各种不同的现象，从表面上看，这似乎是因为胜利者缺少魄力的缘故。我们在这里只想研究主力会战本身，而不想偏离这个题目，所以只指出：胜利必定会产生上述影响，而这种影响只能随着胜利的增大而增大。一次会战越是作为主力会战，也就是说，在一次会战中越是把全部作战力量集中起来，越是把全部军事实力作为作战力量，越是把全国的力量作为军事力量，胜利的影响自然也就越大。

不过，难道理论就应该理所应当地认为胜利的影响是完全不可避免的？难道理论就不应该努力寻求有效的方法来消除这种影响？面对这个问题似乎很自然地就做出肯定的回答，但是，愿上帝保佑，我们不要像大多数理论家那样，既赞成又反对，以至于让自己走上自相矛盾的歧路。

事实上，上述影响是完全无法避免的，事物的性质决定了这种影响。即使我们找到了可以避免它的方法，但它依旧存在，就好像一枚炮弹，即使它从东向西发射，虽然它随着地球自转从而产生的运动其速度会有所减弱，但是随着地球的自转它仍然在运动。

整个战争的进行是少不了人的弱点的，也正是针对着这种弱点的。

尽管在另外一个场合，我们还会谈到主力会战失败之后应该做些什么；尽管在绝望的处境中，我们依然还要研究可能存在的手段；尽管在这样的处境中，我们相信也许能把失去的东西再重新夺回来，但这并不等于说，失败造成的影响会逐渐消失，甚至完全没有了。因为本来可以把人们用来挽回败局的力量与手段用到一些积极的目的上去。除了精神力量以外，还包括物质力量。

另外一个值得研究的问题是，一次主力会战的失败，反而会引起一些在胜利情况下根本无法产生的力量，例如复仇心等。当然，可以想象一下这种情况，实际上在很多民族中也出现过这种情况。但是，这种强烈的反作用如何才能被激发起来，这已经不是军事艺术要研究的问题了。军事艺术只在假设出现这种作用的情况下，才会对它进行研究。

胜利所带来的结果，也许会因为反作用，唤起失败者的复仇心理而变得有害了。这种情况尽管是极少见的，但是既然存在这种情况，那就有理由认为，由于战败的民族或国家有着不同的特点，所以胜利所产生的效果和反应也是存在差异的。

第11节　主力会战（续）——会战的运用

不论在具体情况下的战争是多么复杂，我们都必须承认许多情况都是必然存在的，只要我们从战争这一概念出发，就可以肯定以下五点：

（1）战争的主要原则是消灭敌方军队，对进攻的一方而言，要达到目标必须通过这一途径；

（2）必须通过战斗才能消灭敌人的军队；

（3）具有一般目的，而没有更多特殊目的的大的战斗才会产生大的结果；

（4）如果一次大会战是由若干战斗组成的，肯定会产生最大的结果；

（5）统帅只有在主力会战中才亲自指挥，在这种情况下他绝不会掉以轻心，肯定会全力以赴，这也是取决于事物的性质。

由上述五点我们不难得出一个双重法则，它包括相互联系的两个方面：消灭敌方军队必须通过大会战及其结果来实现，而大会战又必须把消灭敌方军队作为主要目的。

当然，消灭敌方军队这一因素也可能或多或少地包含在其他手段中。情况是多种多样的。如果各种条件都十分有利，一次小小的战斗也许就能出乎意料地消灭敌人很多的军队，比如马克森会战；相反，在有些主力会战中，有时主要目的只是占领或坚守某一阵地。总而言之，进行主力会战的目的是为了消灭敌人的军队，而且要消灭敌方军队也只有通过主力会战才完成，这是谁也无法改变的真理。

所以，主力会战应该被看作是战争的集中表现，是整个战争或战局的重心所在，就像太阳光在凹镜的焦点上汇聚成太阳的完整的像迸发出高温一样，在主力会战中战争的各种力量和条件才能够得到集中，并产生巨大的效果。

几乎在所有战争中，都要把军队在一定程度上集中成一个大的整体。这就说明，无论是对进攻者还是对防御者来说，都有利用这个整体进行一次大规模战斗的想法。如果没有发生这样的大战斗，那就表明虽然有敌对情绪，即这个战争的最初动机在起作用，但同时还有其他缓和因素在削弱或完全阻碍这种作用。然而，即使双方都按兵不动（这是过去许多战争的特点），他们仍然把主力会战作为未来的目标，把它作为构成他们的计划的长远目标。战争越是名副其实，越是被当作一种发泄敌对情绪和仇恨感，以及制服对方的手段，因而所有活动就越是集中表现在流血的战斗中，这就更加显示了主力会战的重要性。

凡是志向远大的人，也就是把挫败对方作为目的的人，肯定会选择主力会战这一最恰当的手段。而这种手段，恰恰又是最好的手段。那些害怕大的决战从而逃避主力会战的人，必将自食苦果。

进攻者肯定抱有积极的目的，所以主力会战往往是进攻者的主要手段。虽然我们在这里无法更详细地确定进攻与防御的概念，但必须明白，哪怕对防御者来说，要想更快地适应防御的需要，达到自己的目的，在很多时候也只能选择主力会战这种唯一有效的手段。

主力会战是解决问题的最残忍、最直接了当的方法。正如我们在下一节还要具体阐述的那样，虽然主力会战并非单纯的相互残杀，它更多地体现在摧毁敌人的勇气这个效果上，而不在于杀死对方的士兵，但是流血始终是它要付出的代价，而"屠杀"这个词不但表示了"会战"的名称，同时又说明了它的性质——在德语中"会战"这个词派生于"屠杀"这个词。作为一个人，统帅也会对这一点感到不寒而栗。

然而，使统帅精神压力增大的，还是在于他想通过这次战斗来决定胜负。在这里，所有行动都集中在时间与空间的某一点上，于是，人们免不了会觉得他们的兵力无法在这个狭窄的空间里展开活动；似乎认为只要有充足的时间，就会赢得很多好处，可实际上时间并不能带来什么好处。这完全是一种错觉，但是我们必须重视这种错觉。一个人在做任何一项重要决定时，几乎都会受这种错觉的干扰；而当一个统帅在做出这种重大决定时，他的这种感觉自然就会更加强烈。

所以每个时代都有一些政府和统帅，想方设法避免决定性会战，希望以此达到自己目的的同时又避免了会战，或者偷偷地放弃自己的目的。于是，一些历史学家和理论家就千方百计地想从这些用另外的方法进行的战争中，找寻到可以取代决定性会战的等价物，甚至还想找到更高超的军事艺术。如此一来，在今天，就有人按照战争中合理使用兵力的规则，把主力会战看作是一种错误导致的祸害，是正常的、严谨的战争中所必须避免的错误。在他们眼里，那些能够用不流血的方式进行战争的统帅才有戴上桂冠的资格，而那些不合时宜的战争理论，恰好就是把传授这种艺术作为自己的任务。

现代历史已经否定了这种谬论，但这并不意味着这种谬论不再重新出现，不再使当权人物受到诱惑从而相信这种迎合人的弱点、因而容易被人们接受的颠倒是非的观点。或许很快就会有人认为，拿破仑进行的几次会战，是野蛮得近乎愚蠢，并以赞赏和信任的心态再次推崇那种不合时宜的、装腔作势的旧式部署和打法。假如理论能够告诉人们，必须警惕这些东西就好了，这样一来，对于那些愿意听从理论忠告的人们，它就做了极大的贡献。但愿对我们亲爱的祖国那些能够就军事问题说出权威见解的人大有帮助，给他们在这方面做向导，并且要求他们认真考虑这些问题。

无论是战争的概念还是经验都告诉我们，要决定重大意义的胜负，必须在大规模的会战中才能做到。从古至今，巨大的胜利产生巨大的成就，这无论对进攻者还是防御者来说几乎都是这样。即使是拿破仑，如果他害怕流血，也必定不会取得乌尔姆会战的胜利——这种胜利在他所有的战争中也只有一次，这一胜利毫无疑问是他之前战局胜利的第二次丰收。所以，无论是胆大的统帅、善于冒险的统帅，还是倔强的统帅，都试图用决定性会战这个必要的冒险手段来成就自己的事业，就连那些只想依靠运气的统帅，也不例外。这些统帅对这个关键问题所做的答卷，我们非常满意。

至于那些想通过不流血而获得胜利的统帅的种种，我们是不想听的。正因为屠杀是残忍恐怖的，所以我们必须更加严肃地对待战争，而不应就此让人道占了上风，让佩剑逐渐变钝，最后导致对方用利剑砍掉了我们的手臂。

我们认为的一次大会战可以决定主要的胜负，不是指一次战争或战局中必不可少的、唯一的一次胜负。单凭一次大会战就决定整个战局的胜负，只有在现代才比较常见，至于说一次大会战就能决定整个战争的胜负，那是非常罕见的。

通过一次大会战决定的胜负，其意义不但取决于大会战规模的大小，即投入到会战中的兵力与会战胜利的大小，而且还取决于双方国家以及军事力量等很多别的情况。但是，由现有军队的主力投入的大规模的会战，决出的胜负肯定是主要的。胜负规模的大小，基本上是可以预测出来的，虽然不全是这样。作为第一次胜负，虽然不是唯一的一次，但对以后的胜负肯定会产生深远的影响。所以，精心筹划的主力会战按其情况的不同，在不同程度上也始终是当前整个军事行动的中心与重心。统帅越是以严谨的态度——即真正的战斗精神——投入战争，越是具备击溃敌人的情感与思维——即意识，他就越会不顾一切地把所有的力量都投入到第一次会战中，并且会用尽全力争取在第一次会战中取得胜利。在拿破仑所从事的战争中，几乎每一次都想在第一次会战中就击溃敌人。腓特烈大帝进行的战争规模虽然较小，危机也不大，但当他率领一支兵力较小的军队从背后袭击俄国人或帝国军队，从而想开辟一个新天地时，他也是这样在努力的。

之前我们已经说过，由主力会战决定的胜负的重大意义，有一部分取决于会战规模的大小，也就是说取决于参战的军队的数量，以及会战成果的大小。

统帅为什么可以用增加参战军队的数量，从而提高会战在决定胜负时的作用，这是非常明显的。我们现在只想指出，如果主力会战的规模越大，那么由主力会战所决定胜负的可能性也就越大。所以，凡是充满信心而又向往大获全胜的统帅，在兼顾其他情况的前提下，总会想方设法把绝大部分兵力投入到大会战中。

至于胜利的大小，则主要取决于以下四个条件：

（1）会战采取了什么样的战术形式；

（2）地形的性质怎样；

（3）各兵种的比例情况；

（4）兵力的对比情况。

只采取正面进攻而避免迂回的会战，其收到的成果肯定小于采取迂回战或者迫使对方改变正面会战所取得的成果。在复杂的地形上，或在山地上进行的会战，其成果同样不会很大，因为进攻力量在这里必定会受到限制或是削弱。

如果胜利者的骑兵少于或者等于失败者的骑兵，那么胜利者取得的成果就不会很大，也就是说会失去部分胜利成果。

不言而喻，在同样采取迂回战，或迫使敌人改变正面会战的条件下，优势兵力所取得的胜利成果，往往大于劣势兵力所取得的胜利成果。可能人们根据勒登会战，会质疑这一原则在事实面前的正确性，在这里我们不得不说，规则总会有例外的。

因此，利用上述四种条件，统帅可以使他进行的会战具有决定性的意义。诚然，也会因此而增大他的危险，不过，他的所有活动，原本就要受到精神世界这一力学定律的支配。

这样一来，就没有什么能比战争中的主力会战更加重要的了。因此，为主力会战提供手段，巧妙地决定主力会战的时间、地点，军队进攻的方向，以及利用主力会战的成果，是战略上最大的智慧的表现。

上述这些虽然都很重要，但是不能因此就觉得它们是复杂的，是不容易把握的。正好相反，这一切都是非常简单的，并不需要运用过多的巧妙艺术，而只需要具备敏锐地判断各种现象的能力、胆识和坚定的始终如一的精神，以及敢作敢为的朝气蓬勃的精神，总之必须具备我们时常谈到的英雄气概。统帅在这方面很少需要书本上的知识，假如说他能够学到一点知识的话，除了书本之外，更多的是要通过其他途径。

要想进行主力会战，要想主动而有把握地在主力会战中开展行动，除了必须对自己的力量有信心以外，还要对必然规律有正确的认识，换一种说法，必须有与生俱来的勇气，以及在丰富的生活经验中得到的敏锐的洞察力。

最好的教师是光辉的战例，但是千万不要让理论上的偏见像乌云一样遮蔽住这些战例，因为，阳光虽然能穿过乌云，也要产生折射和变色。有时这些偏见会像瘴气那样扩散开来，所以粉碎这些偏见就是理论的迫切任务，因为理智上产生的错误，只能用理智来消除。

第12节　战略上利用胜利的手段

最大限度地为赢得胜利做好准备是一项艰难的工作，功绩是战略默默无闻地做出的。在这方面战略几乎得不到任何表扬，只有战略利用已经获得的胜利，才能显出光彩与荣耀。

会战的特殊目的会是怎么样？它对整个军事行动的影响会怎么样？面对各种情况如何获取胜利？胜利最终的位置在哪儿？我们将在以后讨论这一系列问题。但是，如果在会战中不进行追击，任何一次胜利都不可能产生巨大的效果；无论胜利的发展是如何的短促，它总会存在初步追击的时间。在所有情况下的确都是这样的。为了不再重复这一点，我们想简明扼要地谈一谈决定胜负之后，必然会随之而来的这个任务。

从敌人放弃战斗并撤出阵地的时候，对战败敌人的追击也就开始了。至于在此以前出现的双方交替前进或后退的行动，都不能被称作追击，而仅仅归于会战进程本身。在一方放弃战斗并撤离阵地的瞬间，虽然胜利已经被肯定，但它的规模往往还很小，而且它的效果也不明显。如果不在当天进行追击以扩大胜利，那么在许多方面胜利就无法产生更加积极的影响以及更加巨大的利益。之前已经说过，通过这种追击，可以获得在大多数情况下用来体现胜利的那些战利品。首先，我们就来谈谈这种追击。

会战前夕的所有活动都是紧迫的，因此，通常在进入会战以前，交战双方的军队体力就已经遭受很大的削弱。军队可能会筋疲力尽，因为长时间的搏斗需要消耗很大的体力。除此之外，在部队分散和队形散乱方面，胜利者并不比失败者好多少。因此，必须进行整顿，召集失散的人员，给用尽子弹的士兵补充弹药，这一切使胜利者也同样处于危急时刻之中，这是我们之前已经讲过的。如果只是敌军的一个从属部分被击败，它们很可能被主力收容，也可能得到强大的增援，那么很显然，胜利者随时都有丧失胜利的危险。在这种情况下，胜利者意识到这种危险，就会立刻停止追击，至少制定一种追击限度。即使胜利者不必担心失败者会得到援助，但是面对上述危机，也会很大程度地限制胜利者的追击力量；即使胜利者不必担心会失去胜利，但不利的战斗仍然可能发生，既得的利益仍然可能减少。此外，士兵生理上的需求和弱点，必然会对统帅的意志施加更多的压力。统帅所率领的成千上万的士兵，都需要休息和补充体力，都有暂时停止进攻和避免危险的要求。只有少数人像统帅一样，看到和想到更远的目标；只有他们还有余力发挥自己的力量，并在完成必要任务以后，还能想到更加巨大的成果，在别人看来这些成果已经是美化胜利的奢侈品。但是，在统帅左右是会有人反映成千上万的人的呼声的，因为，通过各级指挥官人们的这种切身利益将会如实地传到统帅那里。何况统帅自己的精神也非常紧张，身体也很劳累，这或多或少会削弱他的内心活动。于是，由于这种人之常情，人们实际做到的，往往比能够做到的要少得多，而且也只有最高统帅的荣誉心所要求的那部分做到了。这样才能解释：为什么很多统帅在以优势兵力获取胜利之后，想要继续扩大这一胜利时却犹豫不决了。胜利后的初步追击，在我们看来一般只限于当天，最迟不得超过当天夜间，因为超过了这个时间，自己就必须休整状态，所以在任何情况下都要停止追击。

初始阶段的追击就其程度而言可以分为以下几种：

第一，用骑兵进行的追击。这种追击主要用于威胁和监视敌人，而不是真正的追击敌人，因为在这种情况下妨碍追击者前进往往只需较小的地形障碍就能做到。虽然精神受到震撼和力量被削弱的军队中的零散队伍，骑兵有能力进行攻击，但是追击敌人的整体军队时，它始终只能作为辅助兵种，因为敌人可以利用预备军的掩护进行撤退，并凭借较小的地形障碍联合各个兵种进行有效的反抗。在这里例外的只有真正逃窜的完全瓦解的军队。

第二，由各兵种组成的强势前卫进行的追击。大部分骑兵当然要参加这种追击。这种追击能够逼迫敌人退至他的后卫，或者军队的下一个阵地。就一般情况而言，失败者不会有机会立刻利用这一阵地，因此胜利者可以继续追击，但绝大多数不超过一个小时的行程，最多不超过二到三个小时，否则，前卫就会出现得不到充分援助的顾虑。

第三，这是最强有力的一种，胜利者倾其所有兵力连续不断地向前追击。在这种情况下，即使失败者可以利用地形障碍阻止追击，但是一旦察觉到对方准备全力进攻或采取迂回战术，就会自动放弃大部分阵地，至于他的后卫，就更没有胆量进行顽强的抵抗了。

在所有这三种情况下，即使还没有结束整个追击，如果黑夜已经到来，通常也会停止追击。至于极个别的连夜追击，就必须看作是极其猛烈的特殊追击。

人们如果想到，进行夜间战斗，或多或少都要依靠偶然性，而且当会战临近尾声时，各个环节的正常联系，以及会战的正常步骤必然会遭到严重的破坏，那就不难理解，为什么在夜间继续战斗双方统帅都会害怕。除非失败者已经彻底瓦解，或者胜利者的军队具有超常的武德，能够完全有把握地取得胜利，否则，在夜战中所有行动都只能依靠运气，而这是任何统帅，甚至是最冲动的统帅也不愿采取的行动。因此，通常在黑夜会停止追击，即使是在天黑前不久才决定会战胜负的，也是如此。黑夜能够直接给失败者一个休息和重新整合部队的机会，或者如果他想继续在夜间退却，黑夜将有助于使他摆脱敌人。当黎明来临的时候，也是失败者的处境明显好转的时候。这时，大部分溃散的士兵又重新归队，弹药也得到了补充，整个军队又重新恢复了原有秩序。在这种情况下，如果他还打算继续与原先的胜利者作战，那么这将是一场新的战斗，而并非是上次战斗的延续。即使失败者在这一次战斗中没有取得较好的局面，也仍然算作一次新的战斗，而不是胜利者在清理上次战斗的残局。

因此，在胜利者能够连夜追击的情况下，即使仅仅依靠各兵种组成的强大的前卫力量进行追击，也能明显地扩大胜利的效果。勒登会战和滑铁卢会战就是最好的证明。

这种追击的所有活动，基本上都属于战术活动，我们之所以谈到它，目的是为了让我们更清楚地认识到：通过追击所获得的胜利的效果，与其他效果是不同的。

在初步追击中，逼迫敌人退到他的下一个阵地，这是所有胜利者的权力，是不被以后计划和情况所限制的。这些计划和情况也许会大大减少胜利者主力会战所取得的胜利的成果，但是并不会妨碍这种利用胜利进行初步追击的行动。即使我们设想可能存在这样的情况，但至少这种情况是极为罕见的，以致从理论上可以不去考虑它们。在这儿，我们必须承认，现代战争为军队的魄力开辟了一个全新的活动领域。在过去那些规模较小、局限性较大的战争中，追击与其他所有活动一样，必然会受到一种多余的、习惯上的限制。对于当时的统帅而言，最为重要的是胜利的概念和胜利的荣耀，以至于在取得胜利的时候，他们很少想到如何真正地消灭敌方军队。在他们看来，消灭敌方军队仅仅是战争众多手段中的某一个手段而已，从来都不是最主要的手段，也就更谈不到是唯一的手段了。一旦敌人将剑垂下，他们自然就会将自己的剑插入剑鞘中。在他们看来，一旦胜负有了分晓，就可以停止战斗，这是再自然不过的事情了；继续流血意味着无谓的消耗。这种貌似仁慈其实是错误的理论，虽然不是人们做出所有决定的唯一依据，但它却能产生这样一个容易被人们接受，而且占据主导地位的观点，那就是双方力量都已经消耗完毕，军队也就不可能再继续投入战斗了。假如一个统帅只拥有一支军队，而且这支军队在不久的将来便会遭遇无法完成的任务时——在进攻中，每前进一步都会遇到这种情况——那么他自然就会非常珍惜这个用以获取胜利的工具。但是，显而易见，这是一种错误的估计，因为在追击的过程中，自己遭受损失的兵力比对方遭受的损失要小得多，这种看法之所以重复产生，是因为人们没有把消灭敌方军队当作最主要的任务。因此，我们看到，在以前的战争中，只有查理十二、马尔波罗、欧根，以及腓特烈大帝这种真正的英雄人物，才会在胜负已经决定以后仍然立即采取强有力的追击，而大多统帅只要占领了战场就会感到非常满足。到了现代，导致战争的因素越来越复杂，战斗也更加激烈，才打破了这种循规蹈矩的束缚。于是，追击成为胜利者的主要任务，因此大大增加了战利品的数量。如果在现代会战中，不进行追击的现象依然存在，那么它只是极个别的例子，而且这往往是由于一些特殊原因造成的。

比如格尔申会战和包岑会战，联军之所以能够避免失败，是因为骑兵占据明显优势；而格罗斯贝伦会战和登纳维次会战，则是因为瑞典王储不愿意进行追击；郎城会战，则是因为年老的布吕歇尔感觉身体不适，才没有进行追击。

博罗迪诺会战也属于这一类型的例子。关于这个例子，我们还要多说几句，因为在我们看来，单单责备一下拿破仑是没有意义的；同时我们认为，这种情况与其他类似的情况都是非常罕见的，即在会战结束时，统帅被总体局势所束缚。拿破仑的崇拜者，比如沃东库尔、尚布雷和塞居尔，以及一些法国军事作家严厉地责备了拿破仑，责怪他没有在最后关头用尽所有兵力将俄军全部粉碎，否则足以使俄军的失利变成彻底的失败。在这里我们并不打算详细地解说双方军队当时的情形，否则将会离题太远，但有一点是很明确的，当拿破仑渡过涅曼河的时候，他率领的共三十万人准备全部投入到博罗迪诺会战中，但是最终却只有十二万人参加了博罗迪诺会战。他也许是担心这些兵力不足以用来向莫斯科进军，而莫斯科看来是决定所有问题的关键点。在取得这次胜利后，他坚信能够占领这个首都，因为在他看来俄国人无法在八天内发起第二次会战，拿破仑原本希望缔结合约的地点是莫斯科。如果能打垮俄军，当然有更大的把握缔结合约，但无论如何最重要的是要到达莫斯科，因为假如能够率领一支兵力雄厚的军队抵达莫斯科，就可以依靠这支军队来控制首都，从而控制整个俄国和它的政府。可是后来的事实证明，这些抵达莫斯科的兵力没有能力完成这一任务。但是，如果为了打垮俄军而把自己的军队全部消耗在博罗迪诺会战中，那就更无法做到这一点了。拿破仑深知这一点。在我们看来，他的选择是完全正确的。因此这种情况不能归于是统帅由于总的形势而无法在胜利后进行初步追击的例证。这里所涉及的不只是单纯的追击问题。当天下午四时，胜负已经确定，但是俄军仍然保留绝大部分阵地，而且并不打算放弃它。在拿破仑重新发起进攻时，他们准备进行顽强的抵抗，尽管这种抵抗必定会遭受彻底的失败，但也会迫使对方付出惨重的代价。因此，我们只能把博罗迪诺会战列入没有进行到底的一类会战中，就像包岑会战。但是包岑会战的失败者宁愿早点离开战场，而博罗迪诺会战的胜利者却愿意满足于半个胜利，这不是因为他不确定结局是否已定，而是由于他的兵力无法获得完胜。

假如我们回到正题上来，那么，在我们的考察中，对初步追击有如下几点结论：追击时的猛烈程度决定胜利的大小；取得胜利的第二个步骤是追击，在多数情况下甚至比第一个步骤更加重要；战略与战术相接近，以便运用战术上取得的完整的胜利，这就要求战术取得全胜。

诚然，初步追击仅仅是发挥胜利的潜能的第一步，只有在很少的情况下，胜利的效果才表现在这种初步追击上。我们曾经提起过，其他条件决定了胜利的潜力的作用。在这儿我们不打算谈这些条件，但是我们可以谈谈追击的一般情况，以避免在可能涉及到它的场合中不断重复。

继续追击依据程度而言又可以分为三种：纯粹的追踪、真正的紧逼，以及以阻碍敌人退路为目标的平行追击。

纯粹的追踪可以让敌人继续退却，一直退到他认为能够再次发动战斗的地点为止。因此，纯粹的追踪能够充分发挥已经获得的优势的效果；另外，还可以得到失败者无法带走的一切，比如伤员、疲乏不堪的士兵、行李和战车等。但是，这种纯粹的追踪无法像下面两种追击那样进一步瓦解敌方军队。

假如我们并不满足将敌人逼到之前的营地，或者只占领敌人已经放弃的地区，而是想要获得更多的东西，意思就是，当敌人的后卫占据阵地时，我们就让做好充分准备的前卫向他发起进攻，这样一来就能够促使敌人加速退却，最终瓦解。敌人在退却中的慌乱逃窜，最终导致了敌人的瓦解。对士兵而言，在强行军后准备休息时又听到了敌人的炮声，这实在是最苦恼的事情。在一段时间内，如果天天遇到这种情况，就可能导致士兵惊慌失措。在这样的情况下，失败者不得不承认，他们无法抗拒对方的意志，而自己已经无力抵抗。假如意识到这一点，军队的精神力量必然会遭受更大的削弱。假如能逼迫失败者在夜间行军，那么，追击就取得了最大的效果。因为，在傍晚胜利者逼迫失败者逃离已经选定的营地——不管这个营地是后卫用的，还是整个军队用的——他们就只能实施夜行军，或者继续后撤另找营地，这两种结果是相类似的。可是对胜利者而言，却可以安然地度过一夜。

在紧逼追击的情况下，军队的部署和营地的挑选还需要依据其他很多条件，尤其是给养、地形障碍、城市等，因此，只有书呆子才会死板地利用几何学来说明：追击者总是可以任意摆布退却者，逼迫他在夜间行军，而自己却可以在夜间休息。尽管如此，在部署追击的时候，紧逼追击的方法不但可行而且是非常正确的，此外还能够大大提高追击的效果。假如说人们实际上很少采用这种追击方法，这是由于对于追击的军队而言，在这种追击中选择宿营地和支配时间，要比正常情况下的行军困难很多。早晨提前一些出发，中午到达宿营地，余下的时间筹划粮秣，夜间休息，这种普遍法则要比依据敌人的行动来确定自己的行动的方法简单得多。因为在后一种方法中，关于行动的各项决定总是在极短的时间内做出的，有时出发会在清晨，有时出发会在傍晚，一天之中总有多半时间在与敌人接触，进行炮战、零星的战斗或者迂回战，简单地说，各种必需的战术措施都要采用。对于追击的军队来说，这种负担是相当沉重的，而在负担原本就已经很多的战争中，那些并非绝对必要的负担人们总想摆脱。以上考察是正确的，它适用于整个军队，包括强大的前卫队。所以，第二种追击中，即紧逼退却者的追击中，是非常少见的。甚至在1812年与俄国作战的战局中，拿破仑也很少使用这种方法。很显然，这是由于在这次战局中还没能达到目的之前，他的军队已经被巨大的艰难困苦折磨的有全军覆没的危险。然而，在其他的战局中，在紧逼追击方面法国人却出色地发挥了他们的毅力。最后这种追击方法，也是一种最有效的追击方法，是以阻碍敌人退路为目标的平行追击。

当然，任何失败的军队在退却的时候，总有一个目的地是他最先想要到达的，不管它距离自己有多远。这个目的地也许是隘路——不预先抢占它继续退却就会遭受威胁；或者是重镇、仓库等——抢先到达那里就会产生非常重要的意义；或者是坚固的阵地、同友军的集合点等——到达那里就可以重新获得抵抗的力量。

如果沿着与失败者平行的道路向这一地点追击，那么，显而易见，失败者就必须加快退却的速度，以至于最后变成逃窜。在这种情况下，失败者只有三种应付的方法：第一种是拦截敌人，运用出敌不意的战术，取得成果。不过，从失败者自身的处境来看，获得这种成果的可能性较小。显然，这一方法只适用于具有果断精神、敢作敢为的统帅，以及虽然已经战败但还没有彻底丧失战斗勇气的优秀的军队。因此，失败者选择这种方法的几率非常的小。

第二种方法是加速退却。但这与胜利者所希望的恰好符合；而且这种退却容易导致部队过度疲劳，致使大批士兵掉队，火炮和各种车辆也会丢失或损坏，从而造成巨大的损失。

第三种方法是避开敌人。绕过那些对方容易阻断的地点，尽量远离敌人，比较轻松地行军，这样一来就可以避免匆忙退却时的不利情形。这是三种方法中的下策，它就像一个无力偿还债款的人又欠下一笔新债一样，只会造成更为狼狈的局面。但是在有些情况下，这个方法还是奏效的，有时甚至还是唯一可行的办法，而且也有获得成功的例子。但是一般说来，人们采用这种方法，事实上不是因为相信这种方法可以有把握地达到目的，更多的是因为其他令人无法容忍的理由，即担心与敌人进行真正的战斗。惧怕与敌人展开真正的战斗的统帅是多么可悲呀！不管军队的精神力量遭受多大的挫折，不管遭遇敌人时自己在精神力量方面将处于多么不利的形势，胆小怕事、回避与敌人战斗，对自己只能更加不利。如果1813年拿破仑回避哈瑙会战，而选择在曼海姆或者科布伦次渡过莱茵河，那么，他甚至有可能无法像在哈瑙会战后那样率领三四万人渡过莱茵河了。这说明，失败者可以利用有利地形进行防御，周密地准备并谨慎地进行一些小规模战斗。只有通过这些战斗，军队的精神力量才能逐渐振作起来。

在这儿，就算是最微小的成果，也能产生让人无法相信的有利效果。但是，对于多数指挥官而言，只有克服了自己的疑虑才可能做出这种尝试；但避开敌人，初看起来好像非常容易，所以人们常常愿意避开敌人。但是，失败者避开敌人，正好能够促使胜利者达到目的，使失败者更加失败。但必须指出，我们在这是相对整个军队而言的，至于一支被截断的部队，企图绕过一段弯路与部队会合，那是另外一回事。因为，后一种情况是不同的，而且取得成功的例子也很多。

向同一个目标进军，这种速度竞赛要有一个条件，那就是在退却者后面必须紧跟一支追击者的部队，收集所有被遗弃的东西，并且时刻提醒退却者敌人就在他们后面。从滑铁卢到巴黎，这一段追击法军的过程中，布吕歇尔在其他方面都做得相当出色，唯有这一点没有做到。

当然，这样的追击同时也会使追击者本身遭到削弱。假如失败者被另外一支强大的军队收容，或者是一位非常杰出的统帅在率领它，而追击者这时还没有做好消灭敌人的准备，那么，就不宜使用这种方法追击。但假如情况允许，这种手段却可以像一部大机器那样发挥作用。在这样的追击下，随着伤员和掉队的士兵的增加，失败者的损失也会随之增加；而士兵也会因为恐惧的心理而士气低落，以至于最终再也无法进行真正的抵抗。每天都会出现成千上万不战而败的俘虏。在这种十分幸运的时刻，胜利者不用害怕分散兵力，而应该尽量把他的军队投入到这个漩涡中，以攻击敌人零星的队伍，攻占敌人来不及防守的要塞，占领敌人的主要城市等。在出现新的情况以前，胜利者可以为所欲为，而胜利者越是敢于向前冲，新的情况就出现得越晚。

在拿破仑经历的战争中，有很多通过巨大的胜利和出色的追击而获得辉煌战绩的例子。我们只要回忆一下滑铁卢会战、莱比锡会战、勒根斯堡会战和耶拿会战就足够了。

第13节　会战失败后的退却

在失败的会战中，军队的力量遭到破坏，但精神力量遭受的破坏要比物质力量遭受的破坏大得多。在新的有利形势出现之前勉强进行第二次会战，一定会招致更彻底的失败，甚至是全军覆没。这在军事上是一条公理。就其性质而言，退却应该进行到重新恢复力量以至出现均势时为止，这种力量的恢复可能是因为获得了增援，可能是因为有坚固的要塞作掩护，可能是因为利用了巨大的地形障碍，也可能是因为敌方的兵力过于散乱。损失的程度和失败的大小决定了均势恢复的时间，但最主要的是取决于面对什么样的敌人。虽然在会战后没有丝毫改变战败的军队的处境，然而在退却不远的地方军队重新整顿就绪的例子还少吗？出现这样的局势，或许是因为胜利者存在精神方面的弱点，或许是因为胜利者在会战中所取得的优势不足以展开强有力的追击。

想要利用胜利者的这些错误或弱点，想要在形势所要求的范围以外不再退让，最重要的是想要保持自己的精神力量，那么必须缓慢地进行退却，并且且战且退，一旦胜利者在追击的时候超出了优势的限度，就应该立刻展开强有力的反击，这一点是非常重要的。伟大的统帅和经历过多次战争锻炼的军队在退却时，就好像一只受伤的狮子退去一样。很显然，这是退却的最好的理论。

事实上，人们在摆脱危险处境时，常常不是立刻逃离危险的处境，而是喜欢表现一些没有意义的形式，这简直就是浪费时间，这样做是非常危险的。久经锻炼的指挥官认为，最重要的是迅速脱离危险；但是，在会战失败后，整个军队的退却不同于一般地摆脱危险。谁认为会战失败后，在退却中进行几次急行军就能够摆脱敌人、站稳脚跟，谁就大错特错了。在这样的情况下，一开始一定要尽可能放慢退却的速度，一般而言，最基本的原则是不受敌人摆布。要坚持这个原则，就一定要与紧追自己的敌人进行血战，为此做出的牺牲是值得的。不遵守这一原则，就只能加快自己退却的速度，不久就会变成溃退。在这种情况下，那些掉队的士兵可能会比在进行后卫战时牺牲的士兵还要多，而且最终会导致那一点剩余的勇气也会消失殆尽。

实施上述原则的具体方法有：选择最优秀的部队组成强大的后卫队，并由最勇敢的将军率领，在最关键的时刻全力支援，在利用地形时一定要小心谨慎，当敌人的前卫草率行动时，当地形对我方有利时设下埋伏，简单地说，就是要准备和谋划一系列小规模会战。

因为每次会战的有利条件不同，持续时间也不同，所以会战失败后的退却其困难也是不同的。在耶拿会战与滑铁卢会战中，我们可以看到，当用尽全力抵抗优势敌人后，所进行的退却其混乱程度如何。

此外，还有一种主张即分兵退却，也就是让军队分成各个部分分别进行退却，甚至做离心方向的退却。假如只是为了方便退却而将军队分成几个部分，它们依然能够一起作战，而且始终保持共同作战的目的，那么，就不属于我们这里要谈的问题了。至于其他任何分兵退却的做法，都是极其危险的，是违背事物的自然规律的，因此也是极其错误的。在任何一次失败的会战中，军队都会处于瓦解状态，这时，集中兵力是最迫切的需求，此外还要在集中兵力的过程中维护秩序、增加勇气与信心。在敌人乘胜追击的时刻，失败者却将军队分开，想要骚扰敌人的侧翼，这完全是荒谬的。除非敌方军队的士兵个个都是胆小怕事的书呆子，那么这种做法才能够起到作用；假如无法确定敌人有这种弱点，那就不应该采用这种做法。假如会战后的战略形势需要将军队分开，以便掩护自己的两翼，那么也只局限于当时的需要，而不能超过一定的限度。此外，即使如此，这也只能算作不得已的下策；同时，在会战结束的当天是很难做到这一点的。

在科林会战后，腓特烈大帝放弃对布拉格的围攻，分三路退却，他自己并非愿意这样做，而是因为他的兵力部署，以及掩护萨克森的任务使他别无选择。在布里昂会战后，拿破仑命令马尔蒙向奥布河方向撤退，而自己却渡过塞纳河掉头转向特鲁瓦，这次行动之所以没有给他造成不利，只不过是因为联军不但没有追击他，反而也同样分散了兵力，布吕歇尔转向了马恩河，而施瓦岑贝格则担心兵力不足，推进得十分缓慢。

第14节　夜间战斗

怎样进行夜间战斗？它的特征是什么？这些都属于战术上的问题。在这儿，我们只将夜间战斗作为一种特殊手段来进行考察。

事实上，任何夜间攻击都算得上是程度较强的奇袭。初看起来，夜间攻击好像十分有效，因为在人们的想象中，防御者遭受攻击是出乎意料的，而进攻者早就做足了准备，对于所要发生的一切了如指掌。两者的处境截然不同！夜间战斗在人们的想象中是：防御者处于极其混乱的状态，而进攻者只要在对方极其混乱的状态中收获成果就行了。认为可以经常进行夜袭的往往是那些不指挥任何军队、不负任何责任的人，然而在现实中夜袭却是很少见的。

上述想象都是在这些前提下产生的：防御者的措施被攻击者所了解，因为这些措施都是事前计划的，并且也很明显，只要通过侦察和研究攻击者就能了如指掌；与此相反，攻击者的措施则是在进攻之前临时决定的，对方绝对无法了解。但是，并不是完全无法知道攻击者的措施，也不是完全能够了解到防御者的措施。假如我们与敌人之间的距离，没有近到像霍赫基尔希会战前，奥国军队与腓特烈大帝那样能够直接看到对方，那么敌人的配置情况我们只能通过侦察和搜索到的报告，以及俘虏和敌探的口中了解到。以这样的方式了解到的情况往往是不全面的，也不是正确可靠的，因为这些情报总有一些已经过时，或者敌人已经改变了原先的配置。不过，在以前军队采用老式的战术与野营方式时，要了解敌人的配置情况是非常容易的。幕营线比厂营或者露营更容易识别，部队有规律地展开横队野营，比现在常用的各师纵队野营更便于识别。即使我们可以看到，敌人成纵队野营的整个营地，也无法全面了解他的配置情况。

对攻击者来说，不但要了解防御者的配置情况，还要了解防御者在战斗过程中会采取的措施，这些措施不只涉及射击的问题。在现代战争中，与以往的战争相比，这些措施给夜袭造成的困难要大得多，因为在现代战争中，这些措施比战斗前所采取的措施多很多。在现代战斗中，防御者比过去更能出敌不意地反击敌人，原因在于防御者的配置多半是临时决定的，而不是未来就有的。

因此，在夜袭时攻击者除了直接观察以外，很少能够或者完全无法了解到防御者更多的情况。

可是，防御者却有一个比较有利的条件，与攻击者相比他更熟悉自己阵地的地形和配置情况，就好像一个人在自己家里一样，就算漆黑一片，也比陌生人容易辨别方向。同攻击者相比，他更清楚自己军队的各个部分分配在哪些位置，这有助于他转移力量或者进行援助。

由此可见，在夜间战斗中，攻击者与防御者一样都需要了解情况。所以，除非是有特殊的原因，否则夜间战斗是无法有效进行的。

而这些特殊原因，大多只与军队的某一部分有联系，很少牵涉到军队的整体状态。所以，通常夜袭只在从属的战斗中进行，进行夜袭的情况在大会战中是很少见的。

假如有其他有利的情况，我们就能够用强大的优势兵力攻击敌方军队的某个从属部分，并将它包围起来，予以全歼；或者在不利的战斗中使它承受重大的损失。但是，我们的行动必须出敌不意，否则是不可能实现这种意图的。因为敌人的任何一支军队，都不会心甘情愿地投入到这种不利的战斗中，而只会竭尽全力避免这种战斗。然而，只有在夜间进行战斗才能达到高强度的出敌不意，除了利用隐蔽地形的极个别情况以外。因此，如果想要实现上述意图，不但要利用敌军某一从属部分在配置方面的不足，还要尽量选在黑夜，即使是在拂晓开始正式的战斗，至少也要在夜间预先做好战斗部署。就是这样展开对敌军的前哨或者小规模夜袭的，其关键在于必须使用优势兵力，并进行迂回战术，出其不意地逼迫敌人进行一次不利的战斗，使敌人必须遭受极大损失，否则就无法脱身。

被攻击的部队越强大，这种攻击就越困难。因为兵力较大的部队，有能力运用较多的手段，而在援军到来之前，他有能力进行较长时间的抵抗。

综上所述，在一般情况下，是不能将敌人的整个军队作为夜间袭击的对象的，因为，就算没有外来的援军，它自身也有足够的手段可以应付多方面的攻击。特别是在现代，任何军队在一开始就会对这样普通的夜袭有所戒备。多方面攻击是否可以收到效果，通常不是取决于出敌不意，而是完全取决于其他的条件。我们不想在这里研究这些条件，而只想指出：迂回战术虽然可以收到较大的效果，但同时也存在很大的危险。所以，除了特殊情况之外，要想使用迂回战术，就必须具备优势兵力，就像攻击敌军的某一从属部分时一样。

特别是在漆黑的夜间，包围或者迂回敌人的一支小部队，还是比较有效的。因为即使我们所使用的部队对敌人具有优势，但它毕竟是我们自己军队的一个从属部分。在这种存在巨大危险的赌博中，谁都只会让一部分兵力作为赌注，而不会拿整个军队作为赌注。此外，为了减少行动存在的危险，军队的大部分力量，甚至全部力量，都有能力支援或收容前去冒险的这一个部分兵力。

此外，之所以只让一小部分队伍来进行夜袭，不仅因为它是在冒险，而且还因为在实际行动上存在很大难度。既然夜袭的基础是出敌不意，那么夜袭的基本条件就是隐藏自己的行为。小部队比大部队更容易隐藏，但是整个军队却很少能够做到这一点。所以，夜袭通常只对敌军的个别前哨有效；至于对较大的部队进行夜袭，只有当它没有足够的前哨力量时才能产生效果。例如在霍赫基尔希会战中，腓特烈大帝就是因为没有足够的前哨力量才遭受夜间袭击的。与从属部分相比，整个军队遭到夜袭的情况是非常少见的。

现如今，战争进行得更加迅速、更加激烈，双方一直处在决定胜负之前的紧张状态中，因此，双方军队经常相距很近，而且也没有设置强大的前哨力量，但在这种时刻，双方都会提高警惕，并且有很充分的战斗准备。与此相反，在以前的战争中却常常有一种习惯，除了相互牵制以外，即使没有任何其他企图，双方军队仍然要面对面地安营扎寨，相持较长的时间。腓特烈大帝和奥军在相距很近的时候，也没有进行炮战，而是相持了好几个星期。

然而，在现代战争中，已经不再使用这种便于进行夜袭的设营方法了。在现代战争中，也不会再携带所有的给养和野营必需品，因此在敌我双方，总是会保持一日行程的距离。如果我们对整个敌方军队进行夜袭的问题还想作进一步的考察，那么可以看出，足以促使进行夜袭的因素是很少的，现归纳如下：

（1）敌人特别大意或者莽撞，但是这种情况不常发生；即使存在这种情况，敌人精神方面的优势也能弥补这一缺点。

（2）敌军惊慌失措，或者我军精神方面的优势能够取代指挥。

（3）冲破敌军优势兵力的包围，因为这时一切都依赖于出敌不意，而且只有冲破重围才能使我方兵力更好地集合在一起。

（4）敌我双方兵力悬殊，我方的处境十分艰险，要想取胜只有冒极大的危险。

在上述情况中，还必须具备一个条件，那就是，我们眼前的敌军没有任何前卫掩护。

其实，绝大多数的夜间战斗会随着日出而告终，进攻者必须在黑夜中接近敌人并发起进攻，这样，就能更好地利用敌人的混乱为自己创造有利条件。如果战斗要在拂晓才开始进行，而黑夜只是用来接近敌人，那么这就不能算作夜间战斗了。